Création d'une pensée claire

Ce texte a été initialement publié en Inde en 2023.
Les modifications et la mise en page de cette version sont Copyright © 2023
par IJN

Cette publication n'a aucune affiliation avec l'auteur original ou la société de publication.

Création d'une pensée claire

Je J N

Inde
2023

CONTENU

INTRODUCTION

En octobre 2004, un magnat européen des médias m'a invité à Munich pour ce qu'il a décrit comme un échange informel d'intellectuels. Même si je ne me considérais pas moi-même comme un intellectuel – ayant étudié les affaires plutôt que la littérature – mes deux romans littéraires devaient me qualifier pour une telle invitation.

Nassim Nicholas Taleb était assis à table. À cette époque, c'était un obscur trader de Wall Street passionné de philosophie que j'ai rencontré en tant qu'expert de la philosophie des Lumières anglaise et écossaise, notamment celle de David Hume. De toute évidence, j'avais été pris pour quelqu'un d'autre. Choqué par mon erreur, mais essayant toujours de garder mon sang-froid, j'ai lancé un sourire hésitant autour de la pièce dans l'espoir que le silence servirait de preuve de mes capacités philosophiques. À ce moment-là, Taleb arrêta une chaise disponible et tapota son siège ; m'invitant à m'asseoir. Je l'ai fait. Après avoir brièvement discuté de Hume, notre conversation s'est rapidement déplacée vers Wall Street. Nous avons été émerveillés par les erreurs systématiques dans la prise de décision des PDG et des chefs d'entreprise – nous y compris ! Nous avons expliqué pourquoi des événements inattendus semblent plus probables avec le recul, tout en discutant des raisons pour lesquelles les investisseurs refusent de vendre des actions une fois que leur valeur tombe en dessous du coût d'acquisition.

Après l'événement, Taleb m'a envoyé des pages de son manuscrit ; un joyau incroyable que j'ai revu et commenté en partie ; cela est devenu une partie de The Black Swan, son best-seller international qui l'a catapulté au rang d'étoile intellectuelle. Pendant ce temps, mon appétit s'est aiguisé ; J'ai commencé à dévorer des livres écrits par des spécialistes des sciences cognitives et sociales sur des sujets tels que l'heuristique et les préjugés, ainsi qu'à multiplier les conversations par courrier électronique avec des chercheurs et à visiter leurs laboratoires. En 2009, j'ai réalisé qu'en plus d'être romancier, j'étais devenu un étudiant en sciences sociales cognitives. la psychologie aussi.

Les experts définissent les erreurs cognitives comme des écarts systématiques par rapport à la logique – une pensée et un comportement optimaux et rationnels qui s'écartent d'un état idéal. Par « systématique », j'entends que ces écarts par rapport à la pensée optimale ne sont pas seulement des erreurs de jugement ou des erreurs de jugement occasionnelles, mais plutôt des faux pas répétés, des obstacles à la logique auxquels nous nous heurtons à maintes reprises au fil des générations et des siècles. Il est plus fréquent de surestimer nos connaissances que de les sous-estimer ! Par exemple.
La sous-estimation est ce qui arrive le plus souvent. De plus, la peur de perdre quelque chose nous motive bien plus que la perspective de réaliser des gains similaires ; lorsque nous sommes en présence d'autres personnes, nous ajustons souvent notre comportement pour qu'il corresponde au leur ; les anecdotes ont tendance à obscurcir la distribution statistique

(taux de base) derrière un événement, ce qui fait que les erreurs s'accumulent comme du linge sale dans un coin tout en laissant les autres coins relativement propres (c'est-à-dire dans ce qu'on appelle désormais le « coin de l'excès de confiance »).

J'ai commencé à dresser une liste d'erreurs cognitives pour éviter de jouer avec la richesse que j'avais accumulée tout au long de ma carrière littéraire et pour me prémunir contre les risques inutiles liés à cette richesse, sans avoir l'intention de publier la liste dans de futures publications. Au départ, j'avais prévu cette liste pour un usage personnel uniquement. Certaines erreurs de réflexion existent depuis des siècles, tandis que d'autres n'ont été reconnues que récemment. Certains sont également accompagnés de deux ou trois noms ; J'ai choisi ceux les plus utilisés. Bientôt, j'ai découvert que la création d'une telle liste pouvait non seulement m'aider dans mes décisions d'investissement, mais aussi dans mes affaires professionnelles et personnelles. Une fois terminée, la création de cette liste m'a aidée à me sentir plus calme et plus lucide. J'ai commencé à reconnaître mes erreurs plus tôt, ce qui m'a permis de corriger le cap avant que des dommages durables ne soient causés. De plus, pour la première fois de ma vie, j'ai pu identifier quand d'autres pouvaient également être victimes de ces erreurs systématiques. Grâce à ma liste, je pouvais désormais résister à leur influence – et même prendre le dessus dans mes relations. J'avais désormais des catégories, des termes et des explications pour conjurer la menace de l'irrationalité - comme Benjamin Franklin faisant voler son cerf-volant pendant les orages ; le tonnerre et les éclairs ne sont pas devenus moins fréquents, moins puissants ou moins bruyants – mais ils deviennent pourtant moins troublants ; quelque chose qui a résonné profondément en moi face à ma propre irrationalité maintenant.

Mes amis ont rapidement pris note de mon recueil, manifestant leur intérêt et provoquant une chronique hebdomadaire dans des journaux en Allemagne, aux Pays-Bas et en Suisse ainsi que de nombreuses présentations (principalement à des médecins, des investisseurs, des membres de conseils d'administration, des PDG et des représentants gouvernementaux) jusqu'à ce que ce livre soit publié.

Gardez ces trois points à l'esprit lorsque vous explorez ces pages : premièrement, cette liste est incomplète – de nouvelles erreurs peuvent être découvertes. Deuxièmement, la plupart des erreurs semblent liées et ne devraient pas surprendre ; après tout, toutes les régions du cerveau sont connectées via des projections neuronales qui se déplacent dans tout notre corps.
Troisièmement, mon expertise réside principalement en tant que romancier et entrepreneur plutôt qu'en tant que spécialiste des sciences sociales ; en tant que tel, je ne possède pas mon propre laboratoire pour mener des expériences sur les erreurs cognitives ou employer des chercheurs pour surveiller les erreurs de comportement. Ainsi, en écrivant ce livre, je me considérais davantage comme un traducteur dont le rôle est d'interpréter et de synthétiser ce que j'ai lu et appris afin que les autres puissent le comprendre plus facilement. Pour cela, j'ai

une immense gratitude envers les chercheurs qui, au fil des décennies, ont révélé des erreurs comportementales et cognitives ; Leurs recherches portent sur l'endettement et les dividendes qui rendent ce livre possible, pour lequel ils méritent ma gratitude et je les remercie infiniment.

Ce livre n'est pas un manuel pratique ; il n'y aura pas sept étapes pour une vie sans erreur ici. Les erreurs cognitives sont devenues trop enracinées pour que nous puissions nous en débarrasser complètement, et cela ne devrait même pas être notre objectif ; certaines erreurs cognitives peuvent même être essentielles pour mener une vie heureuse et devraient donc y rester ; même si ce livre ne contient peut-être pas la clé du bonheur, il agit au moins comme une protection contre un malheur excessif provoqué par soi-même.

Mon objectif est simple : si nous pouvions apprendre à reconnaître et à éviter les erreurs majeures de réflexion dans nos vies personnelles, professionnelles et politiques, peut-être que la prospérité augmenterait de façon spectaculaire. Tout ce qu'il faut, c'est moins d'irrationalité - aucune de ces ruses supplémentaires ou de ces nouveaux gadgets n'est nécessaire ici.

Rick peut trouver des rock stars partout où il regarde : les écrans de télévision, les pages de magazines, les programmes de concerts et les sites de fans en ligne sont inondés d'images et de chansons d'elles ; leur présence ne peut être évitée au centre commercial ou à la salle de sport – il y en a des centaines ! Rick pense qu'il doit y avoir quelque chose qui ne va pas chez lui puisque ces étoiles apparaissent si fréquemment et de manière fiable dans sa vie. Rick s'est inspiré des histoires de nombreux guitar heros pour créer son propre groupe et commencer à jouer de la musique live, mais il y a de fortes chances qu'il ne réussisse pas comme eux ; comme tant d'autres avant lui, il rejoindra très probablement des milliers de musiciens ratés qui résident dans un cimetière de musiciens ratés qui abrite 10 000 fois plus de musiciens que la scène et pourtant aucun journaliste ne se soucie de couvrir les échecs autres que les superstars déchues - rendant ce cimetière invisible des étrangers. .

Au travail comme dans la vie de tous les jours, la réussite semble souvent plus visible que l'échec, ce qui nous amène à surestimer les probabilités de réussite. Tout comme Rick, les étrangers se laissent souvent prendre à cette illusion et sous-estiment sa probabilité. Rick n'est qu'une autre victime du « biais de survie ».

Derrière chaque auteur à succès, il y a peut-être 100 autres écrivains dont les livres ne se vendront jamais ; 100 autres n'ont pas trouvé d'éditeur ; et encore 100 autres dont les manuscrits inachevés restent non lus dans les tiroirs. Derrière chacun de ces livres se cachent 100 personnes qui rêvent de publier un jour un livre - mais on n'entend parler que d'écrivains à succès (dont beaucoup s'auto-éditent), sans apprécier leurs incroyables chances de succès littéraire. Les photographes, les entrepreneurs, les artistes, les athlètes, les architectes, les lauréats du prix Nobel, les présentateurs de télévision et les reines de beauté doivent également se libérer du préjugé de survie afin d'en combattre les effets. Personne d'autre ne le fera à votre place ! Pour surmonter vous-même les préjugés des survivants.

Le biais de survie apparaît également dans les décisions financières : imaginez que votre ami ouvre une start-up. En tant qu'investisseur potentiel, vous voyez ici une opportunité incroyable : cela pourrait devenir le prochain Google ou Amazon. Cependant, il faut se rappeler de la réalité : dans la plupart des cas, de telles entreprises échouent complètement ou ferment quelques mois ou années après leur démarrage ; Les deuxièmes résultats probables incluent soit la faillite, soit tout simplement la survie – les deux options étant également probables.
Résultat : il est probable que toute entreprise créée fera faillite dans les trois ans ; parmi celles qui survivent aussi longtemps, la plupart n'atteignent jamais plus de dix employés. Alors ne devriez-vous jamais risquer votre argent durement gagné dans une entreprise ? Pas

nécessairement; rappelez-vous simplement que le biais de survie fausse la probabilité de succès comme le verre taillé.

Prenez, par exemple, l'indice Dow Jones Industrial Average : il ne comprend que les entreprises qui réussissent ; ont échoué et les petites entreprises n'entrent pas en bourse alors qu'elles représentent la plupart des entreprises commerciales. Ainsi, un indice boursier ne décrit pas avec précision une économie et, de même, la presse ne rend pas compte de la même manière de tous les musiciens ; de même, l'abondance de livres et de coachs traitant du succès devrait vous inciter à vous méfier, car ces individus qui échouent n'écrivent pas de livres ni ne donnent de conférences sur leurs échecs.

Le biais de survie peut être particulièrement dangereux lorsqu'on fait partie d'une équipe gagnante. Même lorsque le succès est le fruit du hasard, les similitudes avec d'autres gagnants peuvent nous inciter à identifier ces similitudes comme des facteurs clés de succès ; Pourtant, une visite dans les cimetières d'individus et d'entreprises en faillite révélera de nombreux traits similaires parmi ses locataires qui ont contribué au vôtre !

Si suffisamment de scientifiques étudient un phénomène, certaines études produiront des résultats statistiquement significatifs par pure coïncidence – par exemple la corrélation entre la consommation de vin rouge et une espérance de vie élevée. De telles « fausses » études gagnent rapidement en popularité et en attention – contrairement aux études dont les résultats sont moins passionnants mais corrects et qui restent cachés dans les dernières pages du monde universitaire.

Le biais de survie fait référence au fait que les gens surestiment leurs chances de réussite. Une façon de le combattre consiste à visiter régulièrement les tombes de projets, d'investissements et de carrières autrefois prometteurs ; même si cela peut parfois être inconfortable, cela devrait vous aider à vider votre esprit et à permettre une clôture bien nécessaire.
Voir également les préjugés égoïstes (ch. 45) ; Chance du débutant (ch. 49); Négligence du taux de base (ch. 28); Intronisation (ch. 31) ; Négligence de la probabilité (ch. 26); Illusion de compétence (ch. 94) et erreurs d'intention de traiter (ch. 98).

EST-CE QUE HARVARD VOUS REND PLUS INTELLIGENT ?

Nassim Taleb a décidé de faire quelque chose contre ses kilos en trop tenaces en se livrant à diverses activités sportives, mais il a rapidement été désenchanté par toutes - des joueurs de jogging et de tennis aux bodybuilders et bodybuilders. La natation était plus attrayante en raison de leurs corps bien construits et profilés. Il s'est donc inscrit dans sa piscine locale et a commencé à s'entraîner deux fois par semaine dans cette piscine.

Peu de temps après, il se rend compte de sa chute dans l'illusion : les nageurs professionnels n'atteignent pas un corps parfait en s'entraînant sans fin ; c'est plutôt leur physique qui détermine s'ils deviennent de bons nageurs – et non l'inverse. Les mannequins féminins faisant la publicité des cosmétiques donnent également l'impression que leur utilisation rend belle ; mais cette croyance vient du fait que les consommateurs pensent à tort que les produits font des femmes des modèles ; c'est simplement leur attrait naturel qui attire les acheteurs ; tout comme les corps des nageurs professionnels sont choisis pour cela et non l'inverse.

Lorsque nous confondons les facteurs de sélection et les résultats, nous devenons vulnérables à ce que Taleb appelle « l'illusion du corps du nageur ». Sans cela, la moitié des campagnes publicitaires échoueraient sans que cela ne fonctionne du tout – mais ce biais va bien plus loin qu'une simple obsession de définir les pommettes et la poitrine. Harvard est largement considérée comme l'une des universités les plus prestigieuses, et de nombreuses personnes qui réussissent y étudient. Cela indique-t-il que Harvard est un établissement d'enseignement exceptionnel ? Non. Peut-être que Harvard attire simplement des étudiants brillants. J'ai vécu ce phénomène à l'Université de Saint-Gall en Suisse, l'une des dix meilleures écoles de commerce d'Europe ; pourtant j'ai trouvé les cours (il y a 25 ans !) décevants et de nombreux diplômés réussissent malgré cela ; peut-être en raison du climat ou de la nourriture de la cafétéria - mais plus probablement en raison de processus de sélection rigoureux.

Les écoles de MBA attirent les candidats avec des statistiques impressionnantes sur le potentiel de revenus futurs.
De nombreux étudiants potentiels se laissent convaincre par cette approche visant à démontrer que les frais de scolarité s'amortissent d'eux-mêmes au fil du temps, mais nombre d'entre eux en sont eux-mêmes victimes. Je ne suggère pas que les écoles manipulent les statistiques ; Toutefois, leurs déclarations ne doivent pas être prises au pied de la lettre, car les individus qui poursuivent un MBA diffèrent considérablement de ceux qui ne le font pas, les différences de revenus provenant de nombreuses sources autres que le MBA lui-même - un autre exemple de «l'illusion du corps du nageur». Donc, si des études plus approfondies sont

à votre ordre du jour, faites-les pour des raisons autres que simplement gagner plus d'argent plus tard.

Lorsque j'interroge des personnes heureuses sur la clé de leur contentement, j'entends fréquemment des réponses telles que « Vous devez voir les choses à moitié pleines plutôt qu'à moitié vides » - suggérant qu'elles ne reconnaissent pas qu'elles sont nées heureuses et qu'elles voient plutôt des opportunités dans chaque chose. autour d'eux. Des études menées à Harvard par Dan Gilbert révèlent que la gaieté est en grande partie un trait de personnalité durable qui reste inchangé tout au long de la vie. Les spécialistes des sciences sociales Lykken et Tellegen ont clairement souligné ce point ; essayer d'être plus heureux est tout aussi futile que d'essayer de grandir. En conséquence, l'illusion du corps du nageur est aussi une illusion de soi ; lorsque les optimistes écrivent des livres d'auto-assistance, propageant davantage cette illusion. À ce stade, il est crucial d'éviter de trop prêter attention aux conseils des auteurs d'auto-assistance. Malheureusement, leurs suggestions n'aident pas des milliards de personnes. Pourtant, comme la plupart des gens mécontents ne publient pas de livres sur leurs échecs, cette réalité reste cachée.

Conclusion : il est préférable de faire preuve de prudence lorsqu'on vous encourage à rechercher certaines choses - qu'il s'agisse d'abdos d'acier, d'une apparence impeccable, d'un revenu plus élevé, d'une longue durée de vie ou du bonheur - car cela pourrait conduire à l'illusion du corps du nageur. Avant de faire un acte de foi et de plonger tête première, regardez-vous d'abord dans le miroir – soyez honnête avec ce que vous y voyez !

Voir également Effet Halo (Ch. 38) ; Biais de résultat (Ch. 20) ; Biais d'auto-sélection (Ch. 47) et Cécité alternative (Ch.71) pour plus d'informations.

POURQUOI VOYEZ-VOUS DES FORMES DANS LES NUAGES

Illusion de regroupement
En 1957, le chanteur d'opéra suédois Friedrich Jorgensen achète un magnétophone pour enregistrer sa voix. En écoutant, des bruits étranges et des murmures qui semblaient surnaturels sont apparus. Quelques années plus tard, il enregistra le chant des oiseaux ; lors d'une séance d'enregistrement, on pouvait entendre la voix de sa mère décédée chuchoter en arrière-plan : "Fried, mon petit Fried... Tu m'entends... Maman appelle." Après cette rencontre, Jorgensen s'est consacré à communiquer avec les disparus grâce à des enregistrements sur bande.

Diane Duyser, de Floride, a vécu quelque chose de similaire lorsque, en mordant dans un morceau de pain grillé et en le remettant dans son assiette, elle a remarqué une image de Marie à l'intérieur. À cet instant, elle arrêta de manger et rangea le message divin pour le conserver en lieu sûr (moins une bouchée). Plus tard en novembre 2004, Diane a vendu aux enchères cette collation encore assez bien conservée via eBay et a été récompensée par 28 000 $!

En 1978, une femme du Nouveau-Mexique a vécu une expérience similaire : les taches noircies de sa tortilla ressemblaient au visage de Jésus. Les médias ont repris cette histoire, attirant des milliers de personnes au Nouveau-Mexique pour voir Jésus sous forme de burrito. Deux ans plus tôt, en 1976, le vaisseau spatial Viking avait photographié une formation rocheuse qui lui ressemblait. Cela a fait la une des journaux du monde entier ; connu sous le nom de « Visage sur Mars ».

Avez-vous déjà vu des visages dans les nuages, des contours d'animaux dans les rochers ou des messages cachés dans des signaux diffus ? Probablement. C'est tout à fait normal : notre cerveau recherche des modèles et des règles, et lorsqu'il n'en existe pas, il les crée tout simplement lui-même ! Les signaux diffus tels que le bruit de fond sur la bande nous permettent de repérer plus facilement les « messages cachés ». Vingt-cinq ans après la découverte du « visage sur Mars », Mars Global Surveyor a renvoyé des images claires montrant des formations rocheuses avec des visages humains se dissolvant en de simples éboulis rocheux.

Ces exemples fantaisistes peuvent faire paraître l'illusion de regroupement inoffensive ; mais c'est loin d'être inoffensif.

Prenons l'exemple des marchés financiers, qui produisent d'énormes volumes d'informations chaque seconde.

À son insu, mon ami était ravi d'expliquer comment il avait découvert une anomalie parmi toutes les données : en multipliant la variation en pourcentage du Dow Jones par la variation en pourcentage du prix du pétrole, on obtiendrait l'évolution du prix de l'or dans un délai de deux jours - c'est-à-dire si les cours des actions et le pétrole grimpe ou baisse simultanément, l'or emboîtera le pas et augmentera le lendemain. Sa théorie a bien fonctionné pendant plusieurs semaines jusqu'à ce qu'il commence à investir avec des sommes toujours plus importantes et finisse par perdre toutes ses économies - détectant un schéma artificiel là où il n'en existait pas !

Le professeur de psychologie Thomas Gilovich a interrogé des centaines de personnes pour savoir si cette séquence était aléatoire ou planifiée, la plupart rejetant une explication arbitraire car elles pensaient qu'une loi régissait son ordre. Selon le modèle physique des dés de Gilovich, il est en fait tout à fait possible que quatre lancers consécutifs révèlent un numéro ; Pourtant, nombreux sont ceux qui ont du mal à accepter que de tels événements se produisent uniquement par hasard.

Pendant la Seconde Guerre mondiale, des bombardiers allemands ont attaqué Londres en utilisant des roquettes V1 – un type de drone à navigation automatique – comme forme de munition. Chaque attaque impliquait de tracer soigneusement les sites d'impact sur des cartes pour terroriser les Londoniens ; beaucoup pensaient avoir identifié des modèles et développé des théories concernant les quartiers de Londres les plus sûrs ; cependant, les analyses statistiques d'après-guerre ont démontré que la distribution était complètement aléatoire en raison de l'imprécision de la fusée V1, car son système de navigation était très imprécis.

Conclusion : lorsqu'il s'agit de reconnaissance de formes, nous avons tendance à réagir de manière excessive. Retrouvez votre scepticisme ; Si vous pensez avoir découvert une tendance, supposez d'abord que cela a pu se produire par hasard et envisagez une analyse statistique avant de prendre une décision. De même, si des parties croustillantes de votre crêpe ressemblent d'une manière ou d'une autre au visage de Jésus, demandez-vous pourquoi Il ne s'est pas montré ici à Times Square ou sur CNN !
Voir également Illusion de contrôle (ch. 17) ; Coïncidence (ch. 24) ; Fausse causalité (ch. 37).

Le numéro est un motif

Preuve sociale Imaginez ceci : vous êtes en route pour un concert lorsqu'à une intersection vous voyez un groupe de personnes regardant vers le haut. Sans y réfléchir à deux fois, vous aussi regardez vers le haut - sans même comprendre pourquoi - inconsciemment, vous emboîtez le pas. Pourquoi? La preuve sociale. Lors d'une performance exceptionnelle d'un soliste dans une salle de concert, quelqu'un se met à applaudir, incitant les autres personnes présentes dans la salle à se joindre également aux applaudissements ; vous participez également sans autre raison que la preuve sociale. Une fois le spectacle terminé, vous partez chercher votre vestiaire où les gens font la queue devant vous, laissez des pièces même si le service est inclus dans le prix du billet, mais quand même... après quoi, en allant au vestiaire pour le récupérer vous-même, vous observez les gens partir. des pièces de monnaie sur des assiettes, bien qu'elles soient officiellement incluses dans le prix du billet, car le pourboire est encouragé dans la pratique par de nombreux autres spectateurs, laissant également un pourboire à titre de preuve sociale !

La preuve sociale ou « l'instinct grégaire » veut que les individus se sentent validés lorsque leurs comportements sont conformes à ceux des autres individus. En termes simples, plus il y a de personnes qui soutiennent ou adoptent une idée ou un comportement, plus nous le percevons comme étant vrai ; de même, lorsque plus d'individus le montrent qu'autrement. Bien qu'évidemment ridicule, cette logique tient.

La preuve sociale est le moteur des bulles financières et de la panique boursière. Cela se manifeste dans la mode, les techniques de gestion, les loisirs, la religion et les régimes alimentaires ; conduisant parfois à des conséquences aussi dramatiques que lorsque des sectes se suicident en masse.

Solomon Asch a mené une expérience fascinante dans les années 1950 qui a démontré comment la pression des pairs peut changer la réalité. On a montré aux sujets une ligne tracée sur du papier et trois lignes identiques, courtes, moyennes et longues, qui lui correspondent sur différentes parties de leur corps - toutes marquées « 1, 2 » pour être courtes ; Plus longue que la ligne d'origine en longueur et identique à celle d'origine respectivement. Il ou elle doit choisir laquelle des trois lignes correspond à celle d'origine, ce qui n'est pas surprenant étant donné la simplicité de la tâche. Une fois que cinq personnes entrent, tous les acteurs qui ne lui sont pas familiers donnent des réponses incorrectes en répondant par « numéro 1 », même s'il est clair que le chiffre trois devrait être indiqué à la place. Lorsqu'il revient à lui, il répond souvent de manière incorrecte pour correspondre à ce que d'autres personnes ont répondu - dans environ un tiers des cas, il donne également de mauvaises réponses.

Pourquoi agissons-nous de cette façon ? Dans le passé, suivre les autres était souvent considéré comme la meilleure stratégie de survie. Imaginez-vous voyager autour du Serengeti avec des chasseurs-cueilleurs il y a 50 000 ans, quand soudain tous se sont dispersés et se sont enfuis sans avertissement ? Comment réagiriez-vous alors ? Seriez-vous resté là, confus et vous demandant si ce que vous avez vu était vraiment un lion ou simplement quelque chose d'inoffensif qui pourrait constituer d'excellents repas riches en protéines ? Non! Au lieu de cela, vous seriez probablement parti à la poursuite de vos amis. Plus tard, lorsque vous étiez à l'abri d'une attaque, vous auriez peut-être pris le temps de réfléchir à qui avait réellement été votre « lion ». Toute personne agissant différemment de ses pairs – et j'en suis sûr – était probablement éliminée de notre pool génétique ; nous sommes les descendants de ceux qui ont copié ce que faisaient leurs pairs. Nous, les humains, sommes câblés avec ce modèle de preuve sociale ; par conséquent, nous l'utilisons même s'il n'y a aucun avantage en termes de survie ; ce qui est la plupart du temps. Il existe cependant des cas où la preuve sociale peut être avantageuse : par exemple lorsque vous dînez au restaurant dans une ville étrangère sans connaître de bons restaurants à proximité et avoir faim - en choisir un que fréquentent les locaux pourrait avoir plus de sens et copier leur comportement plutôt que le vôtre.

Les comédies et les talk-shows utilisent la preuve sociale en insérant des rires en conserve à des endroits stratégiques pour encourager les téléspectateurs à rire. L'un des exemples les plus remarquables et les plus inquiétants est peut-être le discours de Joseph Goebbels devant un public nombreux en 1943 (regardez-le vous-même sur YouTube). Lorsque la guerre s'est aggravée pour l'Allemagne, Goebbels a demandé aux participants : « Voulez-vous une guerre totale ? Si nécessaire, soutenez-vous la guerre radicale par opposition à tout ce que nous pouvons imaginer aujourd'hui ? » Sa demande a provoqué un tonnerre d'applaudissements ; si on avait demandé individuellement aux participants, ils n'auraient probablement pas accepté cette proposition insensée !

La publicité tire le meilleur parti de notre penchant pour la preuve sociale ; cette approche fonctionne bien lorsque nous sommes confrontés à l'incertitude (comme le choix entre différentes marques de voitures, produits de nettoyage et produits de beauté sans avantages ni inconvénients clairs) et lorsque des personnes qui semblent « comme nous » apparaissent.

Soyez sceptique chaque fois qu'une entreprise prétend que son produit est supérieur parce qu'il est populaire - cet argument n'a pas de sens si vendre plus d'unités n'indique pas une supériorité ! Et rappelez-vous les paroles de sagesse de W. Somerset Maugham : « Même si 50 millions de personnes disent quelque chose de stupide, cela reste stupide. »
Voir aussi : Pensée de groupe (ch. 25) ; La flânerie sociale (ch. 33); Biais intra-groupe hors groupe (ch. 79) et effet de faux consensus (ch. 77) pour référence ultérieure.

POURQUOI VOUS DEVRIEZ OUBLIER LE PASSÉ

Erreur de coût irrécupérable

Après avoir regardé un film horrible pendant une heure et demie, j'ai doucement demandé à ma femme : "Allez, rentrons à la maison". Ce à quoi elle a répondu : « Pas question ; nous ne jetterons pas 30 $. J'ai alors protesté : "Ce n'est pas une raison pour rester, c'est simplement une déformation professionnelle au travail ici, qui ne doit jouer aucun rôle dans notre décision de rester ou de partir !" Naturellement, j'ai fini par céder et je me suis retombé sur mon siège.

Le lendemain, je me suis retrouvé assis à une réunion marketing où l'on discutait d'une campagne publicitaire qui durait depuis quatre mois mais qui n'avait pas atteint ne serait-ce qu'un seul objectif. Alors que je préconisais de l'abandonner, notre directeur de publicité s'y est opposé : « Mais nous y avons déjà investi tellement d'argent ; s'arrêter maintenant signifierait que tout notre argent n'a servi à rien » - une autre victime de l'erreur des coûts irrécupérables.

Une de mes amies a souffert pendant des années d'une relation difficile. Sa petite amie trichait à plusieurs reprises, demandant pardon avec repentance à chaque fois. Néanmoins, mon ami a continué à investir de l'énergie dans leur romance parce que cela ne semblait pas bien de jeter ce qui avait déjà été investi ; un exemple de « l'erreur des coûts irrécupérables ».

L'erreur du coût irrécupérable est particulièrement dangereuse lorsque nous avons investi beaucoup de temps, d'argent, d'énergie ou d'émotion dans quelque chose. Notre investissement peut devenir la base pour continuer malgré des raisons évidentes d'arrêter ; Plus nous investissons de temps et de ressources, plus nos coûts irrécupérables sont importants ; d'où notre besoin de continuer même si quelque chose semble impossible ou désespéré. Plus nous sommes investis dans quelque chose, plus notre envie de continuer est forte ;

Les investisseurs sont souvent victimes de l'erreur des coûts irrécupérables. Les décisions commerciales peuvent être motivées uniquement par les prix d'acquisition ; invoquer cet argument comme justification n'est tout simplement pas rationnel ; ce qui compte plus que le prix devrait être la performance future (et les autres alternatives disponibles pour investir) de chaque action ou portefeuille d'investissements - ironiquement, plus d'argent est perdu, plus les investisseurs auront tendance à s'y tenir longtemps !

La cohérence est notre raison d'être ; Lorsque quelque chose s'écarte de ce schéma de pensée et d'action, nous trouvons les contradictions odieuses et choisissons d'annuler à mi-chemin plutôt que d'admettre avoir changé d'avis à un moment donné de la durée de vie du projet.

Retarder une réalisation douloureuse en poursuivant des projets dénués de sens entretient les apparences plus longtemps.

Le Concorde était un exemple emblématique de dépenses publiques déficitaires. La Grande-Bretagne et la France savaient très bien que le secteur des avions supersoniques ne fonctionnerait pas, mais elles ont quand même investi des sommes énormes pour sauver la face. L'abandonner eût été admettre sa défaite ; d'où son nom « effet Concorde ». Cela conduit à des erreurs de jugement coûteuses, voire désastreuses ; Les Américains ont étendu leur implication dans la guerre du Vietnam à cause de ce phénomène : ils pensaient : « Nous avons tant sacrifié ; abandonner maintenant serait une erreur.

Pensez-vous « Nous sommes arrivés jusqu'ici ? » "J'ai déjà lu une grande partie de ce livre..." Si l'une de ces affirmations s'applique à vous, elle indique que l'erreur du coût irrécupérable est à l'œuvre dans votre esprit.

Bien sûr, investir pour finaliser quelque chose peut avoir ses propres avantages ; méfiez-vous simplement de le faire uniquement pour justifier des investissements non récupérables. La prise de décision rationnelle exige que vous oubliiez les coûts passés ; en fin de compte, seuls les coûts et avantages futurs comptent lorsqu'il s'agit de faire des choix rationnels.

Voir aussi : Cela deviendra pire avant que cela ne s'améliore (ch. 12) ; Incapacité de fermer les portes (ch. 68) ; Effet de dotation (ch. 23); Justification de l'effort (ch. 60); L'aversion aux pertes (ch. 32) et le biais de résultat (ch. 20) sont d'autres biais cognitifs qui conduisent à des décisions inappropriées.

N'acceptez pas les boissons gratuites

La réciprocité

Récemment, vous avez peut-être rencontré des adeptes de la secte Hare Krishna flottant dans leurs robes de couleur safran pendant que vous couriez à travers les aéroports ou les gares au cours de votre voyage pour atteindre votre destination. Peut-être qu'un membre vous a offert une petite fleur et vous a souri chaleureusement en la donnant. Comme la plupart des gens, il est probable que vous ayez pris la fleur juste pour éviter d'être impoli. Refuser aurait pu donner lieu à une explication telle que : « Prends-le ; c'est notre cadeau pour vous. En essayant de jeter la fleur dans une poubelle à proximité, il y avait déjà plusieurs arrangements là-bas ; en cherchant ailleurs pour son élimination, vous avez constaté qu'il y avait déjà plusieurs tas. Alors que votre mauvaise conscience commençait à vous harceler plus fortement, un autre disciple de Krishna s'approchait pour demander des dons ; de nombreux aéroports ont finalement interdit cette secte en raison de ce succès ;

Robert Cialdini peut expliquer le succès de ces campagnes par ses recherches sur la réciprocité. Il a constaté que les gens ont beaucoup de mal à s'endetter envers une autre personne.

De nombreuses organisations non gouvernementales et organisations philanthropiques emploient des stratégies similaires : d'abord donner, puis prendre. Récemment, j'ai reçu une enveloppe contenant des cartes postales représentant des paysages idylliques d'une organisation de conservation ; leur lettre d'accompagnement m'a assuré qu'ils devraient être conservés comme cadeaux, quelle que soit ma décision de donner de l'argent. Même si je comprenais assez bien leurs tactiques, il me fallait beaucoup de volonté et de discipline pour les mettre à l'écart sans en profiter !

Malheureusement, cette forme de chantage doux – parfois également appelée corruption – est courante. Un fournisseur de vis peut inviter des clients potentiels à le rejoindre lors d'un jeu sportif passionnant ; venu commander un mois plus tard, leur désir de ne pas s'endetter est si fort que l'acheteur accepte et passe commande par l'intermédiaire de cette nouvelle connaissance.

La réciprocité est un principe ancien que l'on retrouve chez toutes les espèces dont les approvisionnements alimentaires sont fluctuants. Imaginez que vous êtes un chasseur-cueilleur qui, un jour, parvient à tuer un cerf et doit le partager entre les membres de son groupe ; cela garantit que vous bénéficierez du butin des autres si votre récolte était moins impressionnante ; ils servent de réfrigérateurs.
La réciprocité est une stratégie de survie et une forme de gestion des risques inestimable, sans laquelle les humains – ainsi que de nombreuses espèces animales – périraient bientôt. La

réciprocité est au cœur de la coopération entre des personnes indépendantes les unes des autres et fait partie intégrante de la croissance économique et de la création de richesses – sans elle, il n'y aurait pas d'économie mondiale ! C'est l'avantage de la réciprocité.

Cependant, la réciprocité comporte aussi son côté sombre : les représailles. La vengeance engendre la contre-vengeance jusqu'à ce qu'une guerre à grande échelle s'ensuive. Jésus a prêché que nous devrions briser ce cycle en tendant l'autre joue – même si cela s'avère difficile car la réciprocité tire même lorsque les enjeux sont bien moins élevés.

Il y a des années, nous avons été invités par un couple que nous ne connaissions que par hasard ; ils étaient assez gentils mais loin d'être divertissants. Malheureusement, tout s'est passé exactement comme prévu : leur dîner était plus qu'ennuyant ; pourtant nous nous sommes sentis obligés de les inviter à nouveau quelques mois plus tard par réciprocité ; quelques semaines plus tard, une autre invitation de leur part est arrivée... Je me demande souvent combien d'autres dîners ont enduré afin de maintenir la réciprocité ?

Comme lorsque je m'approche d'un supermarché, mon meilleur conseil serait de refuser leur offre de vin, de fromage ou d'olives, à moins que vous ne vouliez que votre réfrigérateur soit rempli de choses que vous n'appréciez même pas.

Voir aussi Cadrage (ch. 42) ; Tendance à la super-réponse incitative (ch. 18) ; Liking Bias (ch. 22) et Motivation Crowding (ch. 56) pour en savoir plus.

ATTENTION AU "CAS PARTICULIER"

QUAND LA CONFIRMATION ARRIVE, ATTENTION ! (PARTIE 1).

Gil suit un régime pour perdre du poids. Chaque matin, il monte sur la balance, vérifiant les progrès par rapport au plan qu'il a choisi et célébrant chaque perte ou gain comme preuve que cela fonctionne ou l'enregistrant comme des fluctuations normales. Cependant, pendant des mois, son poids reste stable tandis que Gil vit dans l'illusion que le régime fonctionne même s'il ne fait rien - un exemple de biais de confirmation en jeu sous sa forme inoffensive.

Le biais de confirmation est au cœur de la plupart des idées fausses. Cela fait référence à notre tendance à interpréter les nouvelles informations de manière à ce qu'elles s'inscrivent dans les théories, croyances et convictions existantes - en filtrant efficacement toute preuve qui contredit les points de vue existants (connues sous le nom de preuves infirmantes) qui pourraient les remettre en question (ce qu'Aldous Huxley a écrit comme suit: "Les faits ne suffisent pas". ne cessera pas d'exister s'il est ignoré") mais cette tendance dangereuse persiste parmi les humains - le super-investisseur Warren Buffett l'exprime le mieux : "Les humains excellent dans l'interprétation de toutes les nouvelles informations afin que leurs conclusions antérieures restent intactes".

Le biais de confirmation est bien vivant dans les affaires aujourd'hui. Par exemple, considérez ceci : une équipe de direction décide d'une nouvelle stratégie, célébrant tout signe indiquant qu'elle pourrait bien fonctionner - tandis que toutes les indications indiquant le contraire restent invisibles ou sont rapidement rejetées comme exceptions ou cas spéciaux - jusqu'à ce que les preuves infirmantes deviennent complètement invisibles pour elles.

Que pouvez-vous faire? Soyez prudent lorsque le mot « exception » fait surface ; cela indique souvent la présence de preuves infirmantes. Inspirez-vous de Charles Darwin : dès son plus jeune âge, il s'est efforcé systématiquement de contrer le biais de confirmation en prenant très au sérieux toutes les observations qui entraient en conflit avec sa théorie, en les enregistrant immédiatement dès qu'elles apparaissaient - sachant très bien avec quelle facilité notre cerveau "oublie". " Réfutant les preuves après un certain temps - prenant note de chaque contradiction dès qu'il la voyait apparaître et recherchant activement les contradictions sur la base de son évaluation de leur exactitude - d'autant plus qu'il regardait activement.

Cette expérience montre à quel point il peut être difficile de remettre en question nos propres théories. Un professeur a présenté à ses étudiants la séquence numérique 2-4-6.

Les étudiants ont été mis au défi par leur professeur de déterminer la règle sous-jacente écrite sur une feuille de papier en fournissant des nombres dans l'ordre qui correspondent ou non à la règle, avec des réponses telles que « correspond à la règle » ou « ne correspond pas à la règle » de sa part. . Alors que les étudiants pouvaient deviner de nombreux nombres au hasard, de 8 à 14 par exemple (la plupart ont suggéré 8 et ont reçu la réponse : « Correspond à la règle ». Pour être sûrs, ils ont essayé 10, 12 et 14 et le professeur leur a dit à chaque fois que ceux-ci correspondaient.). Beaucoup ont conclu : « La règle consiste à ajouter deux à chaque nombre ; » seulement pour que le professeur soit en désaccord avec eux en disant que ce n'est pas en fait la règle ;

Un étudiant avisé a essayé une approche non conventionnelle. Il a testé le nombre -2, ce à quoi son professeur a répondu en disant qu'il ne correspondait pas à la règle, avant de suggérer que sept correspondait mieux que son prédécesseur -2. Lorsque cela s'est avéré infructueux, l'étudiant a continué ses expériences en essayant -24, 9, 43.... Lorsqu'aucun contre-exemple n'a pu être trouvé, il a déclaré : « La règle est la suivante : chaque nombre successif doit dépasser son prédécesseur. En retournant sa feuille de papier, j'ai découvert cette règle exacte !

Qu'est-ce qui distinguait l'étudiant débrouillard de ses pairs ? Alors que la plupart des étudiants cherchaient uniquement à confirmer leurs théories, il recherchait activement des preuves les réfutant. Vous pourriez penser : « Bien pour lui, mais ce n'est pas grave pour les autres. » Cependant, être la proie d'un biais de confirmation n'est pas une petite offense intellectuelle – comme le révèlent les chapitres suivants, cela peut affecter considérablement notre vie quotidienne.

Voir aussi : mes disponibilite Bias (ch. 11) ; L'effet positif sur les fonctionnalités (ch. 95); Coïncidence (ch. 24) ; Effet Forer (ch. 64) et Illusion d'attention (ch. 88).

ASSASSINEZ VOS CHÉRIS

Biais de confirmation, partie 2

Dans notre chapitre précédent, nous avons exploré l'une des principales erreurs : le biais de confirmation. Les êtres humains doivent se forger des croyances sur la vie, l'économie, les investissements, les carrières et bien plus encore – de notre vision du monde à la politique, en passant par l'économie et l'art – qui doivent ensuite être étayées par des preuves à l'appui de ces hypothèses. Que l'on traverse sa vie en croyant que les gens sont intrinsèquement bons ou mauvais, il trouvera des preuves appuyant l'un ou l'autre point de vue. Les philanthropes et les misanthropes filtrent les preuves infirmantes tout en favorisant ceux qui défendent leur vision du monde respective en donnant la priorité à ceux qui renforcent leurs opinions auprès des bienfaiteurs ou des dictateurs qui les promeuvent.

Les astrologues et les économistes opèrent avec des stratégies similaires : faire des prédictions si vagues que n'importe quel événement pourrait les étayer : « dans les semaines à venir, vous éprouverez de la tristesse » ou « la pression à moyen terme sur le dollar va augmenter » sont tous deux suffisamment vagues pour que n'importe quel événement puisse les supporter. ces prédictions ; mesures de dépréciation contre l'or, le yen et les pesos prix de l'immobilier résidentiel à Manhattan Manhattan prix des hot-dogs à Manhattan

La religion et les croyances philosophiques constituent un terrain fertile pour l'épanouissement du biais de confirmation. Ici, dans sa douce spongieuse, il prospère à l'état sauvage et libre - par exemple, les fidèles trouvent toujours des preuves de l'existence de Dieu, même s'il se montre rarement ouvertement - sauf auprès des analphabètes vivant dans des villages de montagne isolés ; ne se montrant jamais devant un public de masse comme Francfort ou New York. Les contre-arguments contre son existence sont catégoriquement rejetés par les croyants, ce qui montre à quel point cette force est réellement puissante.

Les journalistes économiques peuvent être particulièrement sensibles au biais de confirmation. Lorsqu'ils élaborent des théories, les journalistes économiques proposent souvent des explications simples, appuyées par peu de « preuves », puis passent rapidement à l'écriture de leur histoire. Par exemple : Google connaît un tel succès parce que sa culture favorise la créativité. Une fois cette idée écrite, les journalistes corroborent généralement cette affirmation avec des exemples d'autres entreprises prospères qui cultivent la créativité tout en recherchant rarement des preuves infirmantes, comme des entreprises en difficulté mettant l'accent sur la créativité ou des entreprises florissantes qui manquent de toute créativité - les deux groupes feraient de grands progrès. histoires !
Les journalistes ont tendance à négliger plusieurs membres d'un clan ; toute tentative de leur part d'en souligner un seul pourrait faire dérailler toute l'intrigue de leur article.

Les livres d'auto-assistance et pour devenir riche rapidement sont un autre exemple de narration unilatérale. Leurs auteurs avisés amassent des preuves étayant même des théories apparemment ridicules, comme « la méditation est la clé du bonheur ». Tout lecteur à la recherche de preuves infirmantes ne trouverait aucune preuve de ce type ici : il n'existe nulle part d'exemples de personnes menant une vie épanouie sans méditation ou de celles qui, malgré leur pratique, ressentent encore de la tristesse.

Les sites Internet constituent un terrain particulièrement fertile pour les biais de confirmation. Lorsque nous parcourons des sites d'information et des blogs pour rester informés, nous finissons souvent par sélectionner des pages qui renforcent nos valeurs existantes - qu'elles soient libérales, conservatrices ou quelque part entre les deux. En outre, de nombreux sites Web adaptent désormais leur contenu spécifiquement aux intérêts individuels ou à l'historique de navigation, rendant les opinions nouvelles ou divergentes complètement indésirables et nous conduisant sur des chemins qui réaffirment les convictions existantes en nous entourant de communautés partageant les mêmes idées qui renforcent ces mêmes convictions – renforçant ainsi les biais de confirmation. et renforcer nos convictions, les renforcer davantage, les renforcer davantage et renforcer davantage les convictions, ce qui renforce le biais de confirmation.

Arthur Quiller-Couch avait un mantra éternel : « Tuez vos chéris ». Ce conseil destiné aux écrivains qui ont du mal à couper des phrases chères mais redondantes a trouvé un large écho au-delà des critiques littéraires et des hackers ; ses conseils résonnent chez nous tous souffrant de biais de confirmation. Pour le combattre, essayez d'écrire toutes vos croyances - vision du monde, investissements, mariage, soins de santé, régime alimentaire ou stratégies de carrière - et cherchez des preuves infirmantes contre chacune d'entre elles. Couper les croyances qui ressemblent à de vieux amis est un travail difficile mais d'une nécessité vitale !

Voir aussi : Illusion d'introspection (ch. 67) ; Effet de saillance (ch. 83); Dissonance cognitive (ch. 50); Forer Effect (ch. 64) et News Illusion (ch. 99) pour plus de détails.

PRENEZ NOTE DES PAROLES DES AUTORITÉS

Biais d'autorité

Dans Genèse 1, Dieu nous dit ce qui arrive si nous désobéissons à l'une de ses figures d'autorité : l'expulsion du paradis. Malheureusement, des personnalités moins divines (experts politiques, scientifiques, médecins, PDG, économistes, chefs de gouvernement, commentateurs sportifs et gourous de la bourse) voudraient nous faire croire également cela.

Le psychologue Stanley Milgram a mené une expérience qui illustre de manière frappante les préjugés d'autorité. Ses sujets devaient administrer des décharges électriques croissantes à un individu assis derrière une vitre. En commençant par 15 volts, il leur a été demandé d'augmenter progressivement jusqu'à 30 V, 45 V et enfin jusqu'à la dose maximale de 450 V - bien qu'aucun courant électrique ne circule réellement - Milgram a utilisé un acteur comme victime ; malheureusement, ceux qui administraient les chocs ne le savaient pas. Les résultats étaient choquants : alors que la personne dans l'autre pièce gémissait de douleur et que le sujet qui lui administrait le choc voulait arrêter, son professeur l'encourageait à continuer car « cette expérience en dépend ». Électrocution la plus continue ; plus de la moitié sont allés à pleine tension par pure obéissance.

Au cours de la dernière décennie, les compagnies aériennes ont également pris conscience des dangers associés aux préjugés des autorités. Autrefois, les capitaines régnaient en maître ; leurs commandes ne pourraient jamais être contestées et tout copilote soupçonnant un oubli n'aurait peut-être jamais osé en parler.
Depuis que ce comportement a été découvert, presque toutes les compagnies aériennes ont mis en œuvre la gestion des ressources en équipage (CRM). CRM coache les pilotes et leurs équipages pour qu'ils discutent ouvertement et rapidement de toute réservation ; en d'autres termes : biais d'autorité de déprogrammation. Le CRM a davantage contribué à la sécurité des vols au cours des dernières décennies que le progrès technique.

De nombreuses entreprises manquent de prévoyance. Les entreprises dirigées par des PDG dominants sont particulièrement à risque, dans la mesure où les employés peuvent garder pour eux leurs opinions moins favorables, ce qui est probablement au détriment de l'entreprise dans son ensemble.

Les autorités recherchent la reconnaissance et trouvent toujours de nouveaux moyens de consolider leur statut. Les médecins et les chercheurs portent souvent des blouses blanches. Les directeurs de banque portent des costumes et des cravates ; les directeurs de banque portent des cravates tandis que les rois portant une couronne utilisent des insignes de grade militaire ; les membres de l'armée arborent également souvent des insignes de grade ! Aujourd'hui, davantage de symboles et d'accessoires sont utilisés comme marqueurs d'expertise, comme des apparitions dans des talk-shows ou des couvertures de magazines, des tournées de livres ou des entrées sur Wikipédia ; l'autorité évoluant un peu comme la mode et la société en prenant note en conséquence.

Conclusion : avant de prendre une décision importante, réfléchissez toujours attentivement aux autorités qui pourraient exercer une influence déterminante sur votre processus de raisonnement et faites de votre mieux pour défier celles au pouvoir si nécessaire.

Voir aussi : Twaddle Tendency (ch. 57) ; Connaissance des chauffeurs (ch. 16); Illusion de prévision (ch. 40); Illusion de compétence (ch. 94)

Robert Cialdini raconte dans son livre Influence l'histoire de deux frères nommés Sid et Harry qui tenaient un magasin de vêtements dans l'Amérique des années 1930 ; Sid était responsable des ventes tandis qu'Harry dirigeait les services de couture. Sid devenait malentendant chaque fois que les clients qui se tenaient devant son miroir étaient extrêmement satisfaits de leur costume, ce qui l'incitait à demander à Harry : « Harry, combien pour ce costume ? Harry levait alors les yeux de sa table de découpe et répondait rapidement en criant que ce magnifique costume en coton coûtait 42 $. Sid se comportait confusément et faisait comme s'il n'avait pas compris. Harry s'exclamait : « Quarante-deux dollars ! Sid s'est ensuite retourné et a répondu : « Il dit 22 $. À ce moment-là, son client aurait rapidement mis de l'argent sur la table avant de repartir rapidement avec son costume avant que le pauvre Sid ne se rende compte de son erreur.

Connaissez-vous cette expérience de vos années d'école ? : Remplissez deux seaux - l'un d'eau tiède et l'autre d'eau glacée - puis plongez votre main droite pendant une minute dans chacun. Remettez vos mains en place et remettez-les toutes les deux simultanément dans l'eau tiède. Qu'avez-vous remarqué ? La main droite le trouve chaud tandis que la main gauche le trouve refroidit très bien !

Ces histoires illustrent l'effet de contraste : lorsqu'on nous présente quelque chose de laid, de bon marché ou de petit, nous avons tendance à le juger comme plus beau ou plus cher ; à l'inverse, nous trouvons difficile un jugement absolu.

L'effet de contraste est une illusion omniprésente : lors de l'achat de sièges en cuir pour votre nouvelle voiture, comparés à son prix de 60 000 $, 3 000 $ semblent sans conséquence par rapport à son coût global. Tous les secteurs proposant des options de mise à niveau profitent de cette perception trompeuse pour attirer les consommateurs et vendre des mises à niveau.

L'effet de contraste peut également jouer un rôle vital ailleurs : des expériences montrent que les gens marcheront dix minutes supplémentaires si cela leur permet d'économiser 10 dollars sur la nourriture, mais n'envisageront jamais de revenir en arrière pour économiser 10 dollars sur un costume coûteux ; un geste irrationnel puisque 10 minutes valent quand même 10 dollars. Par conséquent, le retour en arrière devrait toujours être entrepris ou tout simplement ne pas se produire du tout.

Sans l'effet de contraste, les commerces discount cesseraient complètement d'exister. Une position intenable existe lorsque les prix des produits chutent de 100 $ à 70 $ en un instant ; le prix de départ ne devrait jouer aucun rôle ici. Un investisseur m'a dit un jour qu'une action avait une grande valeur parce qu'elle était tombée 50 pour cent en dessous du prix maximum ; J'ai répondu de la même manière en secouant la tête : les cours des actions n'ont jamais de points bas ou hauts - tout ce qui compte est de savoir s'ils évoluent à la hausse ou à la baisse à partir de là.

Si nous rencontrons des contrastes, notre cerveau réagit un peu comme les oiseaux à un coup de feu : nous voltigons et nous déplaçons rapidement. Malheureusement, notre tendance est de ne pas reconnaître les changements graduels au fur et à mesure qu'ils se produisent : un illusionniste pourrait faire disparaître votre montre sans même que vous vous en rendiez compte, car lorsque vous appuyez contre une partie de votre corps en appuyant contre une autre partie, vous ne remarquez pas quand son contact plus léger à votre poignet en retirez votre montre Rolex ; de la même manière, nous ne parvenons pas à observer comment notre argent disparaît à cause de l'inflation qui lui enlève lentement de la valeur, alors qu'imposés sous forme d'impôts (ce qui est en réalité le cas), nous réagirions beaucoup plus fortement contre de tels impôts (ce qui en réalité représente fondamentalement).

Le contraste est une force dangereuse : une belle femme épouse un homme plus moyen ; mais, parce que ses parents étaient des individus peu recommandables, il lui semble être une figure extraordinaire.

Une dernière réflexion : avec toutes les publicités mettant en vedette des mannequins, nous considérons désormais les belles personnes comme modérément désirables. Lorsque vous recherchez l'amour, ne sortez jamais avec des amis mannequins, car les gens vous percevront moins attirant que vous ne l'êtes réellement si vous y allez seul ou si vous amenez deux amis moches.

Voir aussi : Biais de disponibilité (ch. 11) ; Effet de dotation (ch. 23); Effet Halo (ch. 38); Biais de comparaison sociale (ch. 72); Régression vers la moyenne (ch. 19); Erreur de rareté (ch. 27) ; Cadrage (ch. 42)

Dire quelque chose comme : « Fumer n'est pas si nocif si mon grand-père a réussi à survivre en fumant trois paquets par jour et en vivant jusqu'à plus de 100 ans » ou : « Manhattan est vraiment sûr ; mon ami vit dans le village sans verrouiller sa porte. même pendant les vacances : son appartement n'a jamais été cambriolé !" peuvent être utilisés pour essayer de prouver un point, mais en réalité ils ne prouvent rien du tout ; ce faisant, nous succombons au biais de disponibilité.

Y a-t-il plus de mots anglais qui commencent par K, ou davantage avec sa troisième lettre ? Réponse : Plus de deux fois plus de mots anglais comportent K en troisième position que de commencer par lui ; bien que beaucoup pensent que ces derniers sont plus nombreux. Les gens croient le contraire à tort, car ils sont plus susceptibles de se souvenir plus rapidement des mots commençant par un K ; ceux-ci sont donc plus faciles pour nos souvenirs.

Le biais de disponibilité stipule que notre esprit a tendance à créer une image de la réalité basée sur des exemples que nous trouvons le plus facilement dans nos souvenirs, même si ces événements ne se produisent pas plus fréquemment car ils peuvent être facilement imaginés.

En raison du biais de disponibilité, nous naviguons souvent dans la vie avec une carte des risques inexacte en tête. En raison de ce biais, nous avons tendance à surestimer nos risques d'accident d'avion, d'accident de voiture ou de meurtre, tout en sous-estimant ceux liés à des causes moins spectaculaires comme le diabète ou le cancer de l'estomac. Les attentats à la bombe sont moins fréquents qu'on ne le croit, tandis que les taux de dépression peuvent être beaucoup plus élevés – ce biais nous amène à accorder trop d'importance aux résultats spectaculaires tout en dévalorisant plus facilement que nous le devrions les résultats discrets ou invisibles ; notre cerveau privilégie plus facilement les résultats spectaculaires que les résultats banals – cela nous amène à réfléchir de manière dramatique plutôt que quantitative !

Les médecins succombent souvent au biais de disponibilité : ils utilisent leurs traitements habituels dans tous les cas possibles, même s'il existe des traitements plus adaptés qui restent cachés dans leur mémoire. Les consultants, eux aussi, sont souvent victimes de ce phénomène : plutôt que d'écarter un cas totalement inconnu en disant : « Je ne sais vraiment pas », ils font de leur mieux pour ne pas agir selon leur intuition, mais plutôt pour agir. Au lieu de savoir exactement ce qu'ils doivent vous dire, les gens se tournent souvent vers l'une de leurs approches éprouvées, qu'elle soit idéale ou non.

La répétition peut créer une empreinte à long terme dans notre esprit ; quelque chose qui est répété assez souvent fait partie de la conscience collective, même si son contenu est faux ; Il suffit de demander aux dirigeants nazis combien de fois ils ont répété « La question juive », avant que les gens ne commencent à croire qu'il s'agissait d'une question importante ! Tout ce qu'il faut pour commencer à croire à ces concepts, c'est de prononcer les mots OVNI, énergie vitale ou karma suffisamment de fois avant que les gens n'en prennent note et n'y croient !

Le biais de disponibilité est devenu une caractéristique bien établie dans les conseils d'administration des entreprises du monde entier. Les membres du conseil d'administration ont tendance à concentrer leurs discussions sur ce que la direction a soumis - généralement des chiffres trimestriels - au lieu d'aborder des questions plus importantes, telles que l'évolution de la concurrence, les problèmes de motivation des employés ou les changements de comportement des clients qui pourraient les affecter directement. Ils n'ont pas tendance à discuter de choses en dehors de l'ordre du jour. Les gens ont tendance à privilégier les informations facilement accessibles – qu'il s'agisse de données économiques ou de recettes – lorsqu'ils prennent des décisions ; Faire leurs choix sur cette base plutôt que sur des données plus pertinentes mais plus difficiles d'accès pourrait s'avérer désastreux pour leurs décisions. Exemple : nous savons depuis 10 ans que la formule dite de Black-Scholes pour la tarification des produits financiers dérivés ne fonctionne pas, mais faute de solutions viables, nous continuons à utiliser un outil inapproprié. Ce serait comme être dans une ville inconnue sans carte, puis en trouver une chez soi quelque part et l'utiliser à la place - préférant des informations incorrectes plutôt que pas d'information du tout - conduisant ainsi les banques à subir des milliards de pertes en raison d'un biais de disponibilité.

Frank Sinatra a chanté : « Oh, mon cœur bat à tout rompre/Tout cela à cause de toi/Quand je ne suis pas près de celle que j'aime/Je l'aime toujours. » Ceci est un exemple de biais de disponibilité – pour le combattre efficacement, nous avons besoin du la contribution d'autres personnes ayant des expériences et des expertises différentes des nôtres afin d'en surmonter les effets.
Voir également Aversion à l'ambiguïté (ch. 80) ; Illusion d'attention (ch. 88); Biais d'association (chapitre 48) ; Effet positif sur les fonctionnalités (ch. 95); Biais de confirmation (ch. 7-8) ; Effet de contraste (ch. 10); Négligence des probabilités (ch. 26) pour en savoir plus sur ce sujet.

POURQUOI "PAS DE DOULEUR, PAS DE GAIN" DEVRAIT SONNER L'ALARME

Un jour, alors que j'étais en vacances en Corse, je suis tombé malade. Les symptômes étaient inconnus et la douleur augmentait de jour en jour. J'ai donc demandé une assistance médicale dans une clinique voisine. Un jeune médecin a commencé à m'inspecter attentivement, en palpant mon ventre, en saisissant fermement mes épaules et mes genoux et en palpant chaque vertèbre à la recherche de signes de problèmes. Son examen m'a paru étrange mais j'ai persévéré jusqu'à ce que son carnet sorte avec des antibiotiques écrits dessus : « Prenez un comprimé trois fois par jour jusqu'à ce que vos symptômes disparaissent. Prenez vos antibiotiques jusqu'à ce que les symptômes s'améliorent avant d'envisager des médicaments comme traitement ! » Une fois terminé, je suis retourné à ma chambre d'hôtel avec une ordonnance.

La douleur s'est aggravée au cours des trois jours suivants, comme mon médecin l'avait prédit. Même s'il devait savoir ce qui n'allait pas chez moi, lorsque la douleur ne s'est pas atténuée au bout de trois jours, je l'ai rappelé pour lui demander quoi faire et il m'a conseillé d'augmenter la dose à cinq fois par jour car « cela pourrait faire mal pendant encore un moment". Après encore deux jours angoissants, j'ai décidé d'appeler une ambulance aérienne internationale où le médecin suisse a immédiatement diagnostiqué une appendicite avant de m'opérer immédiatement, me demandant ensuite : "Pourquoi avez-vous attendu si longtemps ?".

"Tout s'est déroulé exactement comme le médecin l'avait prédit, alors j'ai fait confiance à ses conseils."

"Oh non ! Vous êtes tombé dans le piège selon lequel les choses ne feront qu'empirer avant de s'améliorer." Votre médecin corse l'ignorait probablement ; probablement juste un autre piège à touristes pendant la haute saison.

Prenons un autre exemple : un PDG se retrouve frustré, avec des ventes en panne, des vendeurs pas motivés et des campagnes marketing qui s'essoufflent complètement. En désespoir de cause, il engage un consultant à 5 000 $ par jour dont l'évaluation comprend des conclusions qui incluent le manque de vision de votre service commercial et le positionnement de votre marque. Je peux résoudre les deux pour vous, mais cela peut prendre plus de temps avant que des améliorations ne se produisent - les ventes diminueront très probablement. avant que les choses ne s'améliorent. » Le PDG engage ce consultant ; un

an plus tard, les ventes diminuent à nouveau avant que des progrès ne se produisent, comme le souligne ce consultant ; À plusieurs reprises au cours de ces consultations, ils soulignent à quel point le progrès est étroitement lié au progrès de l'entreprise, mesuré par rapport à ses conclusions sur les analyses mises à disposition par ses conclusions ce jour-là par cet homme dont l'analyse.
Alors que les ventes poursuivent leur spirale descendante au cours de la troisième année, le PDG décide de licencier le consultant.

L'erreur « Cela va empirer avant que ça ne s'améliore » n'est qu'une excuse, un exemple de biais de confirmation. Si le problème continue de s'aggraver comme prévu, le biais de confirmation se confirme, tandis que si une amélioration inattendue se produit de manière inattendue, le client est satisfait et l'expert peut s'attribuer le mérite de ses compétences ; de toute façon, il gagne.

Imaginez-vous en tant que président d'un pays, sans le savoir-faire nécessaire pour le gérer efficacement. Quel serait votre premier geste ? Peut-être prévoir des « années difficiles », demander aux citoyens de se serrer la ceinture et promettre une amélioration après cette étape délicate de « nettoyage », « purification » et « restructuration », en laissant ouverte la durée et la gravité de cette période ?

Le christianisme constitue le témoignage ultime de l'efficacité de cette stratégie : ses croyants croient qu'avant de connaître le paradis sur Terre, le monde doit d'abord être détruit par des catastrophes telles que des inondations, des incendies et des décès - tout cela fait partie du plan plus vaste de Dieu - toute aggravation des conditions comme une indication que leur prophétie s'est réalisée; toute amélioration considérée comme une bénédiction de Dieu.

Conclusion : Quand quelqu'un dit : « La situation va empirer avant de s'améliorer », cela devrait sonner l'alarme. Attention cependant : il existe des situations où les choses se détériorent d'abord avant de s'améliorer avec le temps ; par exemple, un changement de carrière entraîne souvent une perte de salaire, tandis que la restructuration d'une entreprise peut également prendre du temps. Mais dans tous ces cas, nous pouvons voir assez rapidement si les mesures prises fonctionnent ; les jalons fournissent des indicateurs clairs. Concentrez-vous plutôt sur ceux-ci plutôt que de chercher un soulagement grâce à des solutions magiques.

Voir également Action Bias (ch. 43) ; Erreur de coût irrécupérable (ch. 5) ; Régression vers la moyenne (ch. 19) pour plus d'explications.

La vie peut être déroutante. Imaginez un Martien invisible qui vous suit partout avec un carnet tout aussi invisible pour documenter tout ce que vous faites, pensez et rêvez. Votre vie se lirait ainsi : « J'ai bu du café avec deux sucres » ; "J'ai marché sur une punaise et juré comme un marin", "J'ai rêvé que j'embrassais mon voisin", "J'ai réservé des vacances aux Maldives mais maintenant presque sans argent", ou "J'ai trouvé des cheveux qui sortaient de sous mon oreille et je les ai immédiatement arrachés". Ce seraient toutes des entrées dans votre journal qui relateraient ce qui se passe chaque jour - les entrées continueraient à arriver. Les gens aiment tisser les morceaux de leur vie dans un récit cohérent, formant des histoires à partir de détails épars que nous appelons respectivement sens et identité. Max Frisch, un romancier suisse réputé, a déclaré un jour : « Nous essayons des histoires comme des vêtements.

En tant qu'humains, nous utilisons le récit pour donner un sens à l'histoire mondiale, en condensant des événements disparates en un scénario cohérent. À travers cette lentille, nous parvenons à comprendre certains problèmes ; par exemple pourquoi le Traité de Versailles a contribué à la Seconde Guerre mondiale ou pourquoi la politique monétaire accommodante d'Alan Greenspan a provoqué l'effondrement de Lehman Brothers. Les compréhensions peuvent varier ; ici, nous appelons compréhension la compréhension, mais ces choses ne peuvent pas être comprises dans leur état originel - nous créons du sens à partir d'elles plus tard. Les histoires sont des entités hautement subjectives. Ils déforment souvent la réalité et filtrent tout ce qui ne correspond pas, mais nous sommes impuissants sans eux. Pourquoi cela n'est toujours pas clair. Ce que nous savons avec certitude, c'est que les humains ont d'abord utilisé les histoires pour expliquer le monde avant de devenir scientifiques ; rendant ainsi la mythologie plus ancienne que la philosophie et donnant lieu à des biais narratifs.

Les biais narratifs sont monnaie courante dans les reportages des médias. Pour donner un exemple : lorsqu'une voiture passe sur un pont et qu'elle s'effondre soudainement, que lit-on le lendemain ? Une histoire sur son malheureux conducteur ; d'où ils venaient et où ils allaient ; on lit sa biographie (né quelque part, élevé ailleurs, gagnant sa vie ailleurs) ; s'il survit et peut donner des interviews, nous obtiendrons des détails sur ce qu'il a ressenti exactement lorsque le pont s'est effondré - mais aucune de ces histoires n'explique sa cause - ignorez-les toutes.
Il convient également de prendre en compte le pont lui-même : où se trouvait son point faible, si la fatigue en était la cause et si des dommages ont été causés ; une conception appropriée a-t-elle été utilisée et existe-t-il des ponts similaires à celui-ci. Bien que toutes ces questions soient valables, leurs réponses ne constituent pas des histoires captivantes ; nous aimons les histoires plutôt que les détails abstraits. Par conséquent, les histoires parallèles

divertissantes ont la priorité sur les faits pertinents (ce qui, du côté positif, signifierait que nous ne lirions que des livres de non-fiction !)

Voici deux contes du romancier anglais E. M. Forster à considérer : dont vous souviendrez-vous le mieux ? A) « Le roi est mort et la reine est morte de chagrin. » B) « Le roi est mort et la reine est morte de chagrin. » La plupart se souviendront probablement plus facilement de l'histoire B, car ses deux décès ne se produisent pas seulement successivement mais sont liés émotionnellement ; A est plus factuel tandis que B a une signification plus profonde - la théorie de l'information suggère que nous devrions nous souvenir de A plus facilement car il est plus court, mais notre cerveau ne fonctionne pas de cette façon !

Les annonceurs ont également appris à exploiter ce fait en créant des récits convaincants autour des produits plutôt que simplement de leurs avantages. Google a parfaitement illustré cette technique dans sa publicité pour le Super Bowl 2010 intitulée « Google Parisian Love » sur YouTube – jetez un œil par vous-même ici.

Réduire la réalité en histoires significatives déforme la réalité et affecte nos décisions ; Pour corriger cette distorsion, il existe un remède. Séparez ces récits. Demandez-vous : qu'est-ce qu'ils essaient de cacher ? Visitez une bibliothèque et passez une demi-journée à lire de vieux journaux ; vous verrez que les événements qui semblent maintenant liés ne l'étaient pas à l'époque ; Essayez également de visualiser l'histoire de votre vie hors de son contexte : fouillez dans d'anciens journaux et notes pour découvrir que la vie n'a pas suivi un chemin droit menant directement vers aujourd'hui ; il s'agit plutôt d'une série d'expériences et d'événements non planifiés et imprévisibles – quelque chose que nous explorerons plus en détail au chapitre 5.

Dès que vous entendez une histoire, réfléchissez à son origine et à ses intentions ; ce qui n'a pas été dit ; quels détails auraient pu être omis et qui pourraient être encore plus pertinents que ce qui est présenté, par exemple lorsqu'on parle de crises financières ou de guerre. Un problème avec les histoires : elles nous donnent un faux sentiment de sécurité. Comprendre nous pousse inévitablement à prendre de plus grands risques et à avancer prudemment en terrain inconnu.

Voir Fausse Causalité (ch.37) ; « Parce que » Justification (ch.52) ; Personnification (ch.87); Biais rétrospectif (ch. 14) ; Erreur d'attribution fondamentale (ch. 36) ; Erreur de conjonction (ch. 41); Falsification de l'Histoire (ch.78) ; Cherry Picking (ch.96) et News Illusion (ch. 99) comme problèmes supplémentaires à considérer.

Biais rétrospectif Récemment, je suis tombé sur le journal intime de mon grand-oncle. En 1932, il quitta un village suisse pour s'installer à Paris à la recherche d'opportunités de tournage et fit cette déclaration deux mois seulement après l'invasion de la France : « Tout le monde croit que les forces allemandes partiront d'ici décembre, et que l'Angleterre tombera peu après ; alors notre vie à Paris pourra enfin reprendre sous l'Allemagne. Malheureusement cette occupation dura quatre ans.

Les livres d'histoire d'aujourd'hui présentent l'occupation allemande de la France comme faisant partie d'une stratégie militaire organisée ; cela semble donc probable, rétrospectivement. Malheureusement, nous sommes devenus la proie de préjugés rétrospectifs.

Prenons maintenant cet exemple de 2007 : les experts économiques prévoyaient de brillantes perspectives pour les années suivantes, mais en un an, les marchés financiers ont implosé. Interrogés par les journalistes pour expliquer cette crise, les experts ont énuméré ses causes : l'expansion monétaire de Greenspan ; des normes de validation hypothécaire laxistes ; agences de notation corrompues ; de faibles exigences de capital, etc. – rétrospectivement, ces explications semblent de plus en plus évidentes.

Le biais rétrospectif est l'une des erreurs les plus répandues. Nous pourrions parler du phénomène du « je vous l'avais bien dit » : lorsque l'on regarde en arrière, tout devient évident et prévisible. Si un PDG réussit grâce à son travail acharné et à sa chance, sa perception de sa probabilité est souvent bien plus élevée qu'elle ne l'était réellement. Après la victoire électorale triomphale de Ronald Reagan sur Jimmy Carter en 1980, les commentateurs ont prédit sa nomination malgré sa proximité jusqu'à quelques jours avant le dernier jour du scrutin. Les journalistes économiques d'aujourd'hui semblent convaincus de l'éventuelle domination de Google, même si de telles prédictions auraient fait rire si elles avaient été faites en 1998. Un fait surprenant : il semble aujourd'hui déchirant et plausible qu'un seul coup de feu tiré à Sarajevo en 1914 conduise à 30 ans de guerre. conflit et a coûté 50 millions de vies - ce que tous les écoliers apprennent à l'école - mais à l'époque personne n'aurait rêvé.
Une escalade aurait semblé trop absurde.

Qu'est-ce qui rend les préjugés rétrospectifs si dangereux ? Simplement, cela nous amène à croire que nous sommes de meilleurs prédicteurs que nous ne le sommes en réalité et provoque un excès de confiance arrogant dans nos connaissances, nous conduisant à prendre trop de risques avec les problèmes mondiaux ainsi que les problèmes locaux : « Avez-vous entendu ? Sylvia et Chris se sont séparés. Cela n'allait toujours pas parce qu'ils ont des personnalités si différentes - ou tout simplement si semblables - ou peut-être qu'ils passaient trop de temps ensemble ou se voyaient à peine".

Il peut être difficile de surmonter les préjugés rétrospectifs. Des études ont démontré que même les personnes qui en sont conscientes tombent souvent dans le piège, je regrette donc sincèrement d'avoir perdu votre temps à lire ce chapitre.

Si vous êtes arrivé jusqu'ici, je vous propose un dernier conseil basé sur une expérience personnelle plutôt que professionnelle : tenez un journal. Enregistrez toutes les prédictions liées aux changements politiques, à votre évolution de carrière, aux problèmes de poids ou aux marchés boursiers. Après un certain temps, examinez ces prévisions avec les évolutions réelles afin d'évaluer les éventuels écarts. Soyez surpris de voir à quel point vos compétences en matière de prévision sont mauvaises ! Ne vous contentez pas non plus de lire des manuels d'histoire – ne vous fiez pas uniquement aux théories rétrospectives ! Les journaux intimes, les histoires orales et les documents historiques de cette période offrent des informations inestimables qui échappent même aux experts ! Ceux qui ne peuvent se passer d'informations devraient lire les journaux d'il y a cinq, dix ou vingt ans - cela leur donnera une idée encore plus profonde de l'imprévisibilité de notre monde. Regarder en arrière peut apporter un réconfort temporaire ; mais pour des révélations plus profondes sur la façon dont tout fonctionne, nous gagnerons davantage en regardant vers l'avenir.

Voir également : Erreur de la cause unique (ch. 97) ; Falsification de l'Histoire (ch. 78) ; Biais de l'histoire (ch. 13); Illusion de prévision (ch. 40); Le biais de résultat (ch. 20) et le biais d'égoïsme (ch. 45) sont des perspectives supplémentaires à prendre en compte lors de la surestimation des connaissances et des capacités.

POURQUOI SURESTIMONS-NOUS CONSTAMMENT NOS CONNAISSANCES ET CAPACITÉS ?

Johann Sebastian Bach n'était pas seulement une merveille ; ses travaux sont nombreux et seront discutés plus en détail à la fin de ce chapitre. Pour l'instant, voici un devoir simple pour essayer d'estimer le nombre de concertos qu'il a composés ; choisissez idéalement une plage comprise entre 100 et 500 avec des estimations précises à 98 % et seulement 2 à 2 % d'écarts entre les estimations.

Dans quelle mesure devrions-nous avoir confiance en nos propres connaissances ? Les psychologues Howard Raiffa et Marc Alpert ont posé cette même question à des centaines de personnes qu'ils ont interrogées dans le cadre d'entretiens et de groupes de discussion. Ils ont demandé aux participants d'estimer la production totale d'œufs aux États-Unis ou d'estimer le nombre de médecins et de chirurgiens répertoriés dans l'annuaire des Pages Jaunes de Boston ou d'estimer les importations d'automobiles étrangères aux États-Unis ou même d'estimer les péages du canal de Panama en millions de dollars. Il a été demandé aux sujets de sélectionner la plage de leur choix dans le but de ne pas se tromper plus de 2 % du temps, mais en réalité, ils se trompaient de 40 % ! Les chercheurs ont qualifié ce phénomène étonnant d'excès de confiance.

L'excès de confiance s'applique aux prévisions en termes de performance boursière sur un an ou de bénéfices sur trois ans, ainsi qu'aux prévisions de nos connaissances et de notre capacité à prédire. Les gens sous-estiment souvent à la fois nos connaissances et notre capacité à prévoir, ainsi que notre confiance dans le fait que les estimations individuelles sont correctes ou incorrectes ; il mesure plutôt ce que les gens savent par rapport à leur degré de confiance dans leurs prévisions. Certains pourraient être surpris d'apprendre que les experts souffrent encore plus que les profanes d'un excès de confiance ; Lorsqu'on lui demande de prédire les prix du pétrole dans cinq ans, un professeur d'économie peut donner sa prévision avec plus de conviction que ne le ferait son homologue ; Pourtant, lorsqu'on lui demande de prédire les prix du pétrole dans cinq ans, avec encore plus de confiance que son homologue ne donnerait ses prévisions !

L'excès de confiance va au-delà de l'économie : les enquêtes révèlent que 84 % des Français s'estiment amoureux au-dessus de la moyenne ; sans effets d'excès de confiance, ce chiffre aurait dû être exactement de 50 % ; la médiane statistique signifie que 50 % devraient respectivement être classés plus haut et 50 % plus bas. Une autre enquête montre que 93 % d'entre eux s'estiment amoureux au-dessus de la moyenne malgré cet effet d'excès de confiance.
Les étudiants américains interrogés se considèrent comme des conducteurs « au-dessus de la moyenne », et 68 % des professeurs de l'Université du Nebraska se classent parmi les 25 %

les plus performants en termes de capacité d'enseignement. Les entrepreneurs et ceux qui souhaitent se marier se perçoivent également comme supérieurs : ils croient pouvoir déjouer tous les pronostics. Sans un excès de confiance, l'activité entrepreneuriale diminuerait probablement de façon spectaculaire ; par exemple, tous les restaurateurs espèrent que leur restaurant deviendra le prochain établissement étoilé Michelin, mais beaucoup échouent dans les trois ans en raison de faibles retours sur investissements qui restent constamment inférieurs à zéro.

Presque aucun projet majeur n'est jamais achevé à temps et à un coût inférieur aux prévisions. Des exemples notables incluent l'Airbus A400M, l'Opéra de Sydney et le Big Dig de Boston. Pour comprendre pourquoi, deux forces entrent en jeu simultanément : l'excès de confiance est l'un des facteurs ; Deuxièmement, ceux qui sont directement intéressés par le projet sont souvent incités à sous-estimer les coûts : les consultants, les entrepreneurs et les fournisseurs recherchent tous davantage de contrats. Les constructeurs se sentent encouragés par des chiffres optimistes tandis que les politiciens obtiennent davantage de soutien grâce à ces activités – nous discuterons des fausses déclarations stratégiques (chapitre 89).

Ce qui rend l'excès de confiance si omniprésent et ses effets si troublants, c'est son inexorabilité : il ne répond pas aux incitations, étant un trait instinctif plutôt que motivé par des incitations ; son pendant, le « manque de confiance », n'est pas non plus présent. Ce n'est pas surprenant pour certains lecteurs : l'excès de confiance des hommes a tendance à être plus important tandis que les femmes n'ont pas tendance à exagérer autant leurs connaissances et leurs capacités ; De plus, les optimistes ne sont pas les seuls à se surestimer : même les pessimistes autoproclamés se surestiment encore, bien que moins extrêmes.

Conclusion : N'oubliez pas de rester conscient qu'il nous est facile de surestimer nos connaissances. Méfiez-vous des prédictions des experts ; dans tous les plans, privilégiez le scénario pessimiste car cela vous donne une chance de juger les situations avec précision et de manière plus réaliste.

Revenons à notre question : Johann Sebastian Bach a laissé derrière lui 1 127 œuvres qui ont survécu jusqu'à aujourd'hui, même si beaucoup d'entre elles ont peut-être été perdues au fil du temps. Pour en savoir plus, voir : Illusion of Skill (ch. 94) ; Illusion de prévision (ch. 40) et fausse déclaration stratégique.
(Ch. 89) ; Tendance à la super-réponse incitative (Ch. 18) ; Biais égoïste (Ch. 45).

NE PRENEZ PAS LES ANCRES D'ACTUALITÉS AU SÉRIEUX

Après avoir reçu le prix Nobel de physique en 1918, Max Planck entreprit une tournée de conférences à travers l'Allemagne pour présenter de nouvelles théories de la mécanique quantique. Partout où il allait, il donnait la même conférence. Au fil du temps, son chauffeur s'est familiarisé avec son discours : « Le professeur Planck doit trouver monotone les répétitions ; laisse-moi le faire pour toi à Munich ? Asseyez-vous au premier rang avec ma casquette de chauffeur et portez ma casquette de chauffeur car cela nous donnerait à tous les deux un peu de variété ! » Planck était ravi de cette idée et le conducteur a donc donné une conférence en soirée sur la mécanique quantique devant un public d'élite. Lorsqu'un professeur de physique de Munich lui posa une question, son chauffeur fut surpris : « Je n'aurais jamais imaginé que quelqu'un d'une ville aussi avancée que Munich poserait une question aussi simple ! Mon chauffeur se fera un plaisir de vous répondre.

Charlie Munger, l'un des principaux investisseurs mondiaux (dont j'ai repris cette histoire), a identifié deux types de connaissances. Les connaissances réelles peuvent être constatées chez ceux qui ont consacré beaucoup de temps et d'efforts à comprendre un sujet ; les connaissances des chauffeurs font référence aux connaissances de personnes qui savent comment monter un spectacle avec des voix impressionnantes ou des coiffures époustouflantes ; cependant, leurs mots se détachent comme s'ils lisaient un script.

Malheureusement, il est devenu plus difficile que jamais de distinguer les véritables connaissances des connaissances des chauffeurs. Les présentateurs de nouvelles fournissent un bon exemple de cette dichotomie ; tout le monde sait que ces acteurs jouent simplement des rôles - mais je continue d'être étonné du respect que ces lecteurs de scripts raffinés inspirent en plus de modérer des panels sur des sujets qu'ils comprennent à peine eux-mêmes.

Les journalistes présentent davantage de défis. Certains journalistes possèdent une véritable expertise ; ces journalistes chevronnés se spécialisent généralement dans un domaine depuis des années. Ces journalistes s'efforcent de comprendre les complexités d'un sujet, puis l'expliquent efficacement à travers de longs articles détaillant les cas et les exceptions. Cependant, la plupart des journalistes ressemblent à des chauffeurs : ils écrivent rapidement des textes unilatéraux en utilisant des recherches Google sans faire beaucoup de recherches pour obtenir une rémunération ; leurs textes ont tendance à être unilatéraux, courts et unidimensionnels dans leur contenu.
Ces individus ont tendance à faire preuve de peu de connaissances, tout en dégageant un ton de supériorité.

Les affaires peuvent souvent faire preuve de superficialité. À mesure que les entreprises grandissent, les PDG sont censés posséder la « qualité de star ». Malheureusement, le dévouement, la solennité et la fiabilité sont souvent sous-estimés au sommet. Parfois, les actionnaires et les journalistes croient à tort que le sens du spectacle produira de meilleurs résultats, ce qui est certainement faux.

Warren Buffett, partenaire commercial de Munger, a trouvé une excellente solution : son « cercle de compétences ». Ce qui entre dans ce cercle peut être compris intuitivement tandis que ce qui se situe en dehors de ce cercle peut n'avoir qu'un sens partiel. Munger conseille aux gens de rester dans ce qu'il appelle leur cercle de compétences : comprendre ce que l'on comprend et ce que l'on ne comprend pas. La taille n'a pas d'importance tant qu'ils savent où se situe leur périmètre. Munger souligne ce point. Pour réussir dans toute entreprise, il faut comprendre ses propres aptitudes. Si jouer contre des personnes ayant de plus grandes aptitudes qu'eux est à votre détriment et que vous ne le faites pas, cela se terminera probablement par une perte - cela peut être garanti. Trouver un avantage et rester dans son cercle de compétences est donc de la plus haute importance.

Conclusion : Soyez à l'affût des connaissances des chauffeurs. Ne confondez pas les porte-parole de l'entreprise, les chefs de piste, les présentateurs de nouvelles, les bavards ou les vendeurs de verbiage avec des experts possédant de véritables connaissances. Un indicateur clair : les vrais experts savent quand leur expertise se termine et quand elle recommence ; les vrais experts reconnaissent également quand quelque chose ne relève pas de leur cercle d'expertise et se taisent ou parlent librement pour signaler de telles lacunes dans les connaissances ; les chauffeurs font rarement cela à leur égard !

Voir également Biais d'autorité (ch. 9) ; Dépendance au domaine (ch. 76) ; Twaddle Tendency (ch. 57) pour des explorations plus approfondies.

Chaque soir, vers neuf heures, vers neuf heures trente, un individu au chapeau rouge se tient sur une place et commence à agiter sauvagement sa casquette. Au bout de cinq minutes, il disparaît et un jour plus tard, lorsqu'il est approché par un policier, cet individu a répondu qu'il éloignait les girafes, mais qu'on n'en voyait aucune ici, il devait donc faire un travail efficace !' A cela, le policier a répondu : "Eh bien, je dois aller bien alors !"

Un jour, alors que mon ami avec une jambe cassée était confiné à la maison et m'a demandé de lui acheter des billets de loterie, je suis allé en ville, j'ai coché quelques cases, j'ai écrit son nom dessus et j'ai payé. Cependant, dès que je le lui ai donné, il a objecté : « Pourquoi as-tu fait cela ? Je voulais le remplir moi-même ; ces chiffres ne me feront rien gagner !"

"Pensez-vous vraiment que le choix des numéros aura une incidence sur le tirage au sort ?" J'ai demandé. Son visage rencontra mon regard vide.
Les joueurs de casino lancent souvent les dés aussi fort que possible s'ils ont besoin d'un chiffre élevé, et avec plus de précaution s'ils espèrent un chiffre faible - une pratique absurde, un peu comme les fans de football espérant pouvoir influencer un match en gesticulant devant un téléviseur. Malheureusement, ils partagent cette illusion avec d'autres qui cherchent également à influencer les affaires mondiales en envoyant des ondes positives ou « karma ».

Jenkins et Ward ont découvert en 1965 l'illusion du contrôle, la tendance à croire que nous pouvons influencer quelque chose sur lequel nous n'avons aucune influence, grâce à une expérience utilisant deux interrupteurs et une lumière. En appuyant sur des interrupteurs, ils étaient capables d'influencer quand et si la lumière s'allumait de manière aléatoire ; les sujets croyaient toujours qu'ils pouvaient influencer sa luminosité en appuyant sur des interrupteurs.

Prenons cet exemple : un chercheur américain a mené des tests pour étudier la sensibilité acoustique à la douleur en plaçant des personnes dans des cabines sonores et en augmentant progressivement le volume jusqu'à ce que les sujets lui fassent signe d'arrêter. Ses deux pièces (A et B) étaient identiques sauf que B comportait un bouton d'alarme rouge sur son mur. Le bouton n'était censé être qu'une illusion de contrôle ; cependant, sa présence a donné aux participants le sentiment qu'ils pouvaient façonner leur situation et ainsi leur permettre de tolérer des niveaux de bruit nettement plus élevés. Si vous avez déjà lu Alexandre Soljenitsyne, Primo Levi ou Viktor Frankl, cette découverte ne devrait pas surprendre ; leurs livres décrivent comment même des influences mineures sur le destin ont encouragé les détenus à ne pas perdre espoir.

Traverser les rues de Los Angeles peut être délicat, mais en appuyant simplement sur un bouton, nous pouvons arrêter la circulation - n'est-ce pas ? Le but du bouton est de nous faire croire que nous avons un certain contrôle sur les feux de circulation, afin que nous puissions supporter d'attendre plus longtemps sans nous impatienter ni perdre patience en attendant que cela change plus patiemment. Des astuces similaires sont utilisées lorsqu'il s'agit des boutons d'ouverture/fermeture des ascenseurs : beaucoup ne sont même pas connectés à un panneau électrique ! Des mesures similaires ont également été mises en œuvre dans les bureaux open space : pour certains, il peut toujours faire trop chaud, tandis que pour d'autres, il fait trop froid. Des techniciens astucieux créent l'illusion de contrôle en installant de faux cadrans de température ; cela réduit les factures d'énergie - et les plaintes. De telles stratégies sont désormais connues sous le nom de boutons placebo et sont utilisées partout, des ascenseurs et bureaux aux magasins dotés de caisses.

Les banquiers centraux et les responsables gouvernementaux utilisent les boutons placebo de manière experte. Un exemple serait le taux des fonds fédéraux – un taux d'intérêt au jour le jour à très court terme. Même si ce taux n'affecte pas les taux d'intérêt à long terme (qui dépendent de l'offre et de la demande et sont donc cruciaux dans les décisions d'investissement), chaque variation suscite de vives réactions sur le marché boursier. Personne ne comprend pourquoi les taux d'intérêt au jour le jour ont un tel effet sur les marchés, mais tout le monde pense que c'est le cas et c'est ce qui se produit. Les déclarations du président de la Réserve fédérale peuvent avoir le même impact : les marchés bougent même si ses paroles n'apportent que peu de bénéfices tangibles à l'économie réelle ; ils créent simplement des ondes sonores. Pourtant, nous permettons aux dirigeants économiques de continuer à jouer avec des cadrans illusoires. Un véritable signal d'alarme se produirait si toutes les parties concernées comprenaient que l'économie mondiale est en fin de compte hors de notre contrôle et ne peut être gérée efficacement.

Êtes-vous sûr que tout est sous contrôle ? Probablement moins que vous ne le pensez
Voir aussi Coïncidence (ch. 24) ; Négligence de la probabilité (ch. 26); Illusion de prévision (ch. 40); Illusion de compétence (ch. 94); Illusion de regroupement (ch. 3); Illusion d'introspection (ch. 67) dans ce chapitre.

Ne payez jamais votre avocat à l'heure

Tendance à la super-réponse

Au 19ème siècle, les dirigeants coloniaux français à Hanoï ont promulgué une loi pour contrôler une infestation de rats : pour chaque cadavre rapporté aux autorités, ceux qui les ramassaient recevaient une récompense. De nombreux rats ont été détruits grâce à cette initiative, mais beaucoup d'autres ont également été élevés spécifiquement à cet effet.

Les archéologues qui ont découvert les manuscrits de la mer Morte en 1947 ont fixé des honoraires par parchemin ; au lieu de découvrir beaucoup plus de parchemins, les archéologues ont simplement déchiré les parchemins existants pour augmenter les honoraires du chercheur. Des incitations similaires ont été proposées en Chine au XIXe siècle : les agriculteurs ont trouvé plusieurs os de dinosaures sur leurs terres et les ont ensuite brisés pour les encaisser en récompense. Les conseils d'administration des entreprises modernes offrent des primes lorsque les objectifs sont atteints et les dirigeants dépensent leur énergie à essayer de réduire les objectifs au lieu de développer leur entreprise.

Ces exemples illustrent la célèbre observation de Charlie Munger selon laquelle les incitations provoquent des tendances à la super-réponse. Les gens réagissent aux incitations en faisant ce qui est dans leur meilleur intérêt. Ce qui est remarquable, cependant, c'est la rapidité et l'importance avec laquelle le comportement des gens change lorsque de nouvelles incitations apparaissent ou que celles existantes sont modifiées ; en outre, il semble que les gens réagissent eux-mêmes directement aux incitations plutôt qu'aux intentions plus grandes qui les sous-tendent.

Les bons systèmes d'incitation combinent intention et récompense ; par exemple, dans la Rome antique, les ingénieurs étaient invités à se tenir sous la construction de leurs ponts lors des cérémonies d'ouverture. En revanche, de mauvais systèmes d'incitation obscurcissent souvent, voire pervertissent, l'objectif visé ; censurer un livre ne peut que rendre son contenu plus notoire, récompenser les employés de banque pour chaque prêt vendu peut nuire davantage aux portefeuilles de crédit et rendre publics les salaires des PDG n'a fait qu'augmenter ces derniers ; personne ne voulait être perçu comme un « PDG perdant ».

Souhaitez-vous changer le comportement des individus ou des organisations ? Prêcher des valeurs et des visions ou faire appel à la raison pourrait fonctionner, mais les incitations fonctionnent souvent mieux – elles n'ont même pas besoin d'être financières !
Tout ce qu'on apprend peut être mis à profit - depuis les bonnes notes et les prix Nobel jusqu'au traitement spécial dans l'au-delà.

Bien avant de comprendre pourquoi les nobles médiévaux instruits renonçaient à leur vie luxueuse pour participer aux Croisades, j'avais du mal à comprendre ce qui pouvait pousser les nobles instruits de cette période à abandonner leur mode de vie confortable et à monter à cheval, connaissant parfaitement le Le voyage a duré au moins six mois et a traversé directement le territoire ennemi – mais ils ont pris le risque. Après réflexion, je me suis rendu compte que les systèmes d'incitation jouaient un rôle essentiel. S'ils survivaient, ils pourraient conserver tout leur butin de guerre tout en devenant des hommes riches tandis que ceux qui mouraient devenaient automatiquement des martyrs avec tous les avantages pour eux ou bien allaient directement au paradis en tant que martyrs - rendant cette solution gagnant-gagnant possible pour tous les participants impliqués - faisant cette entreprise serait rentable dès le premier jour pour les deux parties impliquées si toutes deux pouvaient rentrer vivantes ; de toute façon, c'était une situation gagnant/gagnant

Imaginez une seconde si les guerriers et les soldats chargeaient leurs ennemis à l'heure pour les services rendus - nous les encouragerions effectivement à prendre le plus de temps possible, n'est-ce pas ? Alors pourquoi payons-nous des taux horaires lors de l'embauche d'avocats, d'architectes, de consultants, de comptables ou de moniteurs d'auto-école ? Mon conseil : négociez plutôt des accords à prix fixe avant de faire appel à leurs services.

Méfiez-vous des conseillers en investissement qui approuvent des produits financiers spécifiques ; leur objectif n'est peut-être pas votre bien-être financier mais le fait de gagner des commissions. Les plans d'affaires des entrepreneurs et des banquiers d'investissement s'avèrent souvent sans valeur parce que les vendeurs n'ont à cœur que leurs propres intérêts ; comme le dit le vieil adage « Ne demandez jamais à un coiffeur si vous avez besoin d'une coupe de cheveux ».

Gardez un œil sur les tendances de super-réponse incitative ; lorsque le comportement de quelqu'un ou d'une organisation vous laisse perplexe, demandez quelles motivations pourraient se trouver derrière ce comportement et vous serez probablement en mesure d'expliquer facilement 90 % des cas ; les 10 % restants pourraient être de la passion, de l'idiotie, de la psychose ou de la méchanceté.

Voir également Motivation Crowding (ch. 56) ; Réciprocité (ch. 6) ; Effet d'excès de confiance (ch. 15) pour des informations supplémentaires sur la motivation.

Les médecins, consultants et psychothérapeutes peuvent être des sources de secours peu fiables

Régression vers la moyenne

Ses maux de dos oscillaient entre s'améliorer et s'aggraver. Certains jours étaient meilleurs que d'autres ; il y avait des jours où il avait envie de déplacer des montagnes, d'autres où même un mouvement minimal était impossible. Lorsque cela devenait problématique – ce qui heureusement n'arrivait que rarement – sa femme l'emmenait voir un chiropracteur ; une fois sur place, le lendemain le trouverait plus mobile et le recommanderait vivement à tous ses contacts.

Un autre homme, plus jeune, avec un handicap de golf de 12, ne tarissait pas d'éloges sur son instructeur, avec qui il réservait une heure chaque fois que son jeu faiblissait et, peu de temps après, ses performances s'amélioraient considérablement.

Un conseiller en investissement d'une grande banque a créé une étrange « danse de la pluie », l'exécutant chaque fois que ses actions se comportaient mal dans les toilettes. Même si cela semblait absurde à l'époque, il s'est senti obligé de le faire ; et les choses se sont toujours améliorées par la suite.

Ce qui lie les trois hommes est une erreur connue sous le nom d'illusion de régression vers la moyenne.

Supposons que votre région ait connu une période inhabituellement froide ; Il y a de fortes chances que les températures reviennent progressivement vers leur moyenne mensuelle dans les prochains jours. Il en va probablement de même en cas de chaleur extrême, de sécheresse ou de pluie : le temps fluctue autour d'une moyenne. La météo n'est qu'un indicateur parmi d'autres ; il en va de même pour la douleur chronique, les handicaps au golf, la performance boursière, la chance en amour, les niveaux de bonheur subjectif et les résultats aux tests – ils fluctuent tous autour d'une sorte de moyenne. Et de même pour le soulagement des maux de dos chroniques sans visites chiropratiques ; les handicaps reviennent à 12 sans ajout de leçons ; la performance du conseiller en placement revient vers une performance moyenne du marché - quelles que soient les danses des toilettes !

Les performances extrêmes sont entrecoupées de performances moins extrêmes. Même les sélections d'actions les plus réussies d'il y a trois ans ne le resteront probablement pas dans trois ans. Vous pouvez comprendre pourquoi certains athlètes préfèrent éviter de faire la une des journaux.

Les journaux rapportent souvent d'excellents résultats, mais savent inconsciemment que la prochaine fois, ils n'obtiendront peut-être pas des résultats similaires - ce qui n'a rien à voir avec l'attention des médias ; mais cela est dû aux variations naturelles des performances.

Ou prenons le cas d'un chef de division cherchant à remonter le moral de ses collaborateurs en envoyant les 3% de ses effectifs les moins motivés suivre une formation, pour que la motivation ne revienne plus comme avant (ceux qui avaient participé ne constituent plus ce pourcentage - il y aura il s'agit probablement d'autres personnes au lieu d'eux-mêmes en bas). Le cours en valait-il la peine ? Difficile à dire puisque les niveaux de motivation reviendraient probablement à leur norme même sans formation ; un peu comme les patients hospitalisés pour dépression qui en sortent souvent en se sentant un peu mieux, mais il se peut très bien que cela n'ait apporté aucune contribution !

Exemple 2 : À Boston, des écoles peu performantes ont été placées dans un programme de soutien intensif. En un an, leurs performances se sont améliorées – ce que les autorités attribuent directement à cet effort plutôt qu'à une régression naturelle vers la moyenne.

Régresser vers la moyenne peut avoir des conséquences destructrices, conduisant les enseignants (ou les managers) à croire que la discipline vaut mieux que les éloges, par exemple en récompensant les élèves les plus performants tout en punissant les élèves les moins performants à la suite des examens. En conséquence, les enseignants peuvent conclure que les reproches aident et les louanges nuisent - créant un cycle répétitif où la punition aide et les louanges nuisent à la performance - de sorte que leur croyance devient « les reproches aident et les louanges gênent », donnant lieu à une autre erreur qui ne peut être évitée.

Conclusion : lorsque vous entendez des histoires telles que « Je suis tombé malade, j'ai consulté mon médecin et je me suis progressivement amélioré » ou « Notre entreprise a connu des difficultés au cours de l'année ; nous avons donc embauché un consultant et maintenant les résultats sont revenus à la normale », cela pourrait indiquer une erreur de régression vers la moyenne.

Voir également Problème avec les moyennes (ch. 55) ; Effet de contraste (ch. 10); Cela empirera avant de s'améliorer. Erreur (ch. 12) ; Coïncidence (ch. 24) ; L'erreur du joueur (ch. 29)

Biais de résultat

Imaginez un million de singes investissant en bourse ; acheter et vendre des actions de manière apparemment aléatoire – que se passe-t-il ? Au bout d'une semaine, environ la moitié aura réalisé un bénéfice tandis que l'autre moitié aura subi des pertes. Seuls les singes qui ont réalisé des bénéfices peuvent rester ; tous ceux qui ont subi des pertes devraient être renvoyés chez eux. Au bout d'une semaine, la moitié sera toujours en pleine forme tandis que l'autre moitié aura subi des pertes et devra être renvoyée ; ce cycle se poursuit tout au long. Après 10 semaines, il restera environ 1 000 singes qui auront toujours investi judicieusement leurs fonds. Après 20 semaines, il n'en restera qu'un et ce singe - que nous appellerons le Success Monkey - a systématiquement choisi les actions avec lesquelles il pourrait profiter et est maintenant milliardaire ! Appelons-le.

Comment les médias vont-ils réagir ? Ils se jetteront sur cet animal à la recherche de ses « principes de réussite », et en trouveront sans doute : peut-être que le singe mange plus de bananes que ses congénères primates ; peut-être qu'il est assis dans un autre coin de sa cage ; peut-être qu'il se balance tête baissée à travers les branches, prenant de longues pauses réfléchies pour se toiletter ; il doit sûrement exister un ingrédient secret qui permette à ce brillant artiste de tenir vingt semaines sans faiblir ? Impossible!

L'histoire du singe illustre un biais de résultat : nous avons tendance à juger les décisions en fonction de leurs résultats plutôt que des processus, ce que l'on appelle souvent l'erreur de l'historien. Un exemple classique de cette erreur serait l'attaque japonaise sur Pearl Harbor ; sa base militaire aurait-elle dû être évacuée avant d'être attaquée ? Aujourd'hui : Oui. Les preuves d'une attaque imminente étaient accablantes ; cependant, ce n'est que rétrospectivement que les signaux apparaissent. À l'époque, 1941 fournissait de nombreux signaux contradictoires pointant vers une attaque ; certains l'ont indiqué, d'autres non. Pour évaluer la qualité de cette décision dès son apparition (c'est-à-dire avant qu'elle survienne), seules les informations disponibles à ce moment doivent être prises en compte ; tout ce que nous apprenons après l'attaque doit également être pris en compte.

Une autre expérience nécessite que vous évaluiez trois chirurgiens cardiaques. Pour ce faire, chacun est invité à réaliser successivement cinq opérations difficiles sur lui-même.
Au fil du temps, la probabilité de décès suite à ces procédures s'est stabilisée à 20 %. Le chirurgien A ne perd personne pendant l'opération tandis que le chirurgien B perd un patient tandis que le chirurgien C en perd deux. Comment juger ces trois chirurgiens les uns par rapport aux autres ? Si vous êtes comme la plupart des gens, classer A comme le meilleur, B comme le deuxième meilleur et C comme le pire est simplement la proie d'un biais de

résultat - peut-être en raison du trop petit nombre d'échantillons examinés - ce qui rend les résultats dénués de sens. Une évaluation précise d'un chirurgien nécessite d'abord une compréhension de son domaine, suivie d'une observation attentive pendant la préparation et l'exécution des opérations. En d'autres termes, vous devez évaluer à la fois le processus et le résultat lors de ces évaluations. Alternativement, s'il y a suffisamment de patients nécessitant cette intervention chirurgicale particulière – 100 ou 1 000 opérations – vous pouvez alors utiliser un échantillon plus grand. À l'heure actuelle, il suffit de comprendre que pour un chirurgien moyen, il y a 33 % de chances que personne ne meure, 41 % de chances qu'une personne meure et 20 % de chances que deux personnes meurent ; il s'agit d'un calcul de probabilité simple et ne montre pas d'écart énorme entre zéro mort et deux morts ; juger ces trois chirurgiens uniquement sur ces résultats serait à la fois négligent et contraire à l'éthique.

Conclusion : il est sage de ne pas juger les décisions uniquement en fonction du résultat, en particulier lorsque le hasard ou des influences extérieures jouent un rôle. Un mauvais résultat ne signifie pas automatiquement une mauvaise décision, vice versa. Par conséquent, au lieu de déplorer de mauvais choix ou de vous applaudir pour ceux qui n'ont abouti qu'à un succès accidentel ou par simple coïncidence, rappelez-vous pourquoi vous avez choisi ce que vous avez fait ; Vos raisons étaient-elles rationnelles et compréhensibles ? Si cette méthode a fonctionné auparavant mais n'a pas produit de résultats cette fois-ci, respectez-la et voyez où elle peut mener !

Voir également l'erreur de coût irrécupérable (Ch. 5) ; L'illusion du corps du nageur (Ch. 2), le biais rétrospectif (Ch. 14) et l'illusion de compétence (Ch. 94) en tant que concepts liés.

POURQUOI MOINS C'EST PLUS

Depuis que ma sœur et son mari ont récemment acheté une maison inachevée, nous ne pouvons parler que du carrelage de la salle de bain : céramique, granit, marbre, métal, pierre, bois, verre stratifié. Ma sœur s'exclame souvent "Il y a tout simplement trop de choix", levant les mains avec exaspération avant de revenir au catalogue comme source de connaissances incontournable.

Mes recherches montrent que mon épicerie locale propose 48 variétés de yaourts, 134 types de vins rouges et 64 produits de nettoyage pour un total de 30 000 articles ; Amazon revendique actuellement deux millions de titres disponibles en librairie en ligne. Les gens d'aujourd'hui sont confrontés à de nombreuses options allant des troubles mentaux aux carrières en passant par les destinations de vacances et les choix de style de vie – il n'y a jamais eu autant de choix qui s'offrent à eux !

Dans la maison de mon enfance en Suisse, il n'y avait que trois types de yaourts, trois chaînes de télévision, deux églises, deux types de fromages (doux ou forts), de la truite comme seul poisson et un téléphone fourni par la Poste Suisse - avec son seul cadran. servant uniquement à passer des appels - ce qui nous rend la vie plus simple que les vitrines d'aujourd'hui remplies de marques, de modèles et d'options de contrat !

Mais la sélection est l'étalon du progrès ; cela nous distingue des économies planifiées et de l'âge de pierre. Même si l'abondance peut vous rendre heureux, lorsqu'elle est dépassée, elle peut ruiner la qualité de vie – ce phénomène est connu sous le nom de paradoxe du choix.

Le psychothérapeute Barry Schwartz explique dans son livre du même titre pourquoi cela est vrai. Un large choix peut conduire à une paralysie intérieure ; Pour démontrer cet effet, un supermarché a installé un stand où les clients pouvaient déguster 24 types de gelées, qu'ils pouvaient essayer avant de les acheter à un tarif réduit. Au deuxième jour de leur expérience utilisant six saveurs à la place, les ventes ont décuplé. Pourquoi? Peut-être qu'une telle diversité rend le processus de prise de décision écrasant ?
Les clients n'arrivaient pas à se décider, alors ils sont repartis sans rien acheter. Cette expérience a été répétée plusieurs fois avec différents produits ; chaque fois, cependant, ont produit des résultats similaires.

Deuxièmement, une large sélection peut conduire à de mauvaises décisions. Lorsque les jeunes leur demandent quelles qualités font un partenaire de vie idéal, beaucoup citent comme priorités l'intelligence, les bonnes manières, la chaleur, la capacité d'écoute, l'humour et l'attrait physique. Mais ces critères sont-ils réellement pris en compte lors du choix d'une personne ? Dans le passé, les jeunes hommes des villages de taille moyenne pouvaient choisir parmi une vingtaine de filles d'âge scolaire qu'ils pouvaient envisager de marier. Il connaissait leurs familles, ce qui l'a amené à prendre une décision basée sur un certain nombre de caractéristiques communes. Aujourd'hui, à l'ère des rencontres en ligne, des millions de partenaires potentiels sont à notre disposition. Des études ont prouvé que les cerveaux masculins sont submergés par la sélection écrasante de partenaires potentiels et que leur processus de sélection se réduit à un seul critère : l'attractivité physique. Vous connaissez probablement bien ce processus de sélection grâce à vos expériences personnelles ou grâce aux reportages des médias.

Un large choix peut conduire au mécontentement. Comment être sûr de faire le bon choix alors que 200 options vous bombardent et vous laissent perplexes ? Vous ne pouvez tout simplement pas. Avec plus de choix à portée de main, cela entraîne plus d'incertitude et finalement d'insatisfaction.

Alors, que devrais-tu faire? Réfléchissez bien aux critères souhaités avant de rechercher les offres disponibles, puis respectez-les fermement. Gardez également à l'esprit que des décisions parfaites ne peuvent exister étant donné l'immensité des choix qui s'offrent à vous ; Visez plutôt le bien plutôt que le perfectionnisme ! Appréciez plutôt les choix « assez bons » – qui pourraient inclure des partenaires de vie (mais seuls vous et moi pouvons choisir exactement ceux que nous voulons !).

Voir Fatigue décisionnelle (ch. 53); Cécité alternative (ch. 71) et Effet par défaut (ch. 81) pour une lecture plus approfondie.

TU M'AIMES BEAUCOUP; NE VOULEZ-VOUS PAS ME DIRE ÇA ??!

Kevin a récemment fait un achat impulsif de deux cartons de bon vin de Margaux. Bien qu'il ne boive pas habituellement de vins de Bordeaux, il a été tellement charmé par leur vendeuse ; pas faux ou insistant mais vraiment accessible, il a décidé d'acheter deux étuis comme cadeaux pour quelqu'un de spécial.

Joe Girard est largement considéré comme le meilleur vendeur de voitures au monde. Son mantra pour réussir : "Il n'y a rien de plus efficace pour vendre quelque chose que de convaincre les clients qu'ils comptent et que vous les appréciez vraiment en tant que personnes". Plutôt que de simplement parler, Girard utilise des cartes avec une phrase lue à haute voix chaque mois pour montrer son affection : je t'aime bien »

Le phénomène du biais d'appréciation est étonnamment simple à comprendre, mais nous en sommes souvent la proie. En termes simples, cela signifie ceci : plus nous aimons quelqu'un, plus nous sommes susceptibles d'acheter ou d'aider cette personne. Pourtant, on peut se demander ce qui constitue exactement « sympathique ». Selon les recherches, nous percevons les gens comme agréables s'ils A) possèdent des caractéristiques attrayantes, B) possèdent des antécédents ou des intérêts similaires aux nôtres et C) partagent nos intérêts. La publicité met souvent en scène des personnes attirantes. Les gens laides semblent hostiles et ne sont même pas retenus (voir A). La publicité emploie également des « personnes comme nous », c'est-à-dire des personnes similaires en apparence, en accent ou en arrière-plan - plus elles sont semblables, mieux c'est ! Le miroir est une technique de vente efficace utilisée pour obtenir exactement cet effet. Ici, le vendeur tente de reproduire les gestes, le langage et les expressions faciales de son client potentiel pour obtenir un effet maximal. Si un acheteur parle lentement et doucement tout en se grattant souvent la tête, il serait logique que le vendeur fasse de même, augmentant ainsi ses chances de conclure une transaction commerciale. Les annonceurs utilisent fréquemment des compliments dans le cadre de leur argumentaire de vente : combien de fois avez-vous entendu des publicités dire quelque chose comme : « vous méritez ça ! » ? Encore une fois, le facteur C entre en jeu ici : les gens nous trouvent plus attirants s'ils nous aiment ; les compliments fonctionnent comme par magie même s'ils sonnent faux.

Le marketing multiniveau (vente via des réseaux personnels) repose uniquement sur sa capacité à susciter l'appréciation. Même s'il existe des contenants en plastique de qualité supérieure sur le marché, le marketing multiniveau fonctionne toujours en tirant parti des préférences.
Tupperware revendique un chiffre d'affaires annuel de deux milliards de dollars, grâce à ses prix de vente abordables et à ses soirées conviviales organisées par des amis qui répondent parfaitement aux deux normes de convivialité.

Les agences humanitaires utilisent le biais de sympathie à leur avantage. Les campagnes mettent presque exclusivement en scène des enfants ou des femmes souriants ; Vous ne verrez jamais un guérillero blessé au visage de pierre regarder derrière les panneaux d'affichage, même s'il a également besoin de votre soutien. Les organisations de conservation emploient des techniques similaires ; ne cherchez pas plus loin que n'importe quelle brochure du Fonds mondial pour la nature présentant des araignées, des vers, des algues ou des bactéries comme étoiles - même si ces créatures en voie de disparition peuvent être tout aussi cruciales pour l'écosystème que les pandas, les gorilles, les koalas ou les phoques ! Mais nous ne ressentons rien pour ces créatures - au lieu de cela, nous nous connectons plus fortement avec des créatures qui agissent de la même manière et agissent de manière similaire à nous que quelque chose d'éteint comme la mouche à os est éteint... c'est dommage !

Les politiciens sont passés maîtres dans l'art de créer une atmosphère de sympathie parmi leur public. Sur la base d'analyses démographiques et d'intérêts, ils adaptent leurs messages en fonction de la zone de résidence, de l'origine sociale ou des problèmes économiques - et nous flattent : chaque électeur potentiel se sent indispensable en entendant des mots comme : « Votre vote compte ! et même alors seulement par une infime fraction - parfois à la limite de l'insignifiance !

Un de mes amis qui s'occupe de pompes à pétrole liées aux pipelines m'a raconté comment il avait réussi à conclure un accord à huit chiffres pour un pipeline en Russie sans recourir à la corruption pour le conclure. "Corruption?" J'ai demandé, ce à quoi mon ami a répondu non : ils ont commencé à discuter de voile et ont soudain découvert que nous aimions tous les deux naviguer en dériveur 470 ! À partir de là, leur accord a été conclu, l'amitié étant de loin supérieure à la corruption. »

Donc, si vous êtes vendeur, faites croire à vos acheteurs que vous les aimez par la flatterie ou par d'autres moyens. Du côté des consommateurs, jugez toujours les produits objectivement, peu importe qui les leur a vendus – bannissez les vendeurs de votre esprit en faisant semblant de ne pas les aimer !
Voir Réciprocité (ch. 6) ; Personnification (ch. 87) pour des lectures complémentaires sur ces sujets.

Effet de dotation J'ai été stupéfait lorsque j'ai vu la BMW qui se dressait fièrement sur le parking d'un concessionnaire de voitures d'occasion, étincelante comme neuve avec seulement quelques kilomètres au compteur et semblant comme neuve. Cela me semblait valoir environ 40 000 $. Malheureusement, son vendeur voulait 50 000 $ et ne voulait pas bouger d'un pouce sur le prix. J'ai décidé d'y aller quand il a rappelé la semaine suivante et m'a dit qu'il accepterait 40 000 $ à la place, en le sortant dès son premier tour ce jour-là et en m'arrêtant à une station-service où le propriétaire est sorti admirer ma voiture - seulement pour qu'il puisse ensuite offrez-moi 53 000 $ en espèces sur-le-champ ! Inutile de dire que j'ai poliment refusé. En rentrant chez moi, je me suis rendu compte à quel point ma décision avait été ridicule : un objet d'une valeur de 40 000 $ était entré en ma possession et valait instantanément plus de 53 000 $! Si ma réflexion avait été purement rationnelle, la voiture aurait été vendue immédiatement - mais malheureusement pour moi, à cause de ce qu'on appelle l'effet de dotation (où les objets prennent plus de valeur une fois possédés), et nous avons donc tendance à facturer plus cher. lorsque nous vendons un article que nous le ferions si nous l'achetions directement nous-mêmes.

Le psychothérapeute Dan Ariely a mené une expérience pour tester cette théorie : dans l'un de ses cours, il a tiré au sort des billets pour un match de basket majeur et a interrogé les étudiants pour évaluer leur évaluation ; les étudiants les mains vides ont estimé environ 170 $; cependant, les étudiants gagnants ne vendraient jamais leur billet en dessous d'un prix de vente moyen de 2 400 $ - la possession étant associée à des prix de vente plus élevés que prévu.

L'immobilier a depuis longtemps démontré l'effet de dotation. Les vendeurs s'attachent émotionnellement à leur maison, ce qui les amène souvent à surestimer sa valeur et à s'attendre à ce que les acheteurs paient plus que ce que le prix du marché permet - ce qui ne peut tout simplement pas arriver puisque cet excès représente uniquement une valeur sentimentale.

Richard Thaler a mené une expérience révélatrice en classe à l'Université Cornell pour mesurer l'effet de dotation. Il a distribué des tasses de café au hasard à la moitié de ses étudiants, leur disant qu'ils pouvaient soit les prendre, soit les vendre au prix souhaité ; Il a ensuite été demandé à ceux qui n'en avaient pas combien ils seraient prêts à payer pour en avoir un ; en bref, Thaler a mesuré ce qu'on appelle l'effet de dotation.
Créez un marché pour les tasses à café. On pourrait supposer qu'environ 50 % des étudiants feraient du commerce, soit en vendant, soit en achetant. Mais le résultat était bien inférieur ; seulement 1 propriétaire sur 4 a vendu moins de 5,25 $, alors que les acheteurs ne paieraient généralement pas plus de 2,25 $ par tasse.

On peut affirmer avec certitude que les humains sont plus doués pour collectionner des objets que pour les jeter, ce qui explique à la fois pourquoi nous collectons autant de désordre dans nos maisons et pourquoi les collectionneurs de timbres, de montres et d'art se séparent rarement de leurs biens de valeur.

Étonnamment, l'effet de dotation s'étend non seulement à la possession mais aussi à la quasi-propriété. Les maisons de ventes aux enchères comme Christie's et Sotheby's prospèrent grâce à ce phénomène : les personnes qui enchérissent jusqu'à la dernière minute ont le sentiment qu'un objet leur appartient pratiquement et sont prêtes à payer beaucoup plus que prévu ; tout retrait des enchères est considéré comme une perte malgré toute logique. Les grandes enchères, comme celles pour les droits miniers ou les fréquences radio mobiles, affichent souvent « la malédiction du vainqueur », dans laquelle le premier gagnant finit par perdre économiquement lorsqu'il est rattrapé par la ferveur des enchères et les surenchères. Pour plus d'informations sur ce sujet, veuillez vous référer au chapitre 35 !

Il existe un phénomène analogue sur le marché du travail. Si vous postulez à un emploi et ne recevez aucun retour ou si vous êtes rejeté lors d'un entretien, votre déception peut être encore intensifiée en vous investissant émotionnellement dans ce qui aurait pu être un processus de sélection autrement routinier. Soit vous obtenez le poste, soit vous ne l'obtenez pas ; rien d'autre ne devrait avoir d'importance.

Conclusion : Ne vous attachez pas aux objets physiques ; considérez-les comme des cadeaux temporaires de l'univers qui pourraient disparaître rapidement sans préavis. Gardez cela à l'esprit et profitez du peu de temps qu'il vous reste.
Voir également l'effet maison-argent (ch. 84) ; Erreur des coûts irrécupérables (ch. 5); La malédiction du vainqueur (ch. 35); Effet de contraste (ch. 10); Aversion aux pertes (ch. 32); Dissonance cognitive (ch. 50); Syndrome du non-inventé ici (ch. 74) et peur du regret (ch. 82)

Coïncidence

Le 1er mars 1950 à 19h15. à Beatrice, Nebraska, les 15 membres d'une chorale d'église devaient répéter. Pour diverses raisons, ils ont tous pris du retard ; D'autant plus que la famille du ministre a tardé à repasser la robe de leur fille. À 19h25, l'église a explosé, provoquant une onde de choc dans le village et brisant les murs et le toit. Miraculeusement, personne n'a été tué dans l'explosion attribuée par le chef des pompiers à une fuite de gaz, même si les membres de la chorale pensaient qu'il s'agissait d'une intervention divine ou d'une simple coïncidence.

Quelque chose la semaine dernière m'a rappelé Andy, un vieil ami d'école avec qui je n'avais pas parlé depuis un moment. À mon grand étonnement et surprise, mon téléphone a sonné à ce moment-là sans autre appelant qu'Andy ! « Vous devez être télépathique ! » était mon exclamation d'excitation alors que je la prenais pour y répondre... Mais était-ce une coïncidence ou de la télépathie ?

Le 5 octobre 1990, The San Francisco Examiner a rapporté qu'Intel poursuivrait en justice son rival AMD après avoir découvert qu'ils prévoyaient de lancer une puce informatique avec un acronyme connu sous le nom d'AM386, faisant clairement allusion à la puce 386 d'Intel. Intel n'était au courant des intentions d'AMD que par pur hasard : les deux sociétés employaient quelqu'un du nom de Mike Webb ; les deux hommes ont quitté le même hôtel le même jour après avoir séjourné ensemble ; La réception a reçu un colis destiné à Mike Webb, mais l'a envoyé à Intel, où il a été immédiatement transmis pour analyse juridique et action immédiatement prise contre AMD par les avocats des services juridiques des deux sociétés.

Quelle est la probabilité de telles histoires ? Le psychiatre suisse C.G. Jung y voyait la preuve d'une force invisible qu'il appelait synchronicité ; Comment les penseurs rationnels devraient-ils aborder de telles histoires ? De préférence avec du papier et un crayon ; par exemple, dans le cas de l'explosion d'une église, envisagez de dessiner quatre cases pour représenter les résultats potentiels, la première étant ce qui s'est réellement produit : le chœur a été retardé et l'église a explosé (en réalité) ; ces quatre cases peuvent alors représenter quatre événements possibles : (1) le chœur a été retardé avant l'explosion de l'église (2) les retards possibles du chœur sans qu'une explosion ne se produise (3) les événements possibles d'annulation du chœur se produisant entre les retards du chœur avant l'explosion de l'église (en réalité, c'était exactement ce qui a pris lieu) avant sa destruction (répétition retardée du chœur, explosion de l'église). Il y a quatre possibilités possibles lorsque l'on aborde de tels récits avec du papier et un crayon : 1) La chorale a retardé la répétition puis l'explosion de l'église s'est produite (c'est-à-dire

Estimez la fréquence de ces événements et notez-les dans les cases correspondantes, en accordant une attention particulière à la fréquence à laquelle « la chorale à l'heure et l'église n'ont pas explosé » ; notez à quelle fréquence des millions de chœurs se réunissent pour répéter et ne rencontrent pas des circonstances similaires à ce qui s'est produit à Beatrice, Nebraska (ce qui pourrait arriver une fois par siècle ou plus sur la base de probabilités statistiques), donc il ne peut y avoir aucune intervention divine (en plus, cela cela semble plutôt idiot de la part de Dieu de vouloir faire exploser une église !)

Appliquez cette réflexion aux appels téléphoniques : pensez à toutes les fois où « Andy » pense à vous mais n'appelle pas ; quand tu penses à lui mais qu'il n'appelle pas ; ou quand aucun de vous ne pense à eux mais qu'ils appellent quand même ?... Il peut y avoir de nombreux cas où ni l'un ni l'autre ne pense du tout - pourtant, on finit par décrocher et appeler, surtout avec 100 amis parmi lesquels choisir !

L'estimation des probabilités peut être délicate. Quand quelqu'un dit «jamais», j'enregistre généralement cela comme une estimation supérieure à zéro, car «jamais» ne peut jamais être compensé par des probabilités négatives.

Alors ne nous emballons pas : des coïncidences improbables sont en effet des événements improbables mais tout à fait possibles ; leur apparition ne devrait pas être un choc ; ce qui serait surprenant serait qu'ils ne se matérialisent jamais.

Voir aussi : Fausse causalité (ch. 37) ; Biais de confirmation (chs 7-8) ; Régression vers la moyenne (ch 19) ; Illusion de contrôle (ch 17) et illusions de regroupement (ch 3).

Avez-vous déjà fait l'expérience de la pensée de groupe lors d'une réunion ? Certainement. Rester assis là, hocher tranquillement la tête, en espérant ne pas être la voix perpétuelle du désaccord, est difficile lorsque tout le monde autour est d'accord, alors vous décidez de ne pas prendre la parole. Malheureusement, la pensée de groupe est en jeu ici : lorsque tous les membres agissent de cette façon, ils prennent des décisions imprudentes parce que tous alignent leurs opinions sur ce qui semble être un consensus alors que les membres individuels savent mieux ; à son tour, cela entraîne l'adoption de motions qui autrement n'auraient pas été adoptées sans la pression des pairs - un effet dont nous avons discuté en détail au chapitre 4.

En mars 1960, les services secrets américains ont commencé à recruter des exilés anticommunistes vivant à Miami en provenance de Cuba comme armes contre le régime de Fidel Castro. Quelques jours seulement après son entrée en fonction, le président Kennedy a été informé de ce plan secret d'invasion de Cuba. Trois mois plus tard, lors d'une réunion cruciale à la Maison Blanche à laquelle participaient Kennedy et ses conseillers, tous votèrent en faveur d'une invasion. Le 17 avril 1961, 1 400 Cubains exilés débarquèrent dans la Baie des Cochons, sur la côte sud de Cuba, avec le soutien de la marine américaine, de l'armée de l'air et des forces de la CIA. Au début, tout s'est déroulé comme prévu dans leur tentative de renverser le gouvernement de Castro. Cependant, le premier jour, aucun navire de ravitaillement n'atteignit Cuba ; deux ont été coulés par les forces aériennes cubaines avant que deux autres ne rentrent chez eux - tous ont rebroussé chemin, ont fait demi-tour ou ont fui vers l'Amérique. Le deuxième jour, Castro a encerclé et détruit entièrement leur brigade. Le troisième jour, les 1 200 survivants ont été capturés et détenus dans des prisons militaires. L'invasion de la Baie des Cochons par le président Kennedy est largement considérée comme l'une des pires erreurs de la politique étrangère américaine ; sa conception et sa mise en œuvre semblent encore aujourd'hui absurdes. Toutes les hypothèses en faveur de l'invasion étaient fausses ; par exemple, Kennedy et son équipe ont largement sous-estimé l'armée de l'air cubaine. Dans le cadre de sa stratégie d'urgence, il était également prévu qu'en cas d'épidémie, la brigade puisse s'échapper vers les monts Escambray et mener une guerre clandestine contre Castro à partir de là. Un rapide coup d'œil sur une carte montre que ce refuge potentiel se trouvait à 100 milles de la Baie des Cochons – offrant ainsi une grande couverture.
Mais Kennedy et ses conseillers possédaient une intelligence remarquable pour diriger un gouvernement américain. Alors, qu'est-ce qui n'a pas fonctionné entre janvier et avril 1961 ?

Le professeur de psychologie Irving Janis a mené des études approfondies sur de nombreux fiascos. Il a trouvé un thème commun : les groupes soudés développent l'esprit d'équipe en créant (involontairement) des illusions. L'une de ces illusions est le sentiment d'invincibilité :

si notre leader [Kennedy] et notre groupe ont confiance dans la réussite de notre plan, alors la chance devrait nous venir. L'unanimité contribue également à créer cette illusion : lorsque tout le monde est d'accord sur quelque chose, toute opinion divergente doit être invalidée. Personne n'aime être la personne qui perturbe l'unité de l'équipe. Les individus apprécient généralement d'être inclus, donc exprimer des objections pourrait signifier l'exclusion ; un tel bannissement signifierait probablement la mort de notre espèce, d'où notre fort instinct de rester membre d'un groupe.

La pensée de groupe dans les affaires n'a rien de nouveau, comme en témoigne Swissair. Ici, un groupe de consultants hautement rémunérés s'est rallié à son ancien PDG et a développé une stratégie d'expansion à haut risque (qui comprenait l'achat de plusieurs compagnies aériennes européennes). Leur zèle ayant permis de créer un consensus écrasant au sein de leur équipe, même les réserves rationnelles ont été supprimées jusqu'à son effondrement en 2001.

Si jamais vous vous trouvez dans un environnement dans lequel tout le monde est d'accord sur tout, s'exprimer devrait non seulement être toléré mais bienvenu ; remettre en question les hypothèses tacites, même au risque d'être expulsé, peut également aider à briser la pensée stagnante et à établir un dialogue significatif. En tant que leader, envisagez de désigner quelqu'un comme l'avocat du diable. Même si elle n'est peut-être pas le membre le plus populaire, elle pourrait s'avérer la plus bénéfique.

Voir également : Preuve sociale (ch. 4) ; La flânerie sociale (ch. 33); Biais intra-groupe hors groupe (ch. 79) et erreur de planification (ch. 91).

POURQUOI VOUS JOUEREZ BIENTÔT À MÉGATRILLIONS

NÉGLIGENCE DES PROBABILITÉS

Imaginez deux jeux de hasard où chacun vous offre une chance égale de gagner 10 millions de dollars ; lequel choisiriez-vous ? Gagner le premier transformerait votre vie ; vous pourriez quitter votre emploi, licencier votre patron et vivre de vos gains ; en revanche, gagner 10 000 $ vous donnerait un congé tout en prenant des vacances inoubliables dans les Caraïbes sans craindre que votre carte postale revienne peu après au travail - les chances pour les deux étant respectivement de une sur 100 millions - alors, laquelle choisiriez-vous ? La probabilité pour chacun est de 1/10 000 ! Quel jeu choisissez-vous ?

Les émotions nous amènent souvent à choisir un jeu plutôt qu'un autre malgré une évaluation objective de leurs chances (probabilité de gain attendue). Ainsi, la tendance est à des jackpots toujours plus importants comme les Mega Millions, les Mega Billions ou les Mega Trillions, quelles que soient les petites cotes impliquées.

Dans une expérience menée en 1972, les participants ont été divisés en deux groupes : ceux affectés à l'un ont été informés qu'ils pourraient subir un choc électrique, tandis que ceux du second ont été informés qu'il n'y avait qu'un risque de 50 % que cela se produise. Les chercheurs ont mesuré l'anxiété physique (fréquence cardiaque, nervosité et transpiration) peu avant de commencer. Ce qu'ils ont découvert était stupéfiant : il n'y avait absolument aucune différence dans les niveaux de stress dans les deux groupes - tous les participants des deux étaient également submergés d'inquiétude. Par la suite, les chercheurs ont annoncé une série de diminutions de la probabilité de choc pour le deuxième groupe : de 50 % à 20 %, puis 10 % et enfin 5 %. Pourtant aucune différence n'a pu être constatée ! Cependant, lorsqu'on a annoncé aux deux groupes qu'ils allaient augmenter la force du courant attendu, les niveaux d'anxiété ont de nouveau augmenté – à peu près au même degré. Cela montre comment nous réagissons aux événements en fonction de leur ampleur attendue plutôt que de leur probabilité ; nous manquons d'une compréhension intuitive des probabilités.

Négliger les probabilités conduit à des erreurs dans la prise de décision. Nous investissons dans les start-ups parce que leurs bénéfices potentiels attirent notre intérêt, mais nous négligeons (ou sommes trop paresseux) de rechercher si les nouvelles entreprises parviennent réellement à une telle croissance. Ou encore, suite à une large couverture médiatique d'un accident d'avion, nous annulons des vols sans vraiment considérer nos options.
Comme il est peu probable qu'un krach se produise (et ne modifie donc pas leurs rendements), les investisseurs amateurs comparent souvent leurs investissements uniquement en fonction du rendement - par exemple, les actions Google avec un rendement attendu de

20 % sont considérées comme deux fois plus souhaitables que l'immobilier avec un rendement de 10 %. leurs pensées. Malheureusement, cette approche néglige les risques, ce que notre intuition naturelle ne nous dit pas de prendre en compte correctement.

Revenons à l'expérience impliquant des chocs électriques : dans le groupe B, la probabilité de recevoir un choc électrique a progressivement diminué de 5 % à 4 % puis à 3 % jusqu'à ce que sa probabilité atteigne zéro ; ce n'est qu'à ce moment-là que le groupe B a réagi différemment du groupe A ; cela semblait infiniment préférable que de risquer ne serait-ce que 1 % !

Mettons cela à l'épreuve en considérant deux approches de traitement de l'eau potable. Supposons qu'une rivière ait deux affluents de même taille, tous deux traités à l'aide des méthodes A et B qui réduisent les risques de décès dus à la contamination de 5 à 2 points de pourcentage respectivement ; et B qui le réduit de 1 point de pourcentage à zéro, l'éliminant complètement, c'est-à-dire éliminant complètement la menace. Il semblerait raisonnable pour la plupart des gens d'opter pour B ; mais ce serait idiot étant donné qu'avec la mesure A, trois fois moins de personnes meurent qu'avec la mesure B ; alors que la méthode A est trois fois meilleure ! Cette erreur est connue sous le nom de biais de risque zéro

Un exemple emblématique est la loi américaine sur l'alimentation de 1958, qui interdit les aliments contenant des agents cancérigènes afin d'atteindre un risque de cancer nul. Bien qu'efficace au départ, cette interdiction a conduit à l'introduction d'additifs alimentaires plus dangereux (mais non cancérigènes). Paracelse a démontré au XVIe siècle que l'empoisonnement est toujours une question de dosage, rendant toute loi interdisant l'empoisonnement essentiellement inefficace car il n'y aurait aucun moyen d'éliminer toutes les molécules interdites des produits alimentaires. Chaque ferme devrait fonctionner comme une usine de puces informatiques hyper-stérile et le coût de la nourriture monterait en flèche ; économiquement parlant, le risque zéro a rarement du sens ; à l'exception de virus mortels s'échappant des laboratoires de biotechnologie ou de violentes tempêtes détruisant une culture agricole.

Les êtres humains n'ont pas une compréhension intuitive du risque et font donc mal la distinction entre les menaces. Nous percevons une augmentation du risque comme moins rassurante lorsqu'il s'agit d'aborder un sujet émotionnel comme la radioactivité ; deux chercheurs de l'Université de Chicago ont démontré cette découverte.
La peur d'une contamination par des produits chimiques toxiques est souvent une réaction irrationnelle ; mais cela reste compréhensible.

Voir également Biais de disponibilité (ch. 11) ; Négligence du taux de base (ch. 28), problème avec les moyennes (ch. 55), biais de survie (ch. 1), illusion de contrôle (ch. 17), croissance exponentielle (ch. 34) et aversion à l'ambiguïté (ch. 80).

POURQUOI LE DERNIER BISCUIT DANS LE POT FAIT-IL L'EAU À LA BOUCHE

Un soir, chez mon amie, pour prendre un café, ses trois enfants ont commencé à lutter sur le sol et nous avons fait de notre mieux pour engager la conversation pendant que leurs corps se disputaient pour savoir qui obtiendrait une dernière bille de mon sac de billes de verre - je me suis souvenu que j'avais apporté certains et je les ai étalés dans l'espoir qu'ils joueraient paisiblement ensemble ; à ma grande incrédulité, une vive dispute a éclaté ! Ce qui s'était passé était complètement inattendu : parmi toutes les nombreuses billes bleues, il n'y en avait qu'une seule bleue sur laquelle les enfants se précipitaient ; toutes les autres billes avaient exactement la même taille et la même luminosité, mais la bille bleue avait l'avantage d'être unique en son genre ; m'a fait rire aux éclats en voyant à quel point les enfants pouvaient être enfantins !

Dès que j'ai appris que Google lancerait son service de messagerie en août 2005, j'ai su que j'en voulais un (ce que j'ai finalement fait). Mais à l'époque, les nouveaux comptes étaient extrêmement limités et accordés uniquement sur invitation – ce qui rendait mon désir encore plus grand ! Non pas que j'avais besoin d'un autre compte de messagerie (j'en avais déjà quatre à ce moment-là) ; non pas parce que Gmail était supérieur à la concurrence ; juste que tout le monde n'y avait pas accès et cela a rendu mon envie d'en avoir encore plus grande ! Avec le recul, cela me fait sourire ; les adultes peuvent parfois être enfantins !

Rara sunt cara, comme disaient les Romains. Rare est précieux. En effet, les humains souffrent depuis longtemps de cette perception erronée de la rareté. Mon ami et ses trois enfants travaillent à temps partiel comme agent immobilier ; Chaque fois qu'elle a des acheteurs potentiels qui n'arrivent pas à choisir entre deux options immobilières, elle appelle et dit : "Un médecin de Londres l'a visité hier". "Il a beaucoup aimé. Et vous, êtes-vous toujours intéressé ?" Le médecin de Londres (parfois il peut aussi s'agir d'un professeur ou d'un banquier) est évidemment fictif ; Pourtant, son effet peut être très réel : les prospects voient une opportunité disparaître devant eux et agissent rapidement pour conclure un accord, là encore en raison d'une potentielle pénurie d'approvisionnement ; cette situation ne peut pas s'expliquer objectivement puisque soit ils veulent le terrain au prix fixé, soit ils ne le veulent pas ; indépendamment des médecins fictifs de Londres qui pourraient apparaître.

Le professeur Stephen Worchel a divisé les participants en deux groupes pour tester la qualité des cookies : l'un a reçu une boîte entière tandis que le second n'en a reçu qu'une partie.
Le sous-groupe B ne comprenait que deux cookies ; Lorsqu'on leur a demandé d'évaluer leur qualité, ces sujets ont surpassé de loin ceux du groupe 1. L'expérience a été répétée plusieurs fois avec à chaque fois des résultats similaires.

Les publicités vantent souvent « Seulement jusqu'à épuisement des stocks ». Les affiches nous avertissent fréquemment d'agir rapidement lorsque des erreurs de rareté surviennent. Les galeristes profitent de cette erreur en plaçant des points rouges « vendus » sous la plupart des peintures, rendant les quelques pièces rares et désirables restantes encore plus désirables et créant ainsi des erreurs de rareté qui devraient être récupérées rapidement avant qu'elles ne deviennent des objets plus rares qui doivent être récupérés. rapidement. Les collectionneurs de timbres, les passionnés de pièces de monnaie et les passionnés de voitures anciennes collectionnent souvent des timbres, des pièces de monnaie et des voitures même si ceux-ci ne servent plus à une utilisation pratique - l'attrait venant d'erreurs de rareté plutôt que de quelque chose de pratique ! Tout cela s'additionne.

Les étudiants ont été invités à disposer 10 affiches en fonction de leur attrait, étant entendu qu'ils pourraient ensuite en garder une en guise de récompense pour leur participation. Cinq minutes plus tard, ils ont été informés qu'un des deux n'était pas disponible – trois d'entre eux étant indisponibles car ils avaient été retirés par le personnel de sécurité. Après cela, il leur a été demandé de revoir les dix affiches à partir de zéro, une affiche qui n'existait plus devenant soudainement la plus belle. Les psychologues appellent ce phénomène la réactance : face à des choix que nous ne pouvons pas avoir, notre cerveau réagit souvent en attribuant plus d'attrait à des alternatives qui n'existent plus - un acte de défi contre la perte de contrôle sur une option. L'effet Roméo et Juliette est bien connu : une romance interdite entre adolescents shakespeariens les conduit à un désir irrépressible qui ne connaît pas de frontières. Pas nécessairement de nature romantique : aux États-Unis, les soirées étudiantes sont remplies d'étudiants ivres désespérés en raison de l'interdiction de la consommation d'alcool par les mineurs.

Conclusion : En réponse à la pénurie, la plupart des gens ont tendance à prendre des décisions sans réfléchir clairement. Lorsque vous effectuez des achats et prenez des décisions basées uniquement sur une analyse coûts-avantages, tout signe indiquant qu'un article pourrait disparaître rapidement ne devrait pas avoir d'importance ; les médecins londoniens ne devraient pas non plus s'y intéresser.
Notes sur l'effet de contraste (ch. 10) ; Peur du regret (ch. 82) et effet maison-argent (ch. 84)
Pour plus d'informations, lorsque vous entendez des battements de sabots, ne vous attendez pas à un zèbre !

Lorsque vous entendez des hoobbeats, n'en attendez pas un !

Négligence du taux de base

Imaginez que Mark soit un homme mince allemand portant des lunettes et qui aime écouter Mozart. Est-il très probablement : A) un chauffeur de camion en Allemagne, ou B) un professeur de littérature à Francfort ? La plupart devineront B, ce qui serait incorrect puisque l'Allemagne compte 10 000 fois plus de chauffeurs de camion que de professeurs de littérature - ce qui signifie qu'il devrait probablement être un camionneur ! Nos esprits ont été trompés par des descriptions détaillées qui nous éloignent de la réalité statistique ; les scientifiques qualifient cette erreur de logique de négligence du taux de base, ce qui nous éloigne de la considération des niveaux fondamentaux de distribution – l'une de nos erreurs de raisonnement les plus fréquentes ! De nombreux journalistes, économistes et politiciens en sont régulièrement victimes, ce qui entraîne la prise de mauvaises décisions lorsqu'ils font des hypothèses sur les résultats qui pourraient résulter de nos hypothèses concernant les niveaux de distribution fondamentaux, ignorés lors de la prise de décisions qui pourraient nous conduire sur cette voie !

Voici un autre scénario dans lequel un jeune homme est mortellement poignardé : quelle option est la plus probable ? A) Un attaquant pourrait être un immigrant russe illégal important illégalement des couteaux de combat, ou B) Un attaquant est originaire de la classe moyenne américaine et importe illégalement ces couteaux - l'option B est beaucoup plus probable étant donné qu'il y a des millions d'Américains de la classe moyenne de plus que de couteaux russes. importateurs.

La négligence du taux de base joue un rôle central en médecine. Les migraines, par exemple, peuvent indiquer n'importe quoi, depuis une infection virale ou une tumeur cérébrale jusqu'à des problèmes cardiaques ; les médecins évaluent généralement les infections virales avant de tester les tumeurs afin de garantir le bien-être du patient. Les résidents des facultés de médecine passent beaucoup de temps à purger la négligence de base ; Une devise souvent répétée aux futurs médecins aux États-Unis est « Quand vous entendez des battements de sabots derrière vous, vous ne vous attendez pas à voir un zèbre ! » ce qui signifie : enquêtez d'abord sur les maladies les plus probables avant de diagnostiquer les maladies exotiques, même si cette spécialité l'exige.

Les médecins sont les seuls professionnels ayant accès à une formation aussi approfondie ; malheureusement, peu de gens d'affaires reçoivent une telle introduction. Je suis souvent enthousiasmé en lisant les business plans d'entrepreneurs de haut vol qui pourraient devenir le prochain Google ! Pourtant, en y regardant de plus près, je me rends compte que la

probabilité que leur entreprise survive à ses cinq premières années n'est que de 20 % ; leur probabilité de survie doit donc également refléter cette réalité.
Warren Buffett a un jour expliqué pourquoi il n'investissait pas dans les sociétés de biotechnologie : « Combien de ces sociétés réalisent un chiffre d'affaires de plusieurs centaines de millions de dollars ? Cela n'arrive tout simplement pas ?... ? Le scénario le plus probable pour ces entreprises se situera probablement quelque part entre les deux. Il s'agit d'une réflexion claire sur le taux de base. La négligence de base de la plupart des gens peut être attribuée à un biais de survie (chapitre 1) : ils ont tendance à ne voir que les individus et les entreprises qui réussissent, car les cas qui échouent ont tendance à ne pas être signalés (ou sous-estimés), ce qui les amène à négliger les cas plus « invisibles » qui existent à l'intérieur.

Imaginez ceci : lors d'une dégustation de vin au restaurant, l'étiquette de chaque bouteille a été retirée, ne laissant qu'un indicateur de son origine : la France représente généralement les trois quarts des vins proposés, donc, sans le savoir, vous préféreriez probablement la France à la France. Options chiliennes ou californiennes.

J'ai parfois le malheureux plaisir de prendre la parole devant des étudiants d'écoles de commerce prestigieuses. Lorsqu'on les interroge sur leurs objectifs de carrière, beaucoup répondent qu'à moyen terme ils se voient intégrer des conseils d'administration d'entreprises mondiales - des réponses similaires ont été données par mes camarades lors de notre participation. Lorsqu'ils reçoivent ces informations, les étudiants répondent généralement qu'avec un diplôme de cette école, les chances d'obtenir une place au conseil d'administration d'une entreprise Fortune 500 sont inférieures à 0,1 % - qu'ils finiront très probablement quelque part au sein de l'encadrement intermédiaire - ce qui suscite toujours des regards choqués. mais je pense que j'ai apporté une petite contribution à l'atténuation de leurs futures crises de la quarantaine !
Voir aussi : hesitez 1 26 Gambler's Fallacy (ch. 29) ; Erreur de conjonction (ch. 41); Problème avec les moyennes (ch. 55) Biais d'information (ch. 59) ; Aversion à l'ambiguïté (ch 8) (Théorie Baloney 29 - Un fait prouvé).

LA FORCE D'ÉQUILIBRAGE

L'illusion du joueur Quelque chose de remarquable s'est produit à Monte-Carlo en 1913 : de grandes foules rassemblées autour d'une table de roulette ont été stupéfaites de voir sa boule atterrir sur le noir vingt fois de suite ! Les joueurs ont pleinement profité de ce phénomène, plaçant rapidement de l'argent sur le rouge, mais une autre fois, la balle s'est arrêtée sur le noir alors qu'il y avait plus de gens pariant sur le rouge qu'auparavant - jusqu'à finalement lors de son vingt-septième tour, lorsque la balle s'est finalement posée sur le rouge - laissant des millions misés et des joueurs en faillite en quelques minutes.

Imaginez ceci : le QI moyen des élèves d'une grande ville est de 100. Pour approfondir cette question, vous prenez un échantillon aléatoire de 50 élèves dont un enfant testé ayant un QI de 150 et observez leurs progrès sur plusieurs mois. La plupart des gens estiment 100 ; peut-être penser que l'étudiant super intelligent sera compensé soit par quelqu'un ayant un QI moyen de 50, soit par deux étudiants inférieurs à la moyenne ayant respectivement un QI de 75 - cependant ce scénario est hautement improbable ; nous devons plutôt nous attendre à ce que chacun de nos 49 étudiants restants représente leur population en ayant chacun un QI moyen de 100, ce qui nous donne un score moyen de 101 pour vos 50 étudiants.

Les expériences de Monte Carlo et de QI démontrent comment les gens ont tendance à croire qu'il existe une « force d'équilibrage de l'univers » invisible ; c'est ce qu'on appelle l'erreur du joueur. Cependant, dans les événements indépendants, une telle force n'existe pas : les balles ne peuvent pas se rappeler à quelle fréquence elles atterrissent sur le noir. Pourtant, un de mes amis saisit ses numéros hebdomadaires Mega Millions dans une feuille de calcul Excel avant de jouer ceux qui sont apparus le moins souvent - tout cela fonctionne pour rien - lui aussi est victime d'une erreur de joueur !

Une blague illustre ce phénomène : un mathématicien qui a peur de prendre l'avion en raison du risque d'attentat terroriste prend chaque vol avec une bombe dans son bagage à main au cas où quelque chose se passerait à bord ; avec cette mesure en place, sa probabilité d'en avoir un à bord augmente considérablement.
"Les chances que deux bombes se trouvent dans un seul avion sont extrêmement faibles !" Il précise en outre.

Imaginez être obligé de dépenser des milliers de dollars de votre propre argent pour parier sur le résultat du prochain tirage au sort, et atterrir à chaque fois avec face. Compte tenu de ce scénario, de nombreuses personnes choisiraient probablement pile, même si face est également probable. L'erreur du joueur nous fait croire que quelque chose doit changer !

Encore une fois, quelqu'un vous oblige à parier. Choisissez-vous pile ou face cette fois-ci ? Maintenant que vous avez vu quelques exemples, vous connaissez le jeu ; sachant que cela pourrait aller dans un sens ou dans l'autre. Malheureusement, nous venons de tomber sur un autre écueil de la déformation professionnelle des mathématiciens ; la logique vous dit que face est probablement l'option la plus sage, car la pièce semble truquée contre face.

Des articles récents ont examiné la régression et la moyenne. A titre d'illustration, considérons ce scénario : si votre région connaît un froid record, il y a de fortes chances que la température revienne à des valeurs normales dans les prochains jours - comme dans un casino ! Des mécanismes de rétroaction complexes dans l'atmosphère garantissent que les extrêmes s'équilibrent au fil du temps, tandis que les extrêmes s'intensifient parfois – par exemple lorsque les riches deviennent plus riches et que les actions qui explosent créent une demande supplémentaire en raison de leur distinction – créant une sorte d'effet de compensation inverse.

Soyez attentif aux événements indépendants et interdépendants de votre environnement. Les événements purement indépendants n'existent que dans les casinos, les loteries et les contextes théoriques - ils peuvent exister dans les casinos, les loteries ou les niveaux théoriques ; la vie réelle nous présente souvent des événements interdépendants qui s'influencent mutuellement – pensez aux marchés financiers ou à la santé. Les événements passés ont une influence sur les événements futurs. Aussi réconfortante qu'une idée puisse paraître, il n'existe tout simplement aucune force d'équilibrage pour protéger les événements indépendants contre les influences négatives ; il n'existe pas non plus de concept de type « ce qui circule, revient » !
Voir aussi : Moyennes (ch. 55) ; Négligence du taux de base (ch. 28); Déformation Professionnelle (ch. 92) ; Régression vers la moyenne (ch. 19); Simple Logic (ch. 63) pour une discussion supplémentaire sur ces sujets. 29

POURQUOI LA ROUE DE LA FORTUNE NOUS FAIT EN SPIRALE ?

Où est né Abraham Lincoln ? Sans accès immédiat à une réponse et alors que la batterie de votre smartphone vient de s'épuiser, comment répondriez-vous à une telle question ? Peut-être que savoir qu'il a été président pendant la guerre civile américaine dans les années 1860 et qu'il est devenu le premier président américain jamais assassiné vous suffit ? Voir le Lincoln Memorial à Washington n'évoque pas l'image d'un jeune énergique, mais plutôt celle d'un vétéran âgé de 60 ans. Puisqu'il a été assassiné entre 1860 et 1864 (il est décédé en 1809), 1805 est notre année de naissance estimée (elle devrait en fait être 1809). Comment avons-nous compris cela ? En utilisant un point d'ancrage comme 1865 comme point de départ et en travaillant à rebours à partir de là pour faire une estimation éclairée.

Lorsque nous devons deviner quelque chose - par exemple la longueur du fleuve Mississippi, la densité de population en Russie ou le nombre de centrales nucléaires en France - nous utilisons des ancres. En partant de quelque chose de familier, nous explorons à partir de là un territoire inconnu. Quelle autre façon d'y parvenir si ce n'est en choisissant des nombres aléatoires dans nos têtes ? Ce serait complètement irrationnel !

Malheureusement, les ancres peuvent aussi être utilisées à mauvais escient. Par exemple, lors d'un cours magistral, un professeur a demandé à ses étudiants d'écrire les deux derniers chiffres de leur numéro de sécurité sociale avant de décider s'ils devaient ou non enchérir sur une bouteille de vin aux enchères sur la base de ces chiffres - ce qui les a amenés à enchérir presque deux fois plus si leur nombre était plus élevé que celui des plus faibles ! Démontrant ainsi comment les numéros de sécurité sociale agissent comme un point d'ancrage ; même si c'est de manière indirecte ou trompeuse.

Le psychologue Amos Tversky a mené une expérience utilisant une roue de la fortune. Les participants le faisaient tourner, et on leur demandait ensuite combien d'États membres comptent les Nations Unies ; leurs suppositions ont confirmé l'effet d'ancrage : les individus qui avaient fait tourner des nombres élevés sur la roue avaient donné des estimations plus élevées que ceux qui n'avaient pas fait tourner un nombre aussi élevé.

Russo et Shoemaker ont mené des recherches visant à découvrir quand Attila le Hun a été vaincu en Europe – un peu comme si on demandait aux étudiants en quelle année la sécurité sociale a commencé à être mise en place.
Les participants ont ensuite reçu des points d'ancrage basés sur les derniers chiffres de leur numéro de téléphone, ceux avec des numéros plus élevés choisissant des années plus tard et vice versa (Attila a été tué en 453).

Les ancres abondent et nous nous y accrochons tous. Par exemple, de nombreux produits contiennent un « prix de vente au détail recommandé » annoncé, qui sert de point d'ancrage. Les professionnels de la vente savent qu'ils doivent établir les prix très tôt, bien avant qu'une offre ne soit présentée, pour garantir le succès des ventes. En outre, des recherches ont démontré que la connaissance des notes passées des élèves influence la façon dont les enseignants notent les nouveaux travaux – les dernières notes servent de point de départ.

Mes premières années se sont déroulées dans un cabinet de conseil. Mon patron était doué pour utiliser les ancres. Lors de sa première conversation avec n'importe quel client, il fixait un prix d'ouverture qui, selon la loi, dépassait de loin nos coûts internes : « Juste pour ne pas être surpris en recevant votre devis, Monsieur Untel : vous avez récemment réalisé un un projet similaire pour l'un de vos concurrents était de l'ordre de cinq millions de dollars". Cette ancre a ensuite été abandonnée et les négociations sur les prix ont commencé exactement à ce montant.

Voir aussi Cadrage (ch. 42).

Au début, l'animal timide semble sceptique ; Cependant, sa résistance finit par s'atténuer et ils commencent à se manger régulièrement les uns des autres. Mais finalement, leurs soupçons cèdent et leur confiance devient plus forte qu'auparavant. Après plusieurs mois, l'oie en vient à croire que son éleveur a ses meilleurs intérêts à cœur, car chaque jour supplémentaire d'alimentation confirme cette hypothèse. Elle est restée abasourdie lorsque, le jour de Noël, il l'a sorti de son enclos - pour ensuite la massacrer ! David Hume a utilisé une allégorie impliquant les oies de Noël pour mettre en garde contre la pensée inductive – la tendance à déduire des vérités universelles à partir d'observations individuelles. Bien que son histoire puisse sembler pertinente uniquement pendant la période de Noël, ses leçons s'étendent bien au-delà de cet oiseau symbolique des fêtes. Mais le raisonnement inductif n'affecte pas seulement les oies.

Un investisseur achète l'action X et devient d'abord méfiant lorsque le cours de son action monte en flèche, soupçonnant l'existence d'une bulle. Mais à mesure que le temps passe et que le cours poursuit sa trajectoire ascendante, ses soupçons cèdent la place à l'enthousiasme : ce titre ne baissera peut-être jamais ! En seulement six mois, il y consacre toutes ses économies, sans se soucier du risque de cluster associé à l'investissement de ses économies - pour ensuite payer cher pour des décisions aussi stupides prises par cupidité et ignorance.

La pensée inductive n'a pas besoin de vous conduire sur la voie du désastre ; en fait, vous pourriez transformer la pensée inductive en une source de profit en envoyant des e-mails contenant des prévisions de prix en hausse et en baisse le mois prochain - l'un prédisant qu'ils pourraient baisser. Envoyez le premier e-mail à 50 000 personnes, puis à un groupe distinct de 50 000 personnes après un mois, lorsque les indices ont considérablement baissé. Envoyez maintenant un autre e-mail, mais cette fois uniquement aux 50 000 personnes qui ont reçu des prédictions précises dans leur premier e-mail. Après 10 mois, il restera environ 100 de vos clients. De leur point de vue, vous avez prouvé vos pouvoirs prophétiques. Certains vous confieront leur argent – prenez-le et recommencez à vivre au Brésil. Cependant, nous ne sommes pas dupes d'étrangers naïfs ; même nous-mêmes pouvons être trompés ; ceux qui tombent rarement malades se croient immortels. Les PDG qui enregistrent des trimestres consécutifs de bénéfices en hausse ont tendance à se croire imbattables, tout comme leurs employés et leurs actionnaires. J'avais autrefois un ami qui aimait le base jump. Il se lançait depuis des falaises, des antennes, des bâtiments, etc., ne tirant sur sa corde de lancement qu'au dernier moment avant d'atterrir en toute sécurité sur terre. Un jour, je lui ai demandé quel était le niveau de risque que représentait le sport qu'il avait choisi et sa réponse a été assez décontractée : « J'ai plus de 1 000 sauts à mon actif et il ne m'arrive jamais rien. Deux mois plus tard, il mourut en sautant d'une falaise particulièrement dangereuse en Afrique du Sud - cet événement tragique réfutait toutes les théories maintes fois prouvées.

La pensée inductive peut avoir des répercussions désastreuses, mais nous en dépendons chaque jour pour notre survie. Lorsque nous embarquons dans un avion, les lois aérodynamiques restent valables ; nous sommes convaincus qu'il n'y aura pas d'attaques aléatoires dans la rue ; nos cœurs devraient encore battre demain - ce sont des assurances essentielles sans lesquelles la vie ne continuerait pas - mais il faut toujours garder à l'esprit que seules les certitudes comme la mort et les impôts sont permanentes ; Benjamin Franklin l'a bien dit : « Rien n'est certain sauf la mort et les impôts. »

L'induction peut nous faire croire des choses comme : « L'humanité a toujours survécu, nous serons donc également capables de faire face aux défis futurs. » Bien que cela semble logique en théorie, ce que beaucoup ne parviennent pas à reconnaître, c'est que de telles déclarations ne peuvent provenir que d'espèces qui ont survécu jusqu'à présent ; supposer que notre survie aujourd'hui indique notre survie future serait une erreur épique et peut-être l'erreur de raisonnement la plus grave qui soit.

Fausse causalité (ch.37) ; Les biais de survie (ch. 1) sont également traités ici.

POURQUOI LE MAL FRAPPE-T-IL PLUS FORT QUE LE BIEN ?

Aversion aux pertes Comment vous sentez-vous actuellement sur une échelle de 1 à 10 ? Imaginez maintenant ce qui vous amènerait à 10 ans, comme ce voyage dans les Caraïbes dont vous avez toujours rêvé ou une avancement professionnel ? Poursuivre cet exercice : qu'est-ce qui pourrait faire baisser votre score du même chiffre ? Paralysie, maladie d'Alzheimer, cancer, dépression, guerre faim torture ruine financière dommages perte de réputation ami kidnappé cécité mort ne sont que quelques options disponibles qui provoqueraient un grand mécontentement ; le simple fait de réfléchir à toutes ces possibilités nous fait prendre conscience du nombre d'obstacles qui existent pour maintenir le spectre du bonheur par rapport à toutes ces influences positives ; toute cette liste met en évidence combien d'obstacles existent et leurs effets bien plus graves que leurs avantages ; Il n'est pas étonnant que nous ne recherchions pas le bonheur plus que nous ne l'aurions cru auparavant.

À un moment donné de notre passé évolutif, cela était encore plus vrai : une petite erreur pouvait entraîner la mort instantanément. De nombreux facteurs pourraient provoquer votre départ rapide de la vie : pratiques de chasse imprudentes, inflammation des tendons ou exclusion d'un groupe. Les personnes négligentes ou imprudentes mouraient souvent avant de transmettre leurs gènes aux générations futures ; seuls les plus prudents ont survécu et sont aujourd'hui nos descendants.

Il est donc compréhensible que nous craignions plus la perte que le gain ; perdre 100 $ nous coûte bien plus de bonheur que toute joie que cela pourrait nous apporter si je nous le donnais à la place. En effet, des études ont prouvé qu'une réponse émotionnelle pèse deux fois plus que tout gain similaire – les spécialistes des sciences sociales appellent ce phénomène l'aversion à la perte.

Pour cette raison, lorsque vous essayez de convaincre quelqu'un de quelque chose, ne vous concentrez pas sur ses avantages ; soulignez plutôt comment cela les aide à éviter les désavantages. Une campagne promouvant l'auto-examen des seins (ESB) a utilisé deux dépliants différents distribués aux femmes afin de diffuser des informations sur l'ESB. La brochure A déclarait : « La recherche indique que les femmes participant à l'ESB ont une chance accrue de découvrir des tumeurs à un stade précoce et plus traitable ». La brochure B indiquait : « La recherche a révélé que les femmes qui s'abstiennent de pratiquer l'ESB ont un risque accru de découvrir des tumeurs cancéreuses à un stade précoce et à des stades plus traitables. » L'étude a indiqué que le récit de la brochure B (écrit à partir d'un « cadre de perte ») a créé une sensibilisation significativement plus grande. et un changement de comportement que celui du dépliant A (écrit dans un « cadre de gain »).

La peur de la perte motive plus les gens que la perspective de gagner quelque chose de valeur égale. Ainsi, si votre entreprise propose des produits d'isolation domestique, un moyen efficace d'encourager les clients à acheter est de leur montrer combien d'argent ils pourraient perdre sans isolation au lieu de combien ils pourraient perdre. pourrait économiser avec - même si les deux montants resteraient les mêmes.

En bourse, les investisseurs ignorent souvent les pertes sur papier, car une perte latente est moins douloureuse qu'une perte réelle ; Ils restent donc des investisseurs même si les chances de reprise ou de nouveau déclin sont minces. Un jour, j'ai rencontré un multimillionnaire qui était très contrarié d'avoir perdu 100 $ en un instant ; pourtant, son portefeuille fluctuait d'au moins ce montant chaque seconde ! J'ai essayé de lui expliquer que cette émotion était injustifiée puisque son portefeuille fluctue chaque seconde d'au moins ce montant !

Les dirigeants des grandes entreprises poussent généralement leurs employés à être plus audacieux et plus entreprenants, alors qu'en réalité, de nombreux employés ont tendance à être réticents à prendre des risques. De leur point de vue, cela est logique : pourquoi risquer quelque chose qui pourrait apporter soit un bonus accru, soit pire, un ticket rose ? Dans la plupart des cas et des situations, la protection de la carrière l'emporte sur toute récompense potentielle - donc si vous êtes perplexe quant à la raison pour laquelle la prise de risque parmi vos employés semble faire défaut, vous savez maintenant pourquoi (même si lorsque les employés prennent des risques importants, cela se présente souvent sous le couvert de décisions de groupe - apprenez-en davantage au chapitre 33 sur la paresse sociale).

Le mal est plus puissant et plus répandu que le bien ; nous avons tendance à réagir plus fortement lorsque des choses négatives se présentent à nous que lorsque des choses positives surviennent ; les visages effrayants ont tendance à se démarquer davantage dans la rue que les visages souriants ; nous nous souvenons plus longtemps des mauvais comportements - sauf lorsqu'ils nous concernent !
Voir également l'effet maison-argent (ch. 84) ; Effet de dotation (ch. 23), Loafing social, (ch. 33) Effet par défaut, erreur et cadrage des coûts irrécupérables ainsi que heuristique d'effet au chapitre 42 pour plus d'informations. (CH 66) .

POURQUOI LES MEMBRES DE L'ÉQUIPE SONT PARESSEUX

PARESSE SOCIALE

En 1913, l'ingénieur français Maximilian Ringelmann mène des recherches sur les performances des chevaux. À son grand étonnement, deux chevaux tirant un carrosse n'équivalaient pas au double de celui d'un cheval seul. Perplexe face à ce résultat, Ringelmann orienta ses recherches vers les humains ; en demandant à plusieurs individus de tirer des cordes ensemble à la fois tout en mesurant la force appliquée par chacun individuellement, il a constaté que lorsque deux personnes tiraient ensemble, elles investissaient en moyenne 93 % de leur force individuelle dans la traction ensemble ; avec trois projets réunis, le taux d'investissement est tombé à 86 % ; quand trois se sont réunis, seulement 49 % !

La science qualifie ce phénomène d'effet de paresse sociale. Cela se produit lorsque la performance individuelle n'est pas facilement perceptible - lorsque les contributions individuelles se fondent dans l'effort collectif plutôt que d'être visibles directement par les observateurs. La paresse sociale se produit souvent dans les courses de rameurs, mais pas dans les courses de relais où les contributions individuelles deviennent évidentes. La flânerie sociale peut être un comportement rationnel : pourquoi investir toute son énergie quand la moitié suffit ? Prendre des raccourcis sans que personne ne s'en rende compte est également une pratique courante - comme les chevaux de Ringelmann ! Dans l'ensemble, la paresse sociale peut être considérée comme une forme de tricherie à laquelle nous sommes tous coupables de nous livrer inconsciemment, tout comme Ringelmann l'a fait lorsqu'il travaillait contre eux contre des adversaires !

À mesure que les gens travaillent ensemble, les performances individuelles ont tendance à diminuer - ce qui ne devrait pas surprendre - mais ce qui devrait ressortir, c'est notre contribution continue malgré la diminution des performances individuelles. Qu'est-ce qui nous empêche d'abandonner complètement et de laisser tout le travail acharné aux autres ? Conséquences : une performance nulle serait constatée et pourrait entraîner de graves conséquences telles que l'exclusion d'un groupe ou la diffamation ; L'évolution nous a donné des sens finement réglés qui nous permettent de discerner combien d'oisiveté peut passer inaperçue chez nous ou chez les autres.

La paresse sociale va bien au-delà de la performance physique ; nous nous relâchons aussi mentalement. Par exemple, les réunions où un trop grand nombre de participants sont présents ont tendance à voir une participation individuelle plus faible que lorsque seulement 20 ou 100 personnes sont présentes ; Mais une fois ce seuil franchi, les performances plafonnent. Qu'un groupe soit composé de 20 ou 100 membres n'a pas d'importance puisque nous avons atteint le maximum d'inertie et atteint le maximum de potentiel de performance.

Une question lancinante demeure : qui est à l'origine de l'idée selon laquelle les équipes éclipsent les individus ? Peut-être japonais. Il y a trente ans.
Les économistes d'entreprise ont examiné le miracle industriel du Japon et ont observé que ses usines s'organisaient en équipes. Les économistes d'entreprise ont ensuite tenté de copier ce modèle avec un succès mitigé : certaines équipes ont obtenu des résultats exceptionnellement bons, mais d'autres pas (peut-être parce que la paresse sociale y était rare), tandis qu'en Europe, les équipes composées de personnes diverses mais spécialisées ont globalement mieux performé ; au sein de ces groupes, les performances individuelles pouvaient facilement être identifiées et retracées.

La paresse sociale peut avoir de profondes ramifications. Les membres du groupe ont tendance à limiter à la fois la participation et la responsabilité en cas de méfaits ou de mauvaises décisions du groupe. Personne ne veut assumer seul la responsabilité. Un exemple flagrant est celui des poursuites contre les nazis lors du procès de Nuremberg ; De manière moins controversée, pensez à n'importe quel conseil d'administration ou équipe de direction. Nous nous cachons souvent derrière les décisions de l'équipe pour éviter d'assumer nos responsabilités ; cette pratique est connue sous le nom de diffusion de la responsabilité. La dynamique d'équipe les amène également à prendre plus de risques qu'ils ne le feraient individuellement ; Les membres ont tendance à croire qu'ils ne seront pas tenus personnellement responsables en cas de problème, ce qui conduit à un changement risqué. Ce phénomène est particulièrement risqué parmi les stratèges des entreprises et des fonds de pension, avec des milliards en jeu, et parmi les ministères de la Défense, où les groupes décident du moment où les armes nucléaires doivent être déployées.

Conclusion : les gens se comportent différemment lorsqu'ils sont en groupe ou seuls (sinon il n'y aurait pas de groupe). Les aspects négatifs des groupes peuvent être compensés en rendant le plus visible possible les performances individuelles – vive la méritocratie ! Vive la société du spectacle !

Motivation surpeuplée (ch. 56); Preuve sociale (ch. 4); Pensée de groupe (ch. 25); Aversion aux pertes (ch. 32)

ENTOURÉ DE PAPIER ?

CROISSANCE EXPONENTIELLE

Imaginez que vous pliez une feuille de papier en deux à plusieurs reprises, mais cette fois-ci, vous la pliez à nouveau sur elle-même - 50 fois au total ? À votre avis, quelle sera son épaisseur après 50 pliages ? Notez votre supposition avant de continuer la lecture.

Deuxième tâche. Sélectionnez l'une des deux options ci-dessous. A) Au cours des 30 prochains jours, je vous donnerai 1 000 $ par jour. B) Je donnerai un centime quotidiennement à partir du jour 1, suivi de deux centimes le jour 2, puis de quatre centimes et ainsi de suite jusqu'au jour 31 et le total de votre récompense atteint huit centimes chaque jour par la suite. Mais décider rapidement entre A ou B ?

Es-tu prêt? En supposant qu'une feuille de papier mesure environ 0,004 pouce d'épaisseur, son épaisseur après 50 plis dépasse 60 millions de kilomètres ; ce qui équivaut à la distance entre la Terre et le Soleil mesurée avec une calculatrice. Lorsque vous répondez à la question 2, choisir l'option B peut sembler moins attrayant, mais rapportera plus de récompenses en seulement 30 jours que A ; prendre l'option A vous donnerait 30 000 $ mais B plus de 5 millions de dollars !

La croissance linéaire est saisie intuitivement. Mais nous n'avons aucune idée d'une croissance exponentielle (ou en pourcentage) – probablement parce que nos ancêtres n'en avaient pas besoin auparavant ! Leurs expériences avaient tendance à être linéaires : passer deux fois plus de temps à récolter des baies rapportait le double de leurs gains et tuer deux mammouths au lieu d'un prolongeait la chasse de moitié. Mais aujourd'hui, la croissance exponentielle n'est plus rare ! À l'âge de pierre, les gens connaissaient rarement une croissance exponentielle. Maintenant, les choses sont différentes.

"Chaque année, les accidents de la route augmentent de 7%", prévient un homme politique. Pour comprendre intuitivement ce que cela signifie, utilisons une formule simple : 70 divisé par 7 = 10 ans - ce qui indique que les accidents de la route doublent tous les dix ans (section notes pour plus d'explications sur pourquoi ce nombre 70 ?). Cela indiquerait un scénario alarmant ! Si ce chiffre ne vous semble pas familier, notez le logarithme ; sa définition peut être trouvée ici).

Autre exemple : l'inflation s'élève à 5 %, ce qui amène beaucoup de gens à penser qu'elle ne représente pas une menace trop grande - jusqu'à ce que l'on calcule le temps de doublement :

70 divisé par 5 = 14 ans, ce qui signifie que dans 14 ans, un dollar ne suffira pas. vaut moitié moins - un désastre absolu pour quiconque possède un compte d'épargne !

Imaginez que vous êtes un journaliste qui rapporte que les enregistrements de chiens enregistrés dans votre ville augmentent de 10 % par an ; comment allez-vous annoncer cette nouvelle aux lecteurs ? Personne ne s'en soucie, alors annoncez plutôt : « Déluge de chiens : doublez plus de chiens en 7 ans ! » Personne ne s'en souciera autant — les gens ne se soucieront pas non plus du fait que les inscriptions aient augmenté de 10 %.

Rien de ce qui croît de façon exponentielle ne durera éternellement ; de nombreux hommes politiques, économistes et journalistes oublient cette vérité. Une telle croissance finit par atteindre ses limites ; par exemple, Escherichia coli se divise toutes les vingt minutes et pourrait couvrir la planète en quelques jours, mais ne peut pas continuer car elle consomme plus d'oxygène et de sucre que ce qui est disponible. Par conséquent, sa croissance finit par atteindre un point d'impasse et s'interrompt.

Les anciens Perses comprenaient la difficulté associée au pourcentage de croissance. Voici une histoire locale intéressante : un sage courtisan a offert au roi un échiquier en cadeau et lui a demandé comment ils pourraient le remercier ; sa réponse ? Recouvrez-le de riz en recouvrant un grain sur chaque carré avant d'augmenter avec deux grains supplémentaires deux fois par carré par la suite ! Surpris, le roi Darius répondit que c'était en effet un honneur pour eux que des demandes aussi modestes émanent de si dignes courtisans !

Mais de quelle quantité de riz a-t-il besoin ? Au début, il estimait qu'il s'agissait d'un sac. Lorsque ses serviteurs commencèrent la tâche — placer un grain sur chaque carré à tour de rôle jusqu'à ce qu'il y ait quatre grains par carré et ainsi de suite — se rendit-il compte qu'il avait besoin de plus de grains que ce qui était disponible sur terre.

En ce qui concerne les taux de croissance, ne vous fiez pas à votre intuition : vous n'en avez pas. Acceptez-le plutôt. Ce qui aide vraiment, c'est d'utiliser une calculatrice - ou, dans les cas de faibles taux de croissance, d'utiliser 70 comme nombre magique.

Voir également Simple Logic (ch. 63) ; Négligence de la probabilité (ch. 26); La loi des petits nombres (ch. 61)

Contrôlez votre enthousiasme

La malédiction du vainqueur

Le Texas dans les années 1950. Dix compagnies pétrolières se disputent un terrain mis aux enchères d'une valeur comprise entre 10 et 100 millions de dollars ; Lorsque les prix augmentent pendant les enchères, davantage d'entreprises quittent les enchères jusqu'à ce qu'enfin une entreprise soumette l'offre la plus élevée et remporte l'enchère avec des bouchons de champagne éclatés !

Selon la « malédiction du gagnant », les gagnants des enchères finissent souvent comme perdants, comme en témoignent les analystes du secteur qui ont noté que les entreprises qui se présentaient régulièrement comme des enchérisseurs gagnants lors des enchères sur les champs pétrolifères étaient surpayées et faisaient ensuite faillite - ce qui ne devrait pas surprendre lorsque les estimations varient entre 10 millions de dollars et 100 millions de dollars ; les estimations se situent souvent quelque part entre les deux ; souvent, les enchères les plus élevées dépassent leur véritable valeur ; Au Texas cependant, les gestionnaires du secteur pétrolier ont célébré ce qui est finalement devenu une victoire coûteuse.

Aujourd'hui, ce phénomène nous concerne tous. D'eBay à Groupon en passant par Google AdWords, les prix sont fixés par des enchères - d'eBay à Groupon en passant par Google AdWords ; les guerres d'enchères sur les fréquences de téléphonie mobile rapprochent les entreprises de télécommunications de la faillite ; les aéroports louent leurs espaces commerciaux au plus offrant ; ou lorsque Walmart prévoit de déployer des détergents en sollicitant des appels d'offres auprès de cinq fournisseurs (en fait, une vente aux enchères avec le risque associé au fait de gagner et d'être maudit par la malédiction du gagnant !). Même Walmart introduit ses produits par le biais d'enchères - demander des offres à cinq fournisseurs n'est qu'une autre vente aux enchères - mais cette fois, au risque d'être maudit !

La vente aux enchères sur Internet de la vie quotidienne s'est également étendue aux commerçants. Lorsque j'avais besoin de repeindre mes murs, plutôt que de chercher n'importe quel peintre à proximité, j'ai plutôt publié mon annonce en ligne - 30 peintres répartis sur 300 miles se sont affrontés, proposant des devis si bas qu'il m'est devenu impossible d'accepter - par gentillesse pour le centre commercial! La meilleure offre est venue d'un si pauvre que, par sympathie, je l'ai déclinée afin de lui épargner la malédiction du vainqueur !

Les offres publiques initiales (IPO) et les fusions et acquisitions, plus communément appelées fusions et acquisitions, peuvent également être considérées comme des enchères. Malheureusement, plus de la moitié des acquisitions détruisent de la valeur selon une étude McKinsey !

Pourquoi succombons-nous à la malédiction du vainqueur ? Plusieurs facteurs entrent en jeu. Premièrement, les valeurs réelles de nombreuses choses restent incertaines. De plus, plus les parties intéressées augmentent les chances qu'une offre trop enthousiaste soit soumise. Deuxièmement, il y a la concurrence entre les fournisseurs ; un ami propriétaire d'une usine de micro-antennes a raconté comment Apple a déclenché une intense guerre d'enchères pour les fournisseurs lors du développement de l'iPhone - tout le monde voulait un contrat officiel même si cela pourrait entraîner des pertes financières pour les fournisseurs gagnants.

Combien offririez-vous pour 100 $? Supposons que vous et un adversaire soyez invités à une vente aux enchères au cours de laquelle celui qui fait l'offre la plus élevée gagne et les deux enchérisseurs doivent soumettre leurs offres finales à ce stade - jusqu'où irait votre offre ? De votre point de vue, il est logique d'offrir 20 $, 30 $ ou 40 $; votre adversaire fait de même et même 99 $ semble raisonnable lorsqu'il s'agit de billets de 100 $ - pourtant, il propose maintenant d'offrir 100 $ à la place ! Si cela reste l'enchère la plus élevée, il atteindra le seuil de rentabilité (en payant 100 $ pour 100 $), alors que vous n'aurez qu'à débourser 99 $. Tant que cette enchère reste la plus élevée, les deux joueurs seront à égalité. Ainsi, vous continuez à enchérir. À 110 $, vous avez une perte garantie de 10 $; votre adversaire devra proposer 109 $ (sa dernière enchère), ce qui signifie que les deux continueront à jouer jusqu'à ce que l'un ou les deux abandonnent complètement de jouer - quand arrêterez-vous d'enchérir et quand votre concurrent arrêtera-t-il d'enchérir ? Testez-le entre amis !

Warren Buffett a donné quelques conseils judicieux concernant les ventes aux enchères : « N'y allez pas ». Si des enchères sont nécessaires dans votre secteur, fixez un prix maximum et déduisez-en 20 % pour compenser la malédiction du vainqueur ; notez ce nombre et ne le dépassez en aucun cas.

Voir Effet de dotation (ch. 23) pour plus d'informations.

LES ÉCRIVAINS NE DEVRAIENT JAMAIS DEMANDER À L'ÉCRIVAIN SI SON ROMAN EST AUTOBIOGRAPHIQUE

ERREUR D'ATTRIBUTION FONDAMENTALE

En ouvrant votre journal, vous apprenez qu'un autre PDG a été contraint de démissionner en raison de mauvais résultats. Pendant ce temps, dans la section sports, vous lisez que le joueur X ou l'entraîneur Y a contribué de manière significative à la saison gagnante de votre équipe, tandis que les livres d'histoire vous disent que Napoléon était responsable de diriger et de diriger son armée avec tant de succès au début des années 1800 en France. « Chaque histoire a un visage » semble être une règle inaliénable de toute rédaction ; les journalistes (et leurs lecteurs) poussent ce principe plus loin en recherchant tout « angle humain » possible. En raison de cet « angle humain », de nombreux journalistes (et lecteurs) sont la proie d'une erreur d'attribution fondamentale : une erreur causée par la surestimation de l'influence des individus tout en sous-estimant les facteurs situationnels externes.

Des chercheurs de l'Université Duke ont mené une expérience en 1967 : les participants ont lu des arguments faisant l'éloge ou dénigrant Fidel Castro d'un auteur désigné indépendamment de ses opinions réelles ; Pourtant, la plupart des membres de l'auditoire pensaient que ce qu'il disait représentait ses véritables opinions et ignoraient les facteurs externes, c'est-à-dire les professeurs qui l'avaient rédigé.

L'erreur fondamentale d'attribution est particulièrement efficace pour simplifier les événements négatifs en unités gérables. Nous attribuons souvent la responsabilité des guerres à des individus - comme l'assassin yougoslave à Sarajevo qui a la Première Guerre mondiale sur ses épaules ou Hitler a déclenché la Seconde Guerre mondiale par lui-même - même si les guerres sont des événements imprévisibles avec des dynamiques complexes que nous ne comprendrons probablement jamais pleinement - un peu comme les marchés financiers. et les enjeux climatiques !

Alors que les entreprises annoncent de bons ou de mauvais résultats, tous les regards ont tendance à se tourner vers leur PDG, même s'ils connaissent la vérité : la réussite économique dépend bien plus de facteurs indépendants de leur volonté, comme l'attractivité du secteur. Il est remarquable de constater à quelle fréquence les entreprises des secteurs en difficulté remplacent leur PDG, alors que cela se produit rarement dans les entreprises plus prospères.
Les industries confrontées à des difficultés sont-elles moins prudentes dans leurs pratiques de recrutement ? De telles décisions ne semblent pas moins irrationnelles que ce qui se passe entre les entraîneurs de football et leurs clubs.

Ma ville natale, Lucerne en Suisse, m'offre de nombreux récitals classiques succulents qui ne cessent d'impressionner. Cependant, pendant l'entracte, les conversations ont tendance à se concentrer presque uniquement sur les chefs d'orchestre et les solistes, tandis que la composition fait rarement la une des journaux ; sauf lors des premières mondiales où les compositeurs peuvent en discuter ouvertement. Pourquoi donc? Le véritable miracle de la musique réside dans la composition : sa création de sons, d'ambiances et de rythmes à partir de rien ; cependant, cela est souvent sous-estimé en raison de notre incapacité à considérer que les partitions n'ont pas de visage à comparer aux chefs d'orchestre et aux solistes alors qu'en fait ces deux éléments constituent les interprétations de cette partition (contrairement aux chefs d'orchestre ou solistes ou chefs d'orchestre/solistes).

En tant qu'écrivain de fiction, je rencontre cette erreur d'attribution fondamentale à chaque fois après avoir fait des lectures (qui en soi peuvent être controversées), lorsque les gens demandent : « Quelle partie de votre roman est autobiographique ? Dans des moments comme ceux-ci, j'aimerais pouvoir répondre : « Il ne s'agit pas de moi, il s'agit de ce livre, de ce texte, de cette langue et de cette histoire ! mais mon éducation ne permet pas assez souvent de telles explosions.

Les erreurs d'attribution ne doivent pas être jugées sévèrement. Notre préoccupation pour les autres vient de notre passé évolutif : l'appartenance à un groupe était essentielle à la survie - la reproduction, la défense, la chasse aux grands animaux étaient impossibles sans l'aide de sa tribu - le bannissement signifiait une mort certaine ; ceux qui optaient pour une vie solo étaient également souvent confrontés à une certaine catastrophe.

Mais même ceux qui ont survécu ont finalement quitté le patrimoine génétique, rendant la vie encore plus difficile pour les générations suivantes. Nos vies dépendaient et tournaient autour des autres ; cela explique pourquoi aujourd'hui nous restons si préoccupés par eux - au point de passer environ 90 % de notre temps à penser aux autres tout en n'en consacrant que 10 % à la prise en compte d'autres facteurs et contextes.

Conclusion : Même si le spectacle de la vie nous fascine, ses habitants sont loin d'être des personnages idéaux qui prennent des décisions sans avoir besoin d'aide extérieure. Ils passent d'une situation à l'autre plutôt que d'agir de leur propre gré. Pour vraiment comprendre une pièce de théâtre ou une comédie musicale actuelle, regardez au-delà de ses interprètes et portez une attention particulière à la façon dont les influences façonnent les personnages des acteurs.

Voir également Biais d'histoire (Ch. 13) ; Illusion corporelle du nageur (Ch. 2), effet de saillance (Ch. 83), illusion d'actualité (Ch. 99), effet de halo (Ch. 38) et erreur de causes uniques (Ch. 97)

POURQUOI VOUS NE DEVEZ PAS CROIRE CE QUE LE CONTEUR DIT

FAUSSE CAUSALITÉ

Les poux de tête faisaient partie intégrante de la vie sur les îles Hébrides, au nord de l'Écosse, et leur absence rendait leurs hôtes malades et fiévreux. Afin de lutter contre leur maladie et leur fièvre, les malades remettaient intentionnellement des poux dans leurs cheveux afin de se débarrasser de leur fièvre ; Une fois que ces nouveaux poux ont pris racine et se sont réinstallés, les patients ont commencé à montrer des améliorations.

Des études menées dans une ville ont montré que plus les pompiers étaient mobilisés pour combattre l'incendie, plus les dégâts étaient importants. Suite à ces résultats, le maire a immédiatement institué un gel immédiat des embauches et réduit en conséquence le budget de lutte contre les incendies.

Les deux histoires proviennent du livre des professeurs de physique allemands Hans-Peter Beck-Bornholdt et Hans-Hermann Dubben (malheureusement, il n'existe pas de version anglaise). Les deux histoires illustrent à quel point la causalité peut devenir confuse ; lorsque les poux quittent la tête d'un malade parce qu'il a de la fièvre, leur présence devient temporaire à cause des pieds brûlants ; une fois la fièvre tombée, ils reviennent ! Et les incendies plus importants nécessitent plus de pompiers – et non l'inverse !

La fausse causalité nous induit souvent en erreur et les auteurs de livres d'affaires et les consultants utilisent souvent cette pensée erronée pour nous vendre de faux récits de causalité. Prenons par exemple le titre « La motivation des employés conduit à des bénéfices plus élevés pour les entreprises ». Est-ce que cela tient vraiment la route, ou les gens pourraient-ils simplement devenir plus motivés lorsque leur entreprise se porte bien ? De même, une autre affirmation affirme que la présence de femmes dans les conseils d'administration est corrélée à une rentabilité accrue – mais est-ce vraiment ainsi que cela fonctionne ou ces entreprises sont-elles simplement plus susceptibles de recruter plus de femmes dans les conseils d'administration que les entreprises moins rentables ? Ces auteurs et consultants de livres d'affaires opèrent fréquemment en utilisant des causalités fausses (ou du moins floues) similaires lorsqu'ils écrivent ou consultent des livres d'affaires ou fournissent des conseils.

Alan Greenspan était vénéré à la tête de la Réserve fédérale dans les années 90. Ses déclarations obscures donnaient à la politique monétaire l'apparence d'une science exacte qui maintenait l'Amérique sur la voie de la prospérité, suscitant les éloges des hommes politiques, des journalistes et des chefs d'entreprise. Malheureusement pour ces

commentateurs, les liens étroits de l'Amérique avec la Chine (un producteur à faible coût qui a volontiers acheté la dette américaine) ont joué un rôle bien plus important qu'on ne le pensait au départ ; Greenspan a tout simplement eu de la chance que sa politique ait si bien fonctionné.
Il a tellement bien rempli son mandat.

Des scientifiques ont récemment mené des études suggérant que les séjours prolongés à l'hôpital étaient préjudiciables à la santé des patients. Cette information a plu aux assureurs maladie ; qui veulent que les séjours soient brefs. Mais les séjours plus longs ne semblent pas du tout préjudiciables puisque les patients qui peuvent partir immédiatement sont en meilleure santé que ceux qui nécessitent des traitements supplémentaires – et donc des séjours longs peuvent en fait avoir des résultats positifs !

Ou prenez ce titre : « Fait : les femmes qui utilisent régulièrement le shampooing XYZ ont des cheveux plus forts. » Bien que des preuves scientifiques puissent étayer de telles affirmations, cette affirmation ne nous dit pas grand-chose – et encore moins que le shampooing rend vos cheveux plus forts ! Peut-être que les femmes aux cheveux forts ont tendance à utiliser cette marque particulière - peut-être parce que son flacon indique "spécialement conçu pour les cheveux épais".

Récemment, j'ai lu que les élèves dont la maison contient de nombreux livres ont tendance à obtenir de meilleures notes à l'école. Bien que cette étude ait pu donner un coup de pouce aux libraires, cette recherche a prouvé une fausse causalité : les parents plus instruits ont tendance à accorder une plus grande valeur à l'éducation de leurs enfants, tout comme les individus instruits qui ont généralement plus de livres à la maison ; même ainsi, un exemplaire poussiéreux de Guerre et Paix ne changera les notes de personne ; ce qui compte, c'est le niveau d'éducation des deux parents ainsi que les gènes !

La fausse causalité était à son paroxysme en Allemagne entre le taux de natalité et le nombre de couples de cigognes en déclin entre 1965 et 1987. Les deux tendances semblaient presque corrélées ; cela pourrait-il signifier que la cigogne amène vraiment des bébés ? Sans doute non ; cette corrélation aurait plutôt pu être simplement accidentelle.

Conclusion : corrélation n'est pas synonyme de causalité. Examinez de plus près les événements liés par corrélation : parfois, ce qui semble être leur cause se révèle être leur effet, et vice versa ; d'autres fois, il peut même n'y avoir aucun lien de causalité apparent – comme c'était le cas avec les cigognes et les bébés.

Voir aussi Coïncidence (Ch. 24) ; Biais d'association (Ch. 48); Illusions de regroupement (Ch. 3); Biais de l'histoire (Ch. 13) * Induction (Ch. 31) et Chance du débutant (Ch. 49)

La société Cisco de la Silicon Valley était autrefois célébrée par les journalistes économiques comme une icône de la nouvelle économie, recevant des critiques élogieuses pour son service client fantastique, son excellente stratégie, ses acquisitions opportunes, sa culture d'entreprise dynamique et son PDG charismatique. En mars 2000, elle était devenue la société la plus valorisée au monde.

Alors que l'action Cisco chutait de 80 % l'année suivante, les journalistes changeaient de ton. Désormais, ses avantages concurrentiels étaient perçus comme des défauts préjudiciables : un service client médiocre, une stratégie peu claire, des acquisitions peu judicieuses, une culture d'entreprise boiteuse et un PDG peu inspirant étaient blâmés - pourtant ni sa stratégie ni son PDG n'avaient changé ; la demande avait simplement diminué grâce au krach Internet et ce changement n'avait rien à voir avec eux.

L'« effet de halo » se produit lorsqu'un aspect d'un tout nous éblouit et modifie la façon dont nous percevons son intégralité. Cisco constitue un cas exceptionnel où ce phénomène s'est manifesté : les journalistes ont été stupéfaits par le cours de ses actions et ont supposé que l'ensemble de ses activités était tout aussi remarquable, sans mener d'enquêtes approfondies à ce sujet.

L'effet de halo fonctionne généralement de cette manière : nous prenons un détail facile à saisir ou frappant sur une entreprise, comme sa situation financière, et en extrapolons des conclusions sur des aspects plus difficiles à évaluer, tels que les mérites de la direction ou la faisabilité de la stratégie. De là, nous tirons des conclusions qui peuvent être exactes ou non, comme le mérite de la gestion ou la faisabilité de la stratégie. Parfois, le succès et la supériorité sont donnés là où rien n'est dû, comme lorsque nous achetons des produits auprès de fabricants simplement en raison de leur bonne réputation - un autre exemple étant de croire que les PDG d'un secteur s'épanouiront dans d'autres secteurs tout en étant des héros dans leur vie personnelle également !

Edward Lee Thorndike a découvert « l'effet de halo » il y a près de 100 ans. Son observation était qu'une qualité individuelle (beauté, statut social ou âge) peut créer des perceptions positives ou négatives qui l'emportent sur tout le reste, comme l'apparence. La recherche a confirmé ce résultat à travers de nombreuses études confirmant notre préjugé envers les personnes belles comme étant plus agréables, honnêtes et intelligentes ; les personnes attirantes connaissent également souvent une plus grande réussite dans la vie en général. Ces résultats ne correspondent à aucun mythe selon lequel les femmes « dorment pour réussir » ; en effet, les enseignants donnent involontairement des notes plus élevées aux élèves attractifs qu'à ceux qui le sont moins.

La publicité a trouvé un allié sous la forme de l'effet de halo : il suffit de penser à toutes les célébrités que nous voyons sourire en retour dans les publicités télévisées, les panneaux d'affichage et les magazines. Ce qui fait des joueurs de tennis professionnels comme Roger Federer un tel expert en machines à café reste incertain ; néanmoins, cela n'a pas nui au succès de leurs campagnes. Alors que nous nous habituons à voir des célébrités soutenir des produits arbitraires sans nous demander pourquoi leur soutien pourrait être si important ; c'est précisément ainsi que fonctionne l'effet de halo : inconsciemment. Tout ce qui doit être enregistré dans nos esprits, ce sont des visages attrayants avec des modes de vie de rêve associés à ce produit – puis boum – boum – succès !

Du côté négatif, l'effet de halo peut conduire à de grandes injustices et à des stéréotypes lorsque la nationalité, le sexe ou la race deviennent le point central. Pas besoin d'être raciste ou sexiste : laissez simplement l'effet de halo obscurcir notre vision ; les journalistes, les éducateurs et les consommateurs deviennent trop facilement des proies.

Avez-vous déjà fait l'expérience de tomber amoureux ? Si tel est le cas, alors vous comprenez la joie de trouver cette « personne parfaite ». Ils semblent attirants, intelligents, sympathiques et chaleureux - alors que d'autres pourraient signaler des défauts évidents ; tout ce que vous voyez, ce sont des bizarreries attachantes !

Pour réduire cet effet de halo et mieux comprendre les véritables caractéristiques, regardez au-delà de la valeur nominale pour éliminer les caractéristiques les plus frappantes qui attirent votre attention. Les orchestres le font souvent en sélectionnant les candidats devant un écran afin que le sexe, la race, l'âge et l'apparence n'entrent pas en ligne de compte dans leurs décisions ; les journalistes économiques devraient faire de même et envisager de regarder au-delà des chiffres trimestriels (la bourse les propose déjà). Creusez plus profondément : investir du temps et de l'énergie dans la recherche produit souvent des résultats inattendus mais souvent pédagogiques.

Voir également : Erreur fondamentale d'attribution (ch. 36) ; Effet de saillance (ch. 83); Illusion corporelle du nageur (ch. 2) Effet de contraste (ch. 10); Attentes (ch. 62)

Chemins alternatifs

Imaginez que vous organisiez une rencontre avec un oligarque russe en dehors de votre ville, dans la forêt voisine. Il arrive peu de temps après avec une valise et une arme à feu ; en plaçant sa valise sur le capot de sa voiture pour que vous puissiez voir son contenu : 10 millions de dollars au total en tas de cash ! Lorsqu'il lui demande si vous aimeriez jouer à la roulette russe, il suggère cette stratégie en vous invitant à appuyer sur une gâchette pour tout gagner : une balle avec cinq chambres actuellement vides rendrait tout cela vôtre en une seule pression sur la gâchette ! Vous envisagez tous les résultats possibles : 10 millions de dollars changeraient tout ; ne plus jamais avoir à travailler ni à passer de la philatélie à la philatélie à la philatélie à la philatélie à la philatélie à la collection de voitures de sport !

En acceptant le défi, vous avez placé le revolver sur votre tempe et appuyé sur la gâchette, entendant un clic audible avant de sentir l'adrénaline monter dans votre corps - mais rien ne s'est produit ; la chambre était vide ! Maintenant, avec de l'argent en main, vous déménagez dans l'une des villes les plus pittoresques que vous connaissez, où ils construiront probablement des villas luxueuses qui susciteront la colère des résidents locaux.

L'un de vos voisins, dont la maison se trouve maintenant à proximité, est un avocat accompli, travaillant douze heures par jour pendant 300 semaines par an à des tarifs assez impressionnants pour un avocat : 500 $ de l'heure. Ses économies annuelles nettes, après impôts et frais de subsistance, s'élèvent à un demi-million après prise en compte de toutes les dépenses. Vous souriez intérieurement à chaque fois qu'il passe dans votre allée : il lui faudra vingt ans rien que pour vous rattraper !

Imaginez ceci : après 20 ans, votre voisin travailleur a réussi à amasser 10 millions de dollars. Un jour, un journaliste arrive et écrit un article sur les résidents les plus aisés de votre région - présentant des photos de bâtiments spectaculaires et de secondes épouses que vous et votre voisin avez acquis, des éléments de décoration intérieure et des détails d'aménagement paysager exquis ; mais une différence clé reste cachée : le risque qui se cache derrière chacun de leurs comptes de 10 millions de dollars ; pour que cette pièce ait un sens, ils devraient reconnaître les voies alternatives qui s'offrent à chacun.

Mais ce ne sont pas seulement les journalistes qui ne parviennent pas à maîtriser cette compétence : nous le sommes tous.
Les voies alternatives font référence à tous les résultats qui auraient pu se produire mais ne se sont pas produits. Lorsque vous jouez à la roulette russe, quatre chemins possibles mènent à un gain de 10 millions de dollars, tandis que cinq autres pourraient mener à votre mort, ce

qui fait une différence flagrante. En revanche, pour les avocats pratiquant le droit, leurs chemins possibles ont tendance à être plus rapprochés ; gagner 200 $ de l'heure en milieu rural; mais dans la zone urbaine de New York, travailler pour l'une des principales banques d'investissement pourrait leur rapporter 600 dollars de l'heure sans risquer une autre voie qui aurait pu leur coûter leur fortune ou leur vie.

Les voies alternatives ne sont pas toujours visibles et nous les envisageons rarement. Pourtant, ceux qui spéculent sur les obligations de pacotille, les options et les swaps sur défaut de crédit pour gagner des millions devraient garder à l'esprit les nombreuses voies alternatives qui mènent tout droit à la ruine. Un esprit rationnel soutiendrait que la valeur de 10 millions gagnés par des moyens plus risqués serait inférieure à celle gagnée par un travail plus banal (même si un comptable pourrait ne pas être d'accord).

Récemment, j'ai assisté à un dîner avec un ami américain qui m'a proposé de tirer à pile ou face pour voir qui devrait payer la facture. Malheureusement pour lui, il a perdu et cette situation délicate est devenue encore plus gênante pour moi lorsqu'il était mon invité en Suisse. "La prochaine fois", ai-je promis, "que ce soit ici ou chez moi à New York, je couvrirai moi-même la moitié de la note." Il a réfléchi à cela et m'a dit: "En considérant les chemins alternatifs, vous en avez peut-être déjà payé la moitié."

Conclusion : Le risque peut souvent être invisible, c'est pourquoi il faut toujours évaluer les voies alternatives possibles avant de prendre des décisions impliquant des transactions risquées. Même si le succès obtenu par des moyens aussi risqués peut sembler attrayant au premier abord, pour un esprit rationnel, il ne devrait pas être comparé au succès obtenu par des moyens plus laborieux (par exemple en devenant avocat, dentiste, moniteur de ski, pilote, coiffeur ou consultant). Bien que visualiser d'autres chemins d'un point de vue externe soit un défi ; regarder à l'intérieur de vous-même est presque impossible, car votre cerveau fera des heures supplémentaires pour vous convaincre de sa valeur malgré les risques perçus et bloquera activement l'idée d'emprunter des chemins autres que ceux envisagés actuellement.

Voir également Black Swan (ch. 75) ; Aversion à l'ambiguïté (ch. 80), peur du regret (ch. 82) et biais d'auto-sélection (ch. 47)

FAUX PROPHÈTES

ILLUSION DE PRÉVISION

Les experts du quotidien nous bombardent de prédictions, mais dans quelle mesure sont-elles réellement fiables ? Jusqu'à récemment, personne ne prenait la peine d'enquêter ; mais ensuite vint Philip Tetlock. Sur une période de 10 ans, il a évalué 28 361 prédictions de 284 professionnels autoproclamés ; ses résultats n'indiquent qu'une amélioration marginale par rapport aux générateurs de prévisions aléatoires en termes de précision ; les chouchous des médias ont été particulièrement peu performants tandis que les prophètes de malheur tels que ceux qui ont prédit l'effondrement du Canada, du Nigeria, de la Chine, de l'Inde, de l'Indonésie, de l'Afrique du Sud, de la Belgique ou même de l'UE. Aucun n'a implosé !

John Kenneth Galbraith a déclaré : « Il n'y a que deux sortes de prévisionnistes : ceux qui ne savent rien et ceux qui ne réalisent pas qu'ils ne savent rien », ce qui lui a valu de nombreuses critiques dans sa profession. Le gestionnaire du fonds, Peter Lynch, l'a ensuite résumé avec éloquence : « Aux États-Unis, environ 60 000 économistes sont employés à plein temps pour tenter de prévoir les récessions et les taux d'intérêt ; s'ils avaient fait cela deux fois avec succès, ils seraient tous millionnaires désormais ; Pourtant, la plupart conservent un emploi rémunéré, ce qui nous dit quelque chose. Cela a été publié il y a dix ans — aujourd'hui, ce chiffre pourrait tripler sans que la qualité des prévisions ne soit affectée !

Le problème est que les experts jouissent d'un pouvoir discrétionnaire illimité avec peu de répercussions. Si un expert ne répond pas à une attente ou enfreint la réglementation, ses actions pourraient avoir de graves répercussions, difficiles à gérer et à gérer efficacement. Lorsqu'ils réussissent, les experts récoltent de la publicité, des offres de conseil et des contrats de publication ; lorsqu'ils manquent complètement, aucune pénalité — financière ou de réputation — ne s'applique. Cette incitation les motive à produire autant de prophéties que possible ; en effet, plus les prévisions qu'ils génèrent se réalisent par hasard ! Idéalement, les experts devraient contribuer à une sorte de fonds de prévision — par exemple 1 000 $ par prévision ; Si leurs prévisions se réalisent, ils récupèrent leur investissement majoré des intérêts, tandis que tout l'argent perdu en raison de prédictions inexactes est reversé à des œuvres caritatives.

Alors, qu'est-ce qui peut être prédit exactement et qu'est-ce qui ne l'est pas ? Certaines choses sont assez faciles à prédire ; Je sais approximativement combien je pèserai l'année prochaine. Cependant, à mesure que la complexité et les délais augmentent, notre capacité à prédire son avenir augmentera également — cela inclut le réchauffement climatique, les prix du pétrole ou les taux de change ; les inventions sont également inconnaissables : si nous avions su quelles technologies nous inventerions à l'avenir, nous les aurions déjà créées.

Soyez sceptique lorsque vous rencontrez des prédictions. Je prends toujours soin de sourire chaque fois que j'en entends une, puis je me pose deux questions sur les prédictions faites par les experts : 1) quelle incitation ont-ils à continuer à faire des prédictions incorrectes ? et 2) si un expert travaille en tant qu'employé, pourrait-il risquer son emploi si ses prédictions continuent d'échouer ? S'agit-il de consultants rémunérés possédant des références en matière de livres et de conférences, ou de gourous autoproclamés qui gagnent leur vie grâce à l'auto-édition ou à des conférences publiques ? Ceux qui dépendent de l'attention des médias ont tendance à faire des prédictions choquantes qui ne sont souvent pas rapportées par les médias. Deuxièmement, quel a été leur taux de réussite sur cinq ans - combien de prévisions le prévisionniste a-t-il faites et combien ont été réussies par rapport à celles qui n'étaient pas correctes - cette information ne devrait jamais passer inaperçue dans les médias, alors ne publiez pas de prévisions sans fournir d'historique. des experts.

Tony Blair l'a un jour déclaré ainsi : « Je ne fais pas de prédictions ; je ne l'ai jamais fait, je ne le ferai jamais.
Voir aussi Attentes (ch. 62) ; Erreur de planification (ch. 91); Biais d'autorité (ch. 9); Biais rétrospectif (ch. 14) ; Effet d'excès de confiance (ch. 15) ; Illusion de contrôle (ch. 17); Tapis roulant hédonique (ch. 46) et Cygnes noirs (ch. 75)

Chris a 35 ans. Il a étudié la philosophie sociale lorsqu'il était adolescent et a depuis développé un intérêt pour les pays en développement. Après avoir obtenu son diplôme, Chris a travaillé deux ans pour la Croix-Rouge en Afrique de l'Ouest avant de retourner au siège de Genève en tant que chef du département d'aide à l'Afrique pendant trois ans supplémentaires avant d'obtenir un MBA et de rédiger sa thèse sur la responsabilité sociale des entreprises. Il semble maintenant probable que A) Chris travaille pour l'une des grandes banques où il supervise également sa fondation pour le tiers monde ou B). Quel scénario semble le plus probable ?

La plupart des gens ont tendance à sélectionner l'option B, mais cette réponse est incorrecte. B dit à la fois que Chris travaille pour une grande banque et qu'une condition supplémentaire a été remplie : les employés travaillant au sein de la fondation d'une banque pour le tiers monde comprennent un petit sous-ensemble de banquiers ; l'option A serait donc plus probable. Les lauréats du prix Nobel Daniel Kahneman et Amos Tversky ont étudié de manière approfondie ce phénomène.

En tant qu'humains, nous sommes attirés par les récits qui semblent agréables ou plausibles ; les histoires sur Chris, le travailleur humanitaire, qui sont convaincantes ou convaincantes augmentent le risque de faux raisonnements. Si j'avais posé cette question différemment, vous auriez peut-être reconnu que tous ces détails supplémentaires étaient excessifs ; peut-être par exemple : « Chris a 35 ans et travaille soit dans A) une banque à New York avec un bureau au vingt-quatrième étage donnant sur Central Park, soit B) dans aucune des deux »

Encore une fois, prenons l'exemple de la fermeture de l'aéroport de Seattle et de l'annulation des vols : quel scénario est le plus probable ? Dans ce cas, A est plus probable puisque B implique qu'une condition supplémentaire a été remplie : le mauvais temps. Envisager d'autres possibilités pourrait également y mettre fin, comme des alertes à la bombe, des accidents ou des grèves ; mais il est fort probable que nous ne tenons pas compte de ces questions lorsque nous envisageons des histoires plausibles comme A ou B. Maintenant que vous comprenez mieux ce processus, faites-le avec des amis pour voir quel résultat préfère le plus !

Même les experts peuvent être victimes de l'erreur de conjonction. Lors d'une conférence internationale sur la recherche future en 1982, des experts - tous universitaires - ont été divisés en deux groupes lors d'un événement organisé par Daniel Kahneman : le groupe A a reçu sa prévision selon laquelle la consommation de pétrole diminuerait de 30 % ; le groupe B l'a entendu comme suit : « Une hausse spectaculaire des prix du pétrole entraînera une diminution de la consommation de 30 % ». Les deux groupes devaient ensuite indiquer la probabilité de chaque scénario ; il est rapidement devenu évident que le groupe B était beaucoup plus convaincu de ses prévisions que le groupe A.

Kahneman croit en deux types de pensée. Un type est intuitif, automatique et direct ; le second conscient, rationnel, lent, laborieux et logique. Malheureusement, la pensée intuitive tire des conclusions bien avant l'esprit conscient ; J'en ai personnellement fait l'expérience après les attentats du 11 septembre lorsque je recherchais des polices d'assurance voyage avec une « couverture antiterroriste » spéciale ajoutée. Même si d'autres polices couvraient tous les incidents possibles, y compris les actes terroristes (mais j'ai quand même craqué pour leur offre !). Ce qui l'a rendu encore plus ridicule, c'est ma volonté de payer plus pour ce qui semblait un module complémentaire attrayant mais inutile !

Conclusion : Ne confondez pas les cerveaux gauche et droit ; la pensée intuitive et consciente diffèrent beaucoup plus. Lorsque vous prenez des décisions importantes, gardez cette distinction à l'esprit lorsque vous faites des choix importants : inconsciemment, nous avons tendance à préférer les histoires plausibles ; recherchez les détails pratiques et les fins heureuses qui vous semblent plausibles, plutôt que ceux qui nécessitent des conditions supplémentaires. N'oubliez pas : des conditions supplémentaires réduiront plutôt qu'augmenteront la probabilité.

Voir également Négligence du taux de base (ch. 28); Biais de l'histoire (ch. 13) 42

Tenez compte de ces deux déclarations lors du cadrage :

"Hé, la poubelle déborde !"

"Ce serait vraiment merveilleux si tu pouvais vider les poubelles, chérie."

La tonalité fait la musique : ce qui compte, c'est la manière dont un message est communiqué ; Les messages communiqués différemment seront également reçus différemment par leurs destinataires – cette technique est connue sous le nom de cadrage dans le langage psychologique.

Kahneman et Tversky ont mené une expérience dans les années 1980 dans laquelle ils ont présenté deux options pour une stratégie de contrôle de l'épidémie ; leurs participants ont été informés que 600 vies étaient en jeu, l'option A ou l'option B sauvant 200 d'entre elles. L'option B n'offrait que 33 % de chances que les 600 individus survivent et 66 % de chances que personne ne s'en sorte vivant, avec 200 survivants attendus dans les deux scénarios ; la plupart des personnes interrogées ont choisi l'option A plutôt que B en raison de ses plus grandes chances de survie - croyant en la sagesse selon laquelle il vaut mieux avoir quelque chose de tangible que de le perdre plus tard. Recadrer les mêmes options est devenu extrêmement fascinant : « L'option A tue 400 personnes », tandis que « l'option B offre 33 % de chances que personne ne meure et 66 % de chances que les 600 personnes meurent ». À ce stade, seule une minorité a choisi A et la plupart ont choisi B ; les chercheurs ont noté un revirement remarquable parmi presque tous les participants ; selon que la formulation (survivre ou mourir) changeait complètement la prise de décision.

Un exemple : les chercheurs ont présenté à un groupe de personnes deux types de viande étiquetés comme étant à 99 % sans matières grasses et à 1 % de matières grasses, puis leur ont demandé laquelle était la plus saine. Pouvez-vous deviner lequel ils ont choisi ? Vous avez bien deviné : les personnes interrogées ont choisi la première option malgré sa teneur plus élevée en matières grasses !

Le glossage est une forme de cadrage de plus en plus populaire. Selon ses règles, une baisse du cours de l'action fait l'objet d'une correction tandis qu'un prix d'acquisition trop payé devient un « goodwill ».
Chaque cours de gestion transforme comme par magie les problèmes en opportunités ou en défis ; être licencié devient une opportunité de « réévaluer ma carrière » ou s'occuper des soldats tombés au combat est considéré comme une opportunité de créer des opportunités ou de relever des défis.

La mort sur le champ de bataille devient l'équivalent du statut de héros de guerre ; quelle qu'en soit la cause ou la manière. Le génocide devient un « nettoyage ethnique », tandis que les atterrissages d'urgence, par exemple sur le fleuve Hudson, sont célébrés comme des triomphes de l'aviation (même si un atterrissage classique compterait certainement encore plus comme de tels triomphes !). Un atterrissage d'urgence réussi, par exemple sur le fleuve Hudson, est largement célébré comme un tel exploit (une piste d'aéroport ne devrait-elle pas constituer un triomphe encore plus grand de l'aviation ?)

Avez-vous déjà examiné de plus près les prospectus et brochures des ETF (exchange-traded funds) ? Habituellement, la brochure illustre les statistiques de performance récentes avec juste assez de détails historiques pour créer une courbe ascendante attrayante, connue sous le nom de cadrage. Un simple morceau de pain peut servir d'autre bon exemple : selon sa représentation comme corps symbolique ou réel du Christ, il peut créer des discordes au sein de la religion, comme on l'a vu au cours de la période de Réforme du XVIe siècle.

Le cadrage peut également être utilisé efficacement dans le commerce. Prenez les vendeurs de voitures d'occasion : leur message amène les consommateurs à se concentrer uniquement sur certains facteurs lorsqu'ils envisagent de les acheter, que ce soit à travers des messages délivrés par les vendeurs, des panneaux vantant des caractéristiques spécifiques ou leurs propres critères. Par exemple, lorsque l'on considère les voitures d'occasion avec un faible kilométrage et de bons pneus comme arguments de vente - souvent sans tenir compte de l'état du moteur, de l'état des freins, de l'état de l'intérieur, etc. - et que l'on se concentre davantage sur le kilométrage/les pneus que sur tout autre aspect. Malheureusement, il peut être difficile de prendre en compte tous les avantages et inconvénients possibles lors de la prise de décisions d'achat ; Si d'autres cadres avaient été utilisés lors de la vente de la voiture, nous aurions pu faire des choix différents des nôtres.

Les auteurs sont des encadreurs magistraux. Un roman policier deviendrait rapidement fastidieux si toutes ses pages montraient simplement chaque meurtre tel qu'il s'est produit - "poignard par poignard". Même si nous découvrons progressivement les mobiles et les armes du crime, le cadrage ajoute du drame et du suspense à l'histoire.

Conclusion : Soyez conscient que toute communication contient un certain degré de cadrage ; chaque fait, qu'il soit fourni par des amis de confiance ou publié dans des journaux crédibles, peut également être affecté par des effets de cadrage - même le contenu de ce chapitre !

Voir également Effet de contraste (ch. 10) ; Aversion au contraste (ch. 21) ; Peur du regret (ch. 82); Aversion aux pertes (ch. 32); Réciprocité (ch. 6) ; L'effet ancre (ch. 30) et l'effet dormeur (ch. 70).

REGARDER ET ATTENDRE EST DOULOUREUX

Dans les situations de pénalité de football, il faut moins de 0,3 seconde au ballon pour se déplacer de son botteur d'origine au gardien de but ; limitant ainsi son temps pour observer sa trajectoire avant de prendre sa décision sur le moment où il doit être à nouveau expulsé. Les footballeurs qui tirent des tirs au but ont tendance à viser un tiers du temps au milieu, un tiers de chaque côté et un tiers décentré de leurs buts, ce qui n'est pas passé inaperçu auprès des gardiens qui plongent soit à gauche, soit à droite selon les situations. d'où les joueurs tirent. Il est rare que les joueurs restent debout au centre, même si environ un tiers de toutes les balles y atterrissent. Pourquoi risqueraient-ils d'éviter des pénalités en ne se présentant pas ? Tout simplement parce que cela améliore la télévision ; l'apparence joue un rôle important. Plonger d'un côté plutôt que de geler sur place peut paraître plus impressionnant et moins embarrassant ; c'est ce qu'on appelle le biais d'action : paraître actif même si rien de concret n'en résulte.

Cette recherche provient du chercheur israélien Michael Bar-Eli, qui a mené des tests approfondis sur les tirs au but. Les gardiens de but ne sont pas les seuls à être sensibles au biais d'action - imaginez si un groupe de jeunes sortait d'une boîte de nuit et commençait à se crier et à se faire des gestes avant de devenir controversé et de se laisser entraîner dans des disputes entre eux. La situation étant au bord d'une violence à grande échelle, les jeunes et les hauts responsables de la police restent en attente, surveillant à distance jusqu'à ce que des victimes apparaissent et intervenant si nécessaire. Si cette situation était laissée entre les mains de jeunes policiers inexpérimentés, elle pourrait rapidement devenir violente ; Les jeunes officiers enthousiastes qui succombent à un parti pris d'action peuvent réagir immédiatement et se précipiter tête première, entraînant souvent des pertes. Selon les résultats de la recherche, une intervention ultérieure facilitée par des officiers supérieurs peut entraîner une réduction du nombre de victimes.

Le biais d'action est amplifié lorsqu'on est confronté à quelque chose d'inconnu ou de peu clair. Au début, de nombreux investisseurs se comportent comme de jeunes policiers trop enthousiastes à l'extérieur d'une boîte de nuit : leur inexpérience les empêche d'évaluer le marché boursier et compensent donc par l'hyperactivité ; malheureusement, cela fait perdre un temps précieux ; Charlie Munger a résumé cette approche en disant : « Nous avons besoin de discipline pour éviter de faire quoi que ce soit simplement parce que l'inactivité devient insupportable. »

Le biais d'action existe même dans les cercles très instruits. Lorsqu'une maladie frappe un patient, même les médecins diplômés réagissent souvent négativement et tardent à rechercher des traitements médicaux appropriés.

Dès qu'une maladie ne peut pas être correctement diagnostiquée et que les médecins doivent choisir entre intervenir (c'est-à-dire prescrire quelque chose) ou attendre et voir, leurs décisions d'intervenir tendent à prendre des mesures immédiates plutôt que de rester assis et d'attendre que quelque chose de définitif se produise. De telles décisions ne reflètent pas un profit mais plutôt une tendance humaine à agir plutôt que de rester en sommeil face à l'incertitude.

Alors, qu'est-ce qui motive cette tendance ? Dans notre ancien environnement de chasseurs-cueilleurs (qui nous convenait parfaitement), l'action l'emportait sur la réflexion. Des réactions ultra-rapides étaient essentielles à la survie ; la délibération pourrait s'avérer fatale. Lorsque nos ancêtres ont vu quelque chose à la lisière de la forêt qui ressemblait à des silhouettes de tigre à dents de sabre, ils ont rapidement agi ; plutôt que de se demander si quelque chose aurait pu être là, ils se sont simplement mis en sécurité, s'enfuyant rapidement plutôt que de s'attarder trop longtemps sur les menaces potentielles - contrairement à nous aujourd'hui où notre instinct peut nous dire le contraire.

Bien que notre société reconnaisse de plus en plus la valeur de la contemplation, l'inaction pure et simple reste un péché capital. Si vous prenez la bonne décision en attendant, aucune médaille ou statue portant votre nom ne vous attend ; au contraire, faire preuve d'esprit de décision et de rapidité de jugement lorsque la situation s'améliore peut lui valoir les éloges des employeurs, des hommes d'État ou même des maires ; Les actions irréfléchies ont tendance à gagner plus souvent dans la société dans son ensemble que les stratégies prudentes d'attentisme.

Conclusion : face à des circonstances nouvelles ou incertaines, notre instinct peut être de faire quelque chose, n'importe quoi - quelles qu'en soient les conséquences - juste pour ne pas nous sentir impuissants ou bouleversés. Malheureusement, cette tendance se retourne souvent contre nous en nous conduisant sur des chemins qui aggravent les choses plutôt que de les améliorer. Bien qu'attendre ne fasse pas la une des journaux en soi, si une situation reste floue, il peut être plus sage de rester les bras croisés jusqu'à ce qu'une évaluation plus claire de vos options puisse être effectuée ; selon Blaise Pascal, « tous les problèmes humains proviennent du fait que l'homme est incapable de s'asseoir tranquillement seul dans une pièce » dans son bureau à la maison.

Voir également Biais d'Omission (ch. 44) ; Réflexion excessive (ch. 90); Procrastination (ch. 85); Cela empirera avant de s'améliorer. Erreur (ch. 12) ; et une incapacité à fermer les portes (Ch 68) comme facteurs possibles de problèmes de communication mal gérés.

Biais d'omission

Imaginez-vous sur un glacier avec deux grimpeurs. L'un glisse et tombe dans une crevasse ; appeler à l'aide l'a peut-être sauvé, mais vous ne le faites pas - au lieu de cela, vous les poussez tous les deux dans des ravins où ils meurent tous les deux rapidement après - laquelle de la mort pèse le plus sur votre conscience ?

Une considération rationnelle révèle que les deux options sont tout aussi répugnantes, conduisant à la mort de vos compagnons. Pourtant, quelque chose nous fait évaluer plus favorablement l'option passive ; ce phénomène est connu sous le nom de biais d'omission et se produit lorsque les actions et l'inaction conduisent à des conséquences fatales ; nous avons tendance à préférer l'inaction parce que ses résultats semblent moins inquiétants.

Imaginez que vous êtes à la tête de la Federal Drug Administration et que vous devez décider d'approuver ou non un médicament pour les patients en phase terminale avec des effets secondaires potentiellement mortels - ces pilules ont tué 20 % immédiatement tout en sauvant 80 % de vies supplémentaires sur une courte période. . Quelle serait votre décision ?

La plupart seraient susceptibles de refuser l'approbation ; pour eux, passer par un médicament qui tue un patient sur cinq semble bien pire que de ne pas réussir à administrer son traitement aux 80 % restants. De telles décisions illustrent parfaitement le biais d'omission. Imaginez prendre conscience d'un tel parti pris mais choisir quand même d'approuver au nom de la raison et de la décence, car lorsqu'un de vos patients décède, un scandale s'ensuit et vous vous retrouvez sans travail ! En tant que fonctionnaires ou hommes politiques, il serait plus sage – voire essentiel – pour eux de prendre au sérieux cette forme omniprésente de préjugés, voire de l'encourager davantage !

La jurisprudence montre la profondeur d'une telle « distorsion morale ». L'euthanasie, même si elle est souhaitée par les mourants, est illégale tandis que le refus délibéré de mesures de sauvetage (par exemple suite aux ordres du DNR - Ne pas réanimer) reste légal.

Un tel raisonnement explique pourquoi tant de parents croient qu'il est tout à fait acceptable de ne pas vacciner leurs enfants, même s'il a été prouvé que la vaccination réduit considérablement les risques associés à la transmission de maladies.
Bien que la vaccination comporte un très faible risque d'effets secondaires indésirables, la vaccination dans son ensemble est logique ; non seulement pour le bien des individus, mais aussi pour celui de la société dans son ensemble : les individus immunisés ne peuvent pas infecter d'autres personnes avec leur maladie et, à leur tour, la propager davantage. Bien sûr,

si des enfants non vaccinés contractaient une maladie, ils pourraient accuser leurs parents de leur avoir fait du mal en refusant la vaccination – mais cela semblerait moins grave que s'ils infectaient eux-mêmes intentionnellement leurs enfants !

Le biais d'omission est à l'origine des illusions : nous préférons attendre que d'autres le fassent plutôt que de prendre nous-mêmes des mesures pour agir en conséquence. Les investisseurs et les journalistes économiques sont plus indulgents envers les entreprises qui ne produisent pas de nouveaux produits qu'à l'égard de celles qui produisent des produits de qualité inférieure, même si les deux voies mènent à la ruine. S'asseoir passivement sur des actions misérables est plus agréable que d'en acheter activement de mauvaises ; il semble préférable de ne pas installer de filtres d'émission dans les centrales à charbon plutôt que de prendre des mesures telles que le retrait d'un tel filtre pour des raisons de coût ; ne pas isoler les maisons semble préférable à brûler tout ce carburant supplémentaire ; ne pas déclarer l'impôt sur le revenu est moins fâcheux que produire de faux documents fiscaux, même si les deux voies entraînent des pertes pour l'État dans un sens ou dans l'autre.

Nous avons exploré le biais d'action au chapitre 7. Cependant, est-ce l'opposé du biais d'omission ? Pas exactement; le biais d'action nous amène à compenser le manque de clarté par une hyperactivité futile lorsque les choses semblent floues ou contradictoires ; tandis que le biais d'omission se manifeste souvent là où l'information est facilement discernable : une idée peut révéler un malheur futur que nous pourrions éviter par une action directe, mais cette idée ne génère pas autant de motivation en nous pour prendre position contre elle.

Le biais d'omission peut être difficile à repérer ; l'action est généralement plus visible que l'inaction. Les mouvements étudiants des années 1960 ont inventé un slogan efficace pour s'y opposer : « Si vous ne faites pas partie de la solution, alors vous faites partie du problème ».

Notes sur l'erreur volontaire (Ch. 65); Biais d'action (Ch. 43); Procrastination (Ch 85).

NE ME BLÂME PAS

Biais égoïste

Lisez-vous régulièrement les rapports annuels, en accordant une attention particulière aux propos du PDG ? Si ce n'est pas le cas, c'est dommage, car on y trouve de nombreux exemples d'une erreur qui entre trop souvent en jeu : le biais égoïste. Chaque fois que l'entreprise connaît du succès, le PDG prend le temps de mettre en valeur tous ses efforts, tels que la prise de décisions intelligentes, un travail acharné et la culture d'une culture d'entreprise innovante. Si une entreprise a connu une année malheureuse, nous lisons divers facteurs qui ont contribué à son déclin : fluctuations des taux de change, interventions gouvernementales, pratiques commerciales chinoises qui violent les normes occidentales de propriété intellectuelle, tarifs douaniers cachés qui réduisent la confiance des consommateurs, etc. notre esprit attribue le succès et les échecs à l'extérieur plutôt qu'à l'intérieur – c'est un préjugé égoïste au travail !

Même si vous n'avez jamais entendu ce terme, le lycée a enseigné à de nombreux élèves le sens des préjugés égoïstes. S'ils obtenaient un A, leur réussite se reflétait uniquement sur eux, tandis qu'un échec signifiait que des procédures de test injustes étaient utilisées par les administrateurs et les éducateurs.

Mais les notes ne semblent plus avoir d'importance : peut-être que la bourse a pris leur place. Lorsque votre portefeuille réalise des bénéfices, vous vous applaudissez ; lorsqu'il fonctionne mal, la faute est directement imputée au « marché » (quoi que cela implique) ou peut-être à ce conseiller en investissement ennuyeux. Je suis moi-même un adepte des préjugés égoïstes : lorsque mon nouveau roman atteint le statut de best-seller, je le célèbre comme mon meilleur livre à ce jour ; si cela échoue au milieu des nouvelles versions, cela doit signifier que les lecteurs ne le reconnaissent tout simplement pas ou que les critiques sont jaloux et ont quelque chose contre moi qui ne reconnaît pas la bonne littérature dans mes livres !

Les chercheurs ont effectué un test de personnalité et attribué au hasard aux participants des scores élevés ou faibles ; ceux qui ont reçu des notes élevées l'ont trouvé minutieux et juste ; ceux qui recevaient de mauvaises notes le trouvaient complètement inutile. Pourquoi attribuons-nous le succès à nous-mêmes et l'échec ailleurs ? Il existe différentes théories, avec peut-être une explication simple : ça fait du bien ! De plus, l'évolution aurait probablement résolu ce problème beaucoup plus tôt.
En cent mille ans, les préjugés égoïstes ont été éradiqués à mesure que la société humaine progressait, mais dans notre monde moderne, caractérisé par de nombreux risques cachés, ils pourraient réapparaître et conduire rapidement à une catastrophe. Richard Fuld, souvent qualifié de « maître de l'univers » autoproclamé, pourrait très bien souscrire à ce point de vue

; après avoir été PDG de Lehman Brothers jusqu'à son dépôt de bilan en 2008, il pourrait bien encore revendiquer ce titre tout en accusant l'action du gouvernement d'en être la cause.

Les étudiants qui passent les tests SAT obtiennent généralement entre 200 et 800 points. Lorsqu'on leur demande un an plus tard d'actualiser leurs scores, beaucoup ont tendance à les augmenter d'environ 50 points - sans jamais mentir ni exagérer les chiffres, simplement les « améliorer » jusqu'à ce qu'ils croient eux-mêmes au nouveau chiffre.

Mon immeuble abrite un appartement partagé par cinq étudiants, que je croise fréquemment dans l'ascenseur. L'un d'eux a déclaré qu'il sortait ses poubelles une fois sur deux ou sur trois ; un autre : une fois sur trois ou quatre ; tandis que Roommate #3 prétendait le faire environ 90 % du temps ! Leurs réponses auraient dû totaliser 100 %, mais au lieu de cela, elles ont totalisé un impressionnant 320 % ! Chaque garçon a surestimé son rôle – ce que tous les humains ont tendance à faire. Des études ont également démontré ce phénomène parmi les couples mariés où chacun suppose qu'ils contribuent à plus de 50 % à la santé du mariage.

Alors, comment pouvons-nous surmonter les préjugés égoïstes ? Avez-vous des amis qui disent la vérité sans réserve ? Si tel est votre cas, estimez-vous chanceux. Sinon, invitez au moins un ennemi à prendre un café et demandez-lui son avis honnête sur vos forces et vos faiblesses ; vous serez toujours reconnaissant de l'avoir fait !

Voir également Biais rétrospectif (ch. 14) ; Effet d'excès de confiance (ch. 15) ; Syndrome non inventé ici (ch. 74); Biais de survie (ch. 1), Chance du débutant (ch 49) Dissonance cognitive (Ch 50) ; Effet Forer (Ch 64); Introspection Ilusion (Ch 67) et Cherry-Picking (Ch 96) pour se familiariser.

REGARDEZ CE QUE VOUS SOUHAITEZ !

Imaginez un jour que le téléphone sonne et qu'une voix enthousiaste vous annonce que vous avez gagné un jackpot de loterie de 10 millions de dollars ! Qu'est-ce que cela vous ferait ressentir et pendant combien de temps cela durerait-il ? Ou un autre scénario peut se produire : quelqu'un vous appelle pour vous informer de la perte d'un meilleur ami ; encore une fois, comment réagiriez-vous et combien de temps dureraient les effets ?

Au chapitre 40, nous avons examiné la faible précision des prédictions dans divers domaines tels que la politique, l'économie et les événements sociaux. Nous sommes arrivés à la conclusion que les experts autoproclamés ne sont pas meilleurs que les générateurs de prévisions aléatoires pour fournir des prévisions précises. Passons maintenant à un autre domaine : avec quelle précision pouvons-nous prédire nos sentiments ? Sommes-nous experts sur nous-mêmes ? Gagner à la loterie nous rendrait-il plus heureux pour les années à venir ? Le psychologue de Harvard, Dan Gilbert, suggère le contraire ; ses études sur les gagnants de loterie indiquent que tout effet positif s'est rapidement dissipé en quelques mois, laissant les gens aussi satisfaits ou mécontents qu'avant après avoir reçu leur chèque - ce phénomène qu'il appelle « prévision affective » ; notre incapacité à prédire correctement nos propres émotions.

Un cadre bancaire a décidé de se construire une nouvelle maison en dehors de la ville avec ses revenus suffisants, rêvant de créer une villa comprenant dix chambres, une piscine et une vue imprenable sur le lac et les montagnes. Son projet est devenu réalité. Quelques semaines après son achat, il rayonnait d'enthousiasme. Malheureusement, cet enthousiasme s'est vite évanoui et six mois plus tard, il était plus malheureux que jamais. Pourquoi est-ce arrivé ? Eh bien, les recherches nous montrent que le bonheur se dissipe rapidement après seulement quelques mois, laissant la villa ne représentant plus ses rêves ; rentrer chaque jour à la maison face à une réalité importune : ouvrir sa porte et ne pas savoir où elle le mène... Pauvre gars : ses sentiments envers la villa étaient indifférents comparés à ce qu'ils ressentaient à propos de son appartement d'étudiant d'une pièce. De plus, ils étaient désormais confrontés à deux trajets d'une heure par jour ! Des études révèlent que conduire peut être une immense source de mécontentement et de stress, et que la plupart des gens ne s'habituent jamais à cette expérience. Par conséquent, ceux qui n'ont pas d'affinité naturelle pour les déplacements domicile-travail subiront probablement deux longs trajets chaque jour (au minimum). Par conséquent, la villa de rêve de mon amie a eu un effet globalement négatif sur son bonheur.

Beaucoup d'autres ne s'en sortent pas mieux : les individus qui modifient ou progressent dans leur carrière subissent souvent un sort similaire.
Les scientifiques appellent ce phénomène le tapis roulant hédonique : nous travaillons dur, progressons financièrement et gagnons plus de richesse – mais rien de tout cela ne nous rend plus heureux.

Alors, quel impact des événements négatifs tels que des blessures à la moelle épinière et la perte d'amis ont-ils sur nous ? En règle générale, nous surestimons leur durée et leur intensité - par exemple, lorsque les relations prennent fin, il peut sembler que la vie ne sera plus jamais la même, mais au bout de trois mois environ, ils ont recommencé à sortir ensemble et à retrouver le bonheur.

Ne serait-il pas merveilleux si nous savions exactement à quel point une nouvelle voiture, une nouvelle carrière ou une nouvelle relation nous rendrait heureux ? Heureusement, c'est quelque chose que nous pouvons mesurer en partie. Suivez ces directives scientifiquement fondées comme guides pour prendre des décisions meilleures et plus judicieuses : 1) Évitez les choses négatives auxquelles vous ne pouvez pas vous adapter au fil du temps, comme les déplacements domicile-travail, la pollution sonore ou le stress chronique. 2) Ne comptez pas trop sur les biens matériels tels que les voitures, les maisons, les gains de loterie, les bonus ou les prix comme sources de bonheur à long terme. 3) Rechercher autant de liberté et d'autonomie que possible, car des changements positifs durables découlent souvent de la prise d'actions positives de sa propre initiative. Poursuivez vos passions quitte à renoncer à certains revenus ; investir dans les amitiés ; la plupart des gens trouvent un bonheur durable grâce au statut professionnel, à condition qu'il ne change pas d'un coup de groupe de pairs. En d'autres termes, si vous accèdez au poste de PDG en ne fraternisant qu'avec d'autres cadres, l'effet diminue rapidement.

Illusion de prévision (Ch. 40); La néomanie (Ch. 69) et l'Envie (Ch. 86) doivent toutes être considérées comme des signes de danger et ne doivent pas être traitées à la légère.

Alors que je voyageais de Philadelphie à New York, je me suis retrouvé coincé dans un embouteillage. "Pourquoi faut-il toujours que ce soit moi ?", me suis-je lamenté, tout en regardant les conducteurs en direction du sud qui passaient à une vitesse impressionnante de mon côté opposé. Alors que je passais une heure à avancer à pas de tortue avec des arrêts fréquents pour freiner et accélérer, mon esprit vagabondait. Étais-je vraiment malchanceux dans la vie ou était-ce simplement ma perception ? Avec les files d'attente des banques, des bureaux de poste et des épiceries qui semblent me repérer plus souvent que les autres ou s'agissait-il simplement de perceptions ?

Imaginez que sur cette autoroute, un embouteillage se forme 10 % du temps ; mes chances de rester coincé ne sont pas plus grandes que sa probabilité, mais ma probabilité de rester coincé à un moment donné de mon voyage dépasse ce chiffre en raison de ma limitation dans mon mouvement vers l'avant dans de telles situations ; de plus, une fois que l'on se lève et que je reste coincé, cela devient beaucoup plus visible pour moi que s'il était resté en mouvement à son rythme normal.

Une logique similaire s'applique aux guichets bancaires ou aux feux tricolores : sur un trajet moyen entre A et B avec 10 feux tricolores, un sera toujours rouge tandis que les autres seront verts ; cependant, vous pourriez passer plus de 10 % de votre temps de trajet à attendre aux feux rouges - même si cela peut sembler inapproprié ; imaginez voyager à une vitesse proche de la lumière : vous passeriez probablement 99,99 % (et non 10 %) de votre temps à attendre et à maudire les feux rouges !

Dès qu'on se plaint de la malchance, il convient de se méfier des biais d'autosélection. Lorsque mes amis masculins se plaignent du manque de femmes dans leurs entreprises et que mes amies se plaignent du manque d'hommes, cela n'a rien à voir avec la malchance - ces râleurs font partie d'un échantillon qui montre la probabilité que la plupart des travailleurs masculins travaillent dans des secteurs dominés par principalement des hommes (ou vice versa pour les travailleuses). De plus, vivre dans des pays comme la Chine ou la Russie avec une forte proportion d'hommes ou de femmes signifie que vous pourriez faire partie de ce groupe plus large et vous sentir maltraité. Lorsque le vote a lieu pendant les élections, ce phénomène devient plus apparent ;
Au moment du vote, il est fort probable que votre vote corresponde au vote majoritaire de la majorité gagnante.

Les spécialistes du marketing sont souvent la proie de biais d'autosélection. Les spécialistes du marketing peuvent y tomber grâce à des enquêtes marketing qui tentent d'évaluer la valeur client de leur newsletter, mais qui n'atteignent que les abonnés actuels qui sont pleinement satisfaits, ont le temps et n'ont pas annulé. Ces sondages s'avèrent donc inefficaces.

Les remarques plutôt attristantes faites récemment par mon ami ont abordé un biais commun d'auto-sélection ; seuls les êtres vivants peuvent faire de telles observations ; les non-entités ne réfléchissent souvent pas beaucoup à leur inexistence. Pourtant, cette même illusion constitue la base de nombreux ouvrages philosophiques qui s'émerveillent année après année de l'évolution du langage ; Je sympathise avec leur étonnement mais je trouve leur étonnement injustifiable ; le langage n'existerait tout simplement pas sans que nous vénérions son miracle ; sa merveille ne devient tangible qu'en étant exposée à son environnement - son miracle ne devient tangible que par son existence dans son environnement - comme son miracle de création ou de destruction par l'esprit humain !

Cette récente enquête téléphonique est amusante : une entreprise l'a menée pour déterminer, en moyenne, combien de téléphones (fixes et portables) possédaient chaque ménage. Ils furent stupéfaits de constater qu'aucun foyer ne prétendait n'en avoir aucun ! Vraiment une réalisation étonnante.

Voir également Chemins alternatifs (ch. 39) ; Effet positif sur les fonctionnalités (ch. 95); Illusion du corps du nageur (ch. 2) pour une discussion plus approfondie.

Biais d'association

Kevin a fait trois présentations des résultats de sa division au conseil d'administration de l'entreprise et à chaque fois, tout s'est parfaitement déroulé - et Kevin pense que ce boxer vert à pois est son caleçon porte-bonheur !

Kevin n'a pas pu résister à l'envie d'acheter la superbe bague de fiançailles qu'elle lui a montrée ; même si, à 10 000 $, c'était bien au-dessus de son budget pour un second mariage, quelque chose chez cette femme la rendait irrésistible ; peut-être qu'associer ce bel objet à quelqu'un donnerait l'espoir aux futures mariées qu'elle pourrait aussi être d'une beauté à couper le souffle ?

Chaque année, Kevin rend visite à son médecin pour un contrôle et on lui dit généralement qu'à 44 ans, sa santé est bonne. Deux fois cependant, il est reparti avec des nouvelles alarmantes : une fois pour son appendice (qui a été rapidement retiré) ; et un autre pour une prostate initialement enflée qui, après une inspection plus approfondie, s'est avérée être une simple inflammation plutôt qu'un cancer - les deux fois, Kevin est parti inquiet et les deux jours ont été extraordinairement chauds ; depuis lors, chaque fois que la température commence à monter autour d'un de ses rendez-vous de contrôle, il l'annule immédiatement !

Nos cerveaux sont des machines à connexion. Par exemple, lorsque nous consommons un fruit inconnu et que nous éprouvons ensuite des nausées, notre esprit crée des connaissances. Cependant, cette méthode crée également de fausses connaissances. Le scientifique russe Ivan Pavlov a été le premier à étudier ce phénomène en utilisant des cloches pour mesurer la salivation chez les chiens ; plus tard cependant, le son seul provoquerait la salivation ; créer des liens entre deux fonctions apparemment sans rapport, comme la sonnerie des cloches et la production de salive dans le cerveau des animaux - par exemple, le son suffit à lui seul à provoquer la salivation.

La méthode de Pavlov s'applique également aux humains. La publicité crée des liens entre les produits et les émotions, comme Coca-Cola. En conséquence, les publicités montrent des gens de Coca-Cola au visage heureux qui apparaissent ensemble - par opposition aux visages renfrognés ou aux corps ridés que vous pourriez voir ailleurs dans la vraie vie. Les gens qui prennent du Coca-Cola apparaissent en grands groupes par rapport à la vie réelle.

Les fausses associations sont causées par des biais d'association, qui compromettent également la qualité de notre prise de décision. Nous pouvons associer automatiquement les porteurs de mauvaises nouvelles à son contenu (connu sous le nom de syndrome du messager). Certains PDG et investisseurs peuvent, consciemment ou inconsciemment, éviter d'entendre des nouvelles négatives, ce qui conduit à une image inexacte de la réalité. Pour éviter de devenir la proie de fausses connexions et de fausses pistes lorsque vous dirigez des groupes de personnes, demandez aux membres de votre personnel de ne donner que de mauvaises nouvelles le plus rapidement possible afin de contrecarrer le syndrome du messager - ayez confiance que suffisamment de nouvelles positives seront venez toujours vers vous ! Surmonter les fausses connexions en surcompensant le syndrome du messager en surcompensant avec des messages positifs - en surcompensant en surcompensant avec de bonnes nouvelles !

Avant l'existence du courrier électronique et du télémarketing, les vendeurs itinérants utilisaient des méthodes de vente en porte à porte. Un jour, George Foster tomba sur une maison vacante où une fuite invisible la remplissait de gaz depuis des semaines. À son insu, la cloche endommagée provoqua une étincelle lorsque George appuya dessus, ce qui déclencha une explosion qui envoya George directement à l'hôpital, bien que finalement il a récupéré rapidement. Malheureusement, sa peur des sonnettes de porte persistait si fortement que même des années plus tard, il ne pouvait pas retourner au travail ; il faisait de gros efforts car il ne pouvait que créer un autre attachement émotionnel qui ne pouvait pas s'inverser même s'il savait que cela n'était pas probable.

Mark Twain a magnifiquement résumé ce message important à retenir : « Nous devrions tirer de chaque expérience uniquement les leçons qu'elle contient ; de peur que nous ne devenions comme le chat qui s'assoit sur un couvercle de poêle chaud et se brûle - et ne s'assoit plus jamais sur un couvercle chaud ou froid.

Méfiez-vous quand les choses commencent bien ; prenez note du biais de contagion (ch. 54) ; Fausse causalité (ch. 37) ; Chance du débutant (ch 49) ainsi que biais de disponibilité et heuristique d'affect. (Voir le chapitre 54 pour des lectures plus approfondies sur ces sujets).

ATTENTION QUAND LES CHOSES COMMENCENT À ALLER RAPIDEMENT

La chance des débutants

Nous avons récemment exploré les biais d'association, ou notre tendance à voir des liens là où il n'en existe pas. Par exemple, malgré tout le succès de Kevin lors de grandes présentations alors qu'il portait des sous-vêtements verts à pois, ils ne peuvent pas lui garantir le succès à chaque fois.

Nous arrivons maintenant à l'une des formes les plus délicates de biais d'association : la création d'un lien artificiel avec le passé. Les joueurs de casino connaissent bien cette tactique : ils appellent cela la chance du débutant. Les nouveaux venus dans un jeu qui perdent lors de leurs premiers tours se couchent souvent sagement, tandis que celui qui a de la chance a tendance à continuer. Cependant, lorsque les débutants ont de la chance, leur confiance peut les amener à augmenter encore plus leurs mises – pour ensuite découvrir plus tard que les probabilités sont revenues à des niveaux moyens peu de temps après !

La chance du débutant joue un rôle essentiel dans la réussite économique. Imaginez une société A, qui acquiert successivement des sociétés plus petites B, C et D sans incident et réalise chaque acquisition avec succès - renforçant sa confiance car chaque fusion s'avère trop difficile à gérer et les synergies estimées impossibles à réaliser malgré les preuves objectives allant dans cette direction lors des acquisitions précédentes - seulement pour que la chance du débutant les aveugle de cette réalité.

Des tendances similaires se sont produites en bourse. Attirés par son succès initial, de nombreux investisseurs ont investi leurs économies et même leurs prêts dans des actions Internet à la fin des années 90, ignorant que leurs bénéfices remarquables à cette époque n'étaient pas dus à des capacités de sélection de titres fondées sur la connaissance, mais simplement à une tendance haussière du marché. ; même ceux qui n'ont aucune connaissance préalable en matière d'investissement ont souvent remporté des gains massifs lorsque les choses ont finalement tourné à la baisse. Cependant, lorsque cet élan s'est finalement estompé, beaucoup se sont retrouvés confrontés à des montagnes de dettes Internet.

Comme on l'a vu lors du récent boom immobilier aux États-Unis, de nombreuses personnes sont tombées dans ce piège : dentistes, avocats, enseignants et chauffeurs de taxi ont abandonné leur carrière pour « retourner » des maisons dans un but lucratif - en les achetant à des prix défiant toute concurrence, puis en les revendant immédiatement à un prix plus élevé. prix - les conduisant sur un chemin enivrant vers de gros profits mais en réalité avec peu de rapport avec la vie réelle ou leur carrière.

Le boom immobilier a permis même aux courtiers amateurs de prospérer ; Les investisseurs se sont endettés énormément en achetant des demeures toujours plus grandes et, lorsque la bulle a fini par éclater, il ne leur restait plus que des propriétés invendables comme actifs.

L'histoire nous fournit de nombreuses preuves de la chance des novices : ni Napoléon ni Hitler ne se seraient lancés dans des campagnes contre la Russie sans des victoires antérieures dans des batailles plus modestes pour les soutenir.

Mais comment distinguer la chance du débutant du vrai talent ? Bien qu'il n'existe pas de règle établie pour vous aider à prendre cette décision, deux conseils peuvent s'avérer efficaces : premièrement, si votre performance surpasse constamment celle des autres sur une période prolongée, le talent joue probablement un rôle. Deuxièmement, lorsqu'il y a plus de concurrents en compétition pour votre entreprise, les chances augmentent que quelqu'un réussisse et prenne le leadership du marché pendant plusieurs années – peut-être vous ! Lorsque cela se produit parmi dix concurrents, soyez fier de vous considérer comme leader du marché ! Cependant, figurer parmi les meilleurs acteurs (sur les marchés financiers) peut être considéré comme une preuve de talent ; mais si vous vous retrouvez en tête parmi 10 millions de joueurs au cours d'une année donnée - ce qui pourrait arriver assez facilement avec toutes sortes de joueurs participants - ne commencez pas tout de suite à imaginer un empire comme Buffett ; il y a de fortes chances que vous ayez simplement eu de la chance !

Observez et attendez avant de tirer des conclusions définitives. La chance du débutant peut être dévastatrice ; pour me protéger contre les idées fausses et réfuter les théories comme le ferait un scientifique efficace, j'ai envoyé mon roman Trente-cinq à un éditeur où il a été immédiatement accepté ; pendant un moment, cela a semblé être un succès génial (les chances que cet éditeur l'accepte étaient de 1/15 000. Pour tester davantage ma théorie, j'ai ensuite envoyé des exemplaires à 10 grands éditeurs supplémentaires... et j'ai reçu 10 lettres de refus ramenant mon idée redescendre rapidement sur terre.

Voir également : Biais de survie (ch. 1) ; Biais égoïste (ch. 45) ; Biais d'association (chapitre 48) ; Fausse causalité (ch. 37) ; Illusion de compétence (ch. 94)

DE DOUX PETITS MENSONGES

DISSONANCE COGNITIVE

Un renard se glissa lentement jusqu'à une vigne et contempla avec envie ses abondants raisins violets. Il a placé ses pattes avant contre son tronc, a tendu le cou et a essayé de les atteindre mais elles étaient trop hautes. Irrité, il fit une autre tentative – sa mâchoire se brisa seulement à cause de l'air. Finalement, il sauta de toutes ses forces pour retomber sur terre avec un bruit sourd ; pas même une feuille n'avait bougé. La tête haute, il retourna dans la forêt – du moins c'est ce que pensait le renard.

Ésope, le poète grec, a créé cette fable pour mettre en évidence l'une des erreurs de logique les plus répandues. Une divergence s'est produite lorsque le renard a décidé de faire quelque chose mais a échoué, créant une incohérence qui ne peut être résolue que de trois manières : A) mettre la main sur des raisins d'une manière ou d'une autre B) accepter que ses compétences ne sont peut-être pas suffisantes C) admettre son incompétence

C) en réinterprétant rétrospectivement ce qui s'est passé. Cette approche représente la dissonance cognitive ou sa résolution.

Imaginez que vous achetez une nouvelle voiture et que vous regrettez rapidement votre choix : son moteur donne l'impression de décoller et son siège conducteur est inconfortable. Que faites-vous alors? Le retourner serait un aveu d'erreur et ne rapporterait probablement pas tout votre argent ; Ainsi, comme approche alternative, vous pourriez vous convaincre que les moteurs bruyants et les sièges inconfortables font partie de ses caractéristiques de sécurité, vous empêchant de vous endormir au volant ; il ne fait aucun doute que ces choix intelligents étaient des achats bien pensés qui ont apporté avec eux des expériences joyeuses !

Leon Festinger et Merrill Carlsmith de l'Université de Stanford ont un jour demandé à leurs étudiants d'effectuer une heure de travail fastidieux et monotone avant de les diviser en deux groupes. Les membres du groupe A ont reçu 1 \$ (c'était en 1959) à titre de compensation ; ceux du groupe B ont reçu 20 \$; Plus tard, ils ont dû révéler comment ils avaient réellement trouvé tout cela : de manière assez surprenante, ceux qui ne recevaient qu'un dollar ont trouvé cela beaucoup plus agréable et engageant !
Pourquoi l'ont-ils fait? Tout simplement parce qu'un maigre dollar ne suffisait pas à les inciter à mentir purement et simplement ; alors au lieu de cela, ils se sont convaincus que le travail n'était pas si mauvais ; de la même manière que le renard d'Esope a réinterprété la situation différemment, tout comme ces étudiants. De plus, ceux qui recevaient plus n'avaient pas besoin de justifier ce qu'ils avaient fait, ayant déjà commis un mensonge tout en recevant

une compensation de 20 $ comme leur juste dû. Ces étudiants n'ont ressenti aucune dissonance cognitive.

Imaginez postuler pour un emploi et perdre face à un autre candidat. Au lieu de reconnaître qu'ils étaient peut-être plus qualifiés que vous pour cela, vous vous convainquez que vous n'étiez pas vraiment intéressé à assumer ce rôle particulier ; tout au long de ce processus, ce n'était qu'une expérience pour voir si votre « valeur marchande » pouvait vous valoir une invitation à un entretien.

J'ai récemment vécu quelque chose de similaire lorsque j'ai dû choisir entre investir dans deux actions. Celui que j'ai sélectionné a rapidement perdu de la valeur peu de temps après l'achat, tandis que les actions d'un autre, non investi, sont montées en flèche - je n'ai tout simplement pas pu me résoudre à reconnaître mon erreur ! En fait, bien au contraire : je me souviens très bien d'avoir convaincu un ami que même si le titre connaissait des problèmes de démarrage, il avait encore globalement plus de potentiel. La dissonance cognitive peut expliquer cette réaction apparemment irrationnelle. Comme mon ami me l'a rappelé, le « potentiel » aurait été encore plus grand si j'avais retardé l'achat d'actions jusqu'à aujourd'hui. Ésope avait mis en garde contre ce scénario : « Vous pouvez essayer d'être intelligent autant que vous le souhaitez, mais vous n'obtiendrez finalement aucun raisin. »

Voir également Effet de dotation (ch. 23) ; Biais égoïste (ch. 45) ; Biais de confirmation (ch. 7-8) ; "Parce que la justification" (ch. 52) et la justification de l'effort (ch. 60).

Profitez de chaque instant comme si c'était le dernier ; mais seulement le dimanche !

Actualisation hyperbolique

Avez-vous entendu le dicton « Vivez chaque jour comme si c'était le dernier » ? Il semble apparaître au moins trois fois dans des magazines de style de vie et dans des manuels d'auto-assistance ; Pourtant, un proverbe aussi perspicace ne fait rien pour votre intelligence ! Imaginez ce qui se passerait si vous suiviez ce conseil à la lettre : vous ne vous brosseriez plus les dents, ne vous laveriez plus les cheveux, ne nettoieriez plus l'appartement, ne vous présenteriez plus au travail et ne paieriez plus vos factures à temps ? Sans aucun doute, en un rien de temps, vous seriez fauché, malade et peut-être même derrière les barreaux - mais sa signification reste intrinsèquement noble ; il exprime une nostalgie et un désir d'immédiateté qui sont bien trop souvent prioritaires au-dessus de la pensée rationnelle ; vivre pleinement sa vie aujourd'hui sans se soucier de demain n'est tout simplement pas un conseil judicieux.

Préférez-vous recevoir 1 000 $ sur un an ou 1 100 $ sur douze mois et demi ? La plupart des gens opteraient probablement pour cette dernière option – avec son taux d'intérêt mensuel de 10 % par an ! De plus, les deux semaines d'attente supplémentaires pourraient générer d'excellents retours, ce qui permettrait de prendre une décision plus sage que d'attendre trop longtemps !

Deux autres questions. Préféreriez-vous recevoir 1 000 $ aujourd'hui en espèces ou attendre un mois et recevoir 1 100 $ de plus ? Il est fort probable que la plupart des gens préféreraient les espèces aujourd'hui ; Pourtant, c'est étonnant, car même attendre un mois de plus rapporte 100 $ de plus dans les deux cas ; dans un scénario, cela semble assez évident alors qu'un autre peut nécessiter de la patience et de la réflexion avant de répondre en conséquence. "C'est quoi une autre année ?" vous vous demandez peut-être. Pas dans ce cas-ci ; Cependant, lorsque nous introduisons « maintenant », notre cerveau prend souvent des décisions incohérentes et la science qualifie ce phénomène d'actualisation hyperbolique. En termes simples, à mesure que les récompenses se rapprochent, notre « taux d'intérêt émotionnel » augmente et nous sommes prêts à abandonner davantage en échange de celles-ci. Malheureusement, la plupart des économistes ne parviennent toujours pas à comprendre que les humains réagissent de manière incohérente et subjective aux taux d'intérêt ; par conséquent, leurs modèles reposent sur des taux d'intérêt constants, ce qui est très discutable.

La remise hyperbolique, ou notre désir de récompenses instantanées, découle de notre passé animal. Les animaux ne refuseraient jamais une récompense immédiate qui pourrait les aider à survivre plus rapidement.

Vos rats ne réagissent pas bien à l'entraînement ; ils ne renonceront pas à un morceau de fromage aujourd'hui pour en recevoir davantage demain. Oui, les écureuils collectent de la nourriture et la conservent pour une consommation ultérieure ; cependant, ce comportement n'a rien à voir avec le contrôle des impulsions ou l'apprentissage.

Et qu'en est-il des enfants ? Dans les années 1960, Walter Mischel a mené une expérience sur la gratification différée que vous pouvez trouver en recherchant sur YouTube avec « expérience de guimauve ». Un groupe d'enfants de quatre ans a reçu chacun une guimauve à consommer immédiatement ou à attendre plusieurs minutes et en recevoir une autre ; malheureusement, pour la plupart des enfants, attendre était impossible ; De manière encore plus impressionnante, Mischel a découvert que la capacité de gratification différée est un indicateur de réussite professionnelle future, démontrant ainsi que la patience est véritablement une vertu.

Avec l'âge, on acquiert une plus grande maîtrise de soi, ce qui permet de reporter plus facilement les récompenses. Au lieu d'attendre douze mois pour rapporter 100 $ supplémentaires, nous pourrions volontiers en attendre treize si une récompense immédiate survenait ; comme les taux d'intérêt exorbitants des banques sur les dettes de carte de crédit ou les prêts personnels à court terme qui exploitent notre désir de gratification instantanée.

Conclusion : Même si les récompenses instantanées peuvent être très tentantes, les remises hyperboliques restent un défaut. Lorsque nous contrôlons nos impulsions – par exemple lorsque nous buvons de l'alcool – mieux nous évitons ce piège ; sinon nous devenons vulnérables. D'un autre côté, si vous vendez des produits de consommation, donnez-leur immédiatement accès aux clients, car certains peuvent payer un supplément pour ne pas avoir à attendre, ce dont Amazon profite pleinement ; Une partie du supplément pour livraison le lendemain va directement dans leurs caisses ! Un rappel chaque semaine peut aider à éviter ce piège -

Voir Fatigue décisionnelle (Ch. 53); Logique simple (Ch. 63) et procrastination (Ch. 85).

Les embouteillages entre Los Angeles et San Francisco dus à des réparations de surface ont pris trente minutes de mon voyage avant de finalement se dissiper dans le chaos dans mon rétroviseur - du moins c'est ce que je pensais. Une demi-heure plus tard, cependant, d'autres travaux d'entretien avaient repris mais, curieusement, mon niveau de frustration avait considérablement diminué car des panneaux rassurants le long de la route annonçaient : « Nous rénovons cette autoroute pour vous !

La confiture m'a rappelé une expérience menée par la psychologue Ellen Langer de Harvard dans les années 1970. Pour cela, elle s'est rendue dans une bibliothèque et a attendu près d'un photocopieur qu'une file se forme autour avant de s'approcher du premier utilisateur et de lui dire : « Excusez-moi, j'ai cinq pages à copier ; puis-je utiliser votre machine Xerox ? » Son taux de réussite était de 60 %. Pour le porter à 94 %, elle a répété l'expérience en proposant une justification : « Excusez-moi. J'ai besoin d'en imprimer cinq exemplaires maintenant. Puis-je utiliser votre machine Xerox en raison du manque de temps ? Dans presque tous les cas, elle a été autorisée à continuer. Cela était compréhensible : les gens pressés se mettaient souvent en tête de file sans jamais vraiment comprendre pourquoi. Elle a réessayé, cette fois en disant : « Excusez-moi, mais puis-je passer avant vous parce que j'ai besoin de copies ? À sa grande surprise, cela s'est avéré presque toujours un succès (93 %).

Justifier notre comportement augmente la tolérance et la serviabilité. Utiliser une justification comme « parce que » semble suffisant ; peu importe si l'excuse que vous donnez pour expliquer pourquoi ils agissent de cette façon est bonne ou non ; c'est tout aussi efficace ! Un panneau annonçant « Nous rénovons l'autoroute pour vous » ne ferait que semer la confusion ; de toute façon, n'importe quelle équipe d'entretien pourrait tout aussi bien faire son travail ailleurs sur une autoroute ! Voir ce qui se passe rassure et calme plutôt que de laisser indifférent. Après tout, rien n'est plus frustrant que de ne pas être au courant !

À la porte A57 de l'aéroport JFK, j'attendais avec impatience le vol 1234 lorsque l'annonce par haut-parleur disait : « Attention, passagers. Le vol 1234 est actuellement retardé de trois heures. J'ai décidé de me rendre au bureau pour savoir pourquoi et je suis revenu dans les 15 minutes sans réponse ni explication concernant son report.
J'étais furieux; comment osent-ils nous laisser attendre dans l'ignorance ! D'autres compagnies aériennes ont au moins eu la décence d'informer leurs passagers : « Le vol 5678 a été retardé de trois heures pour des raisons opérationnelles » -- une excuse aussi boiteuse fournirait au moins suffisamment de réconfort.

Les gens semblent obsédés par l'utilisation du mot « parce que » même lorsque ce n'est pas nécessaire ; en tant que dirigeants, nous avons sans aucun doute été témoins de cette tendance ; sans un appel de ralliement efficace, la motivation des employés diminue rapidement. Dire simplement que votre entreprise de chaussures existe pour produire des chaussures n'a plus de sens : aujourd'hui, des objectifs plus élevés et des histoires derrière votre histoire doivent également jouer un rôle - comme dire que vous voulez que vos chaussures révolutionnent le marché (quoi que cela puisse signifier) ; fournir un soutien total pour un monde meilleur (ou la prétention de Zappo d'être dans le business du bonheur) sont autant d'éléments essentiels pour donner un sens aux décisions commerciales d'aujourd'hui si nous voulons réussir (quoi que cela signifie).

Si le marché boursier augmente ou baisse d'un demi-point de pourcentage, les commentateurs du marché ne proposeront aucune explication plausible – que cela soit dû à un bruit blanc ou à une série infinie de mouvements du marché. Au lieu de cela, les gens veulent des raisons tangibles et les commentateurs en choisiront une sur laquelle blâmer ; leur explication semblera souvent dénuée de sens, les déclarations des présidents de la Réserve fédérale étant fréquemment citées comme coupables.

Si quelqu'un vous demande pourquoi vous n'avez pas encore terminé une tâche, une réponse simple pourrait être : « Parce que je n'y suis pas encore parvenu. » Bien que cela puisse paraître ridicule au début, cela fait généralement l'affaire sans qu'il soit nécessaire de trouver des raisons plus plausibles pour ne pas le terminer immédiatement.

Un jour, j'ai vu ma femme séparer minutieusement le linge noir du bleu. Cela me semblait inutile puisque les deux couleurs sombres sont d'égale importance, mais cette pratique a permis à mes vêtements de ne pas couler pendant de nombreuses années. "Pourquoi fais-tu cela?" Je lui ai demandé ; à quoi elle a répondu "Parce que je préfère les laver séparément". Pour moi, c'était une explication suffisante.

Ne quittez jamais la maison sans utiliser « parce que ». Ce mot simple mais efficace contribue à fluidifier les interactions humaines et doit être utilisé librement.

Voir également Dissonance cognitive (Ch. 50) ; Biais de l'histoire (Ch. 13) et erreur de la cause unique (Ch. 97)

FATIGUE DÉCISIONNELLE

Depuis des semaines, vous travaillez sans relâche sur cette présentation. Vos diapositives PowerPoint ont été polies pour obtenir un éclat brillant ; chaque chiffre dans Excel s'est avéré exact ; le pitch illustre une logique cristalline. Tout dépend de ce pitch - en cas de succès, tout en dépend - obtenir l'approbation du PDG signifiera être promu au poste de direction ; sinon, cela pourrait entraîner l'octroi d'allocations de chômage ou le licenciement immédiat ! L'assistante de votre patron vous propose trois plages horaires possibles : 8h00, 11h30. ou 18h00 - lequel doit-il avoir lieu ?

Le psychologue Roy Baumeister et Jean Twenge ont un jour rempli une table entière de centaines d'articles bon marché allant des balles de tennis et des bougies aux T-shirts, en passant par le chewing-gum et les canettes de Coca. Ils ont ensuite divisé leurs étudiants en deux groupes : ceux qualifiés de décideurs ont été mis à l'écart tandis que ceux qui ne sont pas engagés ont été qualifiés de non-décideurs. Il a dit au premier groupe : "Je vais vous montrer des ensembles contenant deux objets aléatoires à la fois et à chaque fois c'est à vous de choisir entre les deux choix - à la fin de mon expérience, je vous en offrirai un en souvenir". Ils pensaient que leurs décisions détermineraient quel élément ils conserveraient dans chaque ensemble. Il a demandé au deuxième groupe : « Écrivez ce que vous pensez de chaque élément, et j'en sélectionnerai un au hasard pour vous le donner à la fin. » Peu de temps après, il a demandé à chaque élève de mettre sa main dans une source d'eau glacée le plus longtemps possible et de maintenir cette position jusqu'à ce qu'elle soit relâchée. La psychologie utilise ce test comme mesure classique de la volonté ou de l'autodiscipline ; ceux qui manquent de volonté retireront rapidement leur main de l'eau glacée, les décideurs se retirant plus rapidement que ceux qui ne décident pas, car leur prise de décision intensive a sapé leur volonté - un effet confirmé dans de nombreuses autres expériences.

Prendre des décisions peut être épuisant. Quiconque a configuré son ordinateur en ligne ou fait des recherches sur de longs voyages - vols, hôtels, activités, restaurants et météo inclus - le sait très bien : après avoir comparé, réfléchi et choisi, on peut se sentir épuisé après tout ce qu'il a fallu pour comparer, réfléchir et choisir. place - la science qualifie ce phénomène de fatigue décisionnelle.

La fatigue décisionnelle peut être dangereuse : en tant que consommateur, vous devenez plus sensible aux messages publicitaires et aux achats impulsifs ; En tant que décideur de niveau exécutif, votre capacité à faire preuve de jugement peut diminuer considérablement.
La volonté peut être comme une batterie : après un certain temps, elle s'épuise et doit être rechargée. Une façon d'y parvenir est de faire une pause pour se détendre et manger quelque

chose ; sinon, la volonté chutera lorsque votre glycémie descendra trop bas ; IKEA le sait mieux que quiconque ; c'est pourquoi ses restaurants sont idéalement répartis dans ses magasins, car la fatigue décisionnelle s'installe au cours de votre voyage à travers des zones d'affichage en forme de labyrinthe et des étagères d'entrepôt imposantes et la fatigue décisionnelle s'installe rapidement ; sacrifiez une certaine marge bénéficiaire pour des friandises suédoises qui peuvent aider à reconstituer la glycémie avant de continuer votre recherche de chandeliers parfaits avant de reprendre !

Quatre prisonniers dans une prison israélienne ont demandé au tribunal une libération anticipée, en commençant par le cas 1 à 8h50 : un Arabe condamné à 30 mois de prison pour fraude ; Le cas 2 (prévu à 13 h 27) concerne un Juif purgeant une peine de 16 mois pour agression ; Le cas 3 était fixé à 15h10). Le premier cas (prévu à 16h35) concernait un Juif condamné à 16 mois de prison pour agression ; Le cas 4 concernait un Arabe condamné à 30 mois de prison pour fraude. Comment les juges prenaient-ils leurs décisions ? Plus importante que l'allégeance ou la sévérité des détenus était leur fatigue à prendre des décisions. Les juges ont fait droit aux demandes 1 et 2, car leur glycémie n'était pas encore revenue à la normale après le petit-déjeuner ou le déjeuner, mais ont rejeté les demandes 3 et 4, en raison de réserves énergétiques insuffisantes pour risquer une libération anticipée. Ils ont choisi la solution de facilité (le statu quo), laissant les hommes en prison. Une étude de centaines de verdicts montre qu'au cours d'une seule séance, le pourcentage de décisions « courageuses » chute progressivement de 65 % à presque aucun avant de revenir après la récréation - tant pis pour Lady Justice ! Pourtant, tout n'est pas perdu : vous savez désormais quand présenter votre projet à votre PDG.

Voir aussi : Paradoxe du choix (ch. 21) ; Actualisation hyperbolique (ch. 51); Logique simple (ch. 63) et effet par défaut (ch. 81).

PORTEREZ-VOUS LE PULL DE HITLER ?

Après la chute de l'Empire carolingien en France au IXe siècle, l'Europe sombre dans l'anarchie. Les comtes, commandants, chevaliers et autres dirigeants locaux se livraient fréquemment à des batailles sanglantes ; leurs guerriers ont pillé les fermes, violé les femmes, piétiné les champs, enlevé les pasteurs lors des services religieux, capturé les pasteurs comme otages et incendié les couvents ; Les autorités ecclésiastiques et les agriculteurs étaient impuissants face aux guerres incessantes de ces nobles.

Au Xe siècle, un évêque français élabore un plan impressionnant. Il a invité tous les princes et chevaliers de France à se rassembler dans un même champ tandis que les prêtres, les évêques et les abbés rassemblaient toutes les reliques qu'ils pouvaient trouver dans cette région pour les y exposer. Au premier coup d'œil, c'était un spectacle saisissant : des ossements, des chiffons imbibés de sang, des briques et des tuiles portant tous des signes de contact entre saints. À cette époque, l'évêque, en tant que personne réputée pour son respect, lança un appel passionné aux nobles présents devant les saintes reliques pour qu'ils abandonnent la violence contre les victimes non armées et les attaques contre les civils non armés. Pour insister davantage sur ses exigences, il brandit devant eux des vêtements ensanglantés et des ossements sacrés comme preuve supplémentaire. Les nobles devaient avoir tenu de tels symboles avec une grande révérence ; L'appel unique de Mgr Gregory à leur conscience s'est répandu dans toute l'Europe, encourageant « la Paix et la Trêve de Dieu ». Il ne faut jamais sous-estimer la peur associée aux saints de cette période ou aux reliques des saints selon l'historien américain Philip Daileader.

En tant que personne instruite, il peut être facile pour vous de considérer ces superstitions comme étant idiotes. Cependant, réfléchissez à ceci : porteriez-vous quelque chose qu'Hitler portait autrefois ? Peu probable – montrant peut-être que votre respect pour les forces invisibles demeure. Le pull n'incarne plus aucun lien avec Hitler ; il n'y a pas une goutte de sa sueur dessus - et pourtant le porter suscite toujours des sentiments de honte et de respect pour ce que représente son auteur. Il ne fait aucun doute que nous souhaitons projeter une image idéale à nos semblables et à nous-mêmes ; Pourtant, cette seule pensée peut nous rebuter, même lorsque nous sommes seuls, et nous nous convainquons que toucher de tels vêtements n'approuve en aucune façon Hitler. Malheureusement, de telles réactions émotionnelles peuvent être difficiles à surmonter, même chez ceux qui considèrent ce sujet comme important, comme les politiciens.
Même les personnes qui se considèrent très rationnelles ont parfois du mal à dissiper toute croyance en des forces mystérieuses (moi y compris).

Paul Rozin et ses collègues chercheurs de l'Université de Pennsylvanie ont découvert que les pouvoirs mystifiants ne peuvent pas être simplement désactivés. Les sujets du test ont apporté des photos de leurs proches sur lesquelles ils ont ensuite dû tirer des fléchettes, sans blesser les personnes représentées ; bien que leur hésitation et leur précision par rapport aux cibles ordinaires se soient révélées bien inférieures - comme si une force invisible les empêchait d'atteindre ces précieuses photos.

Le biais de contagion fait référence à notre incapacité à nous dissocier de certains objets — qu'ils datent d'il y a longtemps ou qu'ils soient liés de manière plus indirecte (comme pour les photos). Mon amie travaillait comme correspondante de guerre pour la chaîne de télévision publique française France 2. Comme les passagers d'une croisière dans les Caraïbes, mon amie collectionnait également des souvenirs de ses aventures - comme des chapeaux de paille ou des noix de coco peintes de chaque île visitée - comme souvenirs de chaque aventure, dont une à Bagdad en 2003. Peu après que les troupes américaines ont pris d'assaut le palais gouvernemental de Saddam Hussein, elle s'est infiltrée dans ses quartiers privés. Une fois à l'intérieur, elle remarqua rapidement six verres à vin plaqués or dans la salle à manger et s'enfuit rapidement avec eux. Récemment, lors d'un de ses dîners à Paris, les gobelets qui trônent en bonne place sur la table à manger ont retenu mon attention : un invité lui a demandé s'ils venaient de Lafayette ; Quand je lui ai parlé de Saddam Hussein, elle a répondu avec désinvolture : « non, ils viennent de Saddam ». Un invité extrêmement angoissé a été choqué et s'est mis à tousser de manière incontrôlable, ce qui m'a obligé à commenter : « Réalisez-vous combien de molécules de Saddam font déjà partie de vous rien qu'en respirant ? J'ai demandé. Sa toux s'est aggravée.

Voir également Biais d'association (ch. 48) ; Affect Heuristics (ch. 66) pour plus de détails.

POURQUOI IL N'Y A PAS DE GUERRE MOYENNE

Imaginez que vous faites un trajet en bus avec 49 autres personnes et qu'à un arrêt, la personne la plus lourde d'Amérique monte à bord ; à cette époque, quel pourcentage a augmenté depuis lors du poids moyen des passagers ? Peut-être quatre pour cent ? Cinq? En revanche, à un autre arrêt, Bill Gates monte à bord ; Maintenant, nous ne devrions pas nous concentrer sur le poids mais plutôt sur la richesse : de combien la richesse a-t-elle augmenté depuis respectivement 4 et 5 % ? Aucun des deux scénarios ne tient !

Calculons rapidement notre deuxième exemple. Initialement, chaque individu possédant un actif de 54 000 $ constitue la valeur statistique médiane, ou médiane. Ajoutez maintenant à ce mélange Bill Gates avec sa fortune estimée à environ 59 milliards de dollars et observez avec quelle rapidité la richesse moyenne a augmenté de plus de deux millions pour cent pour atteindre une augmentation de près de deux milliards pour cent ; rendant toute notion de « moyenne » totalement dénuée de sens.

Nassim Taleb conseille, dans ses travaux sur la théorie des probabilités, de ne pas traverser des rivières d'une profondeur moyenne de quatre pieds, en raison du risque qu'elles présentent en les traversant si leur profondeur dépasse quatre pieds. Les rivières peuvent sembler peu profondes - quelques centimètres seulement - pendant de longues périodes avant de se transformer soudainement en torrents de vingt pieds de profondeur qui menacent votre vie si vous les traversez. Les moyennes peuvent souvent masquer les détails de la répartition : elles masquent la manière dont les valeurs s'accumulent au fil du temps.

À un niveau moyen, l'exposition aux UV les jours de juin ne constitue pas une menace pour la santé. Mais si vous deviez passer tout l'été à l'intérieur d'un bureau, puis partir à la Barbade et vous allonger au soleil sans protection pendant une semaine entière sans utiliser de crème solaire - même si dans l'ensemble, vous êtes probablement moins exposé aux rayons UV qu'une personne qui s'aventure régulièrement à l'extérieur. - cela créerait des problèmes.

Tout cela devrait déjà être assez évident pour vous ; peut-être même vous-même. Supposons, par exemple, que vous buviez un verre de vin rouge chaque soir pendant le dîner : cela ne posera pas de problème de santé et est recommandé par de nombreux médecins. Cependant, le 31 décembre, si vous n'en buvez pas toute l'année et que vous en consommez soudainement 356 verres (l'équivalent de soixante bouteilles), vous risquez d'avoir des problèmes de santé, quelle que soit la moyenne sur l'année.
Mise à jour : Dans le monde complexe d'aujourd'hui, la distribution devient de plus en plus irrégulière ; nous observerons donc des résultats similaires à ceux de Bill Gates dans davantage de domaines. Lorsqu'il s'agit de distribution en ligne et de visites de sites Web, le nombre moyen de visiteurs sur les sites Web n'existe pas : aucun site Web ne reçoit des

niveaux de trafic égaux. Les mathématiciens appellent souvent ce phénomène ce qu'on appelle la loi de puissance, certains sites (par exemple le New York Times, Facebook ou Google) recueillant le plus de visites tandis que d'autres pages en reçoivent relativement peu. Prenons l'exemple des villes. Tokyo est la seule ville dont la population est estimée à plus de 30 millions d'habitants sur terre, alors qu'il y en a 11 avec entre 20 et 30 millions d'habitants, 15 entre 10 et 20 millions d'habitants, 48 entre 5 et 10 millions d'habitants et des milliers entre 1 et 5 millions d'habitants. cette distribution suit une loi de puissance dans laquelle certains cas extrêmes dominent les distributions globales, ne laissant derrière elles aucun chiffre moyen significatif.

Quelle est la taille moyenne d'une entreprise, la population d'une ville, le nombre moyen de morts au cours d'une guerre (en termes de morts et de durée), la moyenne des fluctuations quotidiennes du Dow Jones, le dépassement moyen des coûts des projets de construction, combien d'exemplaires un livre moyen vend par exemplaire vendu par l'éditeur ; montant moyen des dégâts causés par l'ouragan ; prime versée au banquier en moyenne ; succès de la campagne marketing en moyenne pour les téléchargements d'applications iPhone et le salaire des acteurs ? Vous pourriez calculer ces réponses, mais cela serait inutile car la loi de puissance s'applique également ici.

Prenons ce dernier exemple comme illustration : quelques acteurs sélectionnés gagnent plus de 10 millions de dollars par an alors que des milliers et des milliers de personnes vivent en dessous du seuil de pauvreté. Conseilleriez-vous à votre enfant ou à votre fille de devenir comédien sur la base d'un salaire moyen qui semble acceptable ? Probablement pas – ce serait un conseil insensé.

Conclusion : avant de tirer des conclusions hâtives basées sur quelqu'un utilisant le terme « moyenne », prenez un moment et évaluez sa distribution sous-jacente. Si les cas anormaux (comme le phénomène de Bill Gates) ont une influence minime, nous pouvons continuer à utiliser ce concept ; mais lorsque les cas extrêmes (comme celui de Bill Gates) dominent (comme son succès avec Microsoft), nous devons complètement ignorer son utilité et écarter le terme. Le romancier William Gibson nous a tous conseillé : « L'avenir est déjà là – il n'est tout simplement pas réparti de manière égale. »

Voir également Négligence du taux de base (ch. 28); Logique simple (ch. 63); Régression vers la moyenne (ch. 19); Négligence des probabilités (ch. 26) et erreur du joueur (ch. 29)

LES BONUS DETRUISENT LA MOTIVATION

Motivation

Récemment, mon ami du Connecticut a décidé de déménager à New York. Son déménagement impliquerait le transport d'une impressionnante collection d'antiquités comme des livres anciens rares et des verres de Murano soufflés à la main des générations passées. Je savais à quel point il serait attaché à les confier à une entreprise de déménagement ; ainsi, lors de ma dernière visite, j'ai proposé de transporter moi-même certains des objets fragiles à mon retour de New York dans le Connecticut. Deux semaines plus tard, une lettre de remerciement est arrivée avec un billet de cinquante dollars ci-joint !

La Suisse a passé des années à rechercher un dépôt souterrain approprié pour stocker ses déchets radioactifs, en envisageant plusieurs sites, notamment Wolfenschiessen, près de Berne, en Suisse centrale. L'économiste Bruno Frey de l'Université de Zurich s'y est rendu avec des collègues pour recueillir l'opinion de la population lors d'une réunion communautaire. à leur grand étonnement, 50,8% ont soutenu leur proposition ! Leur réponse positive peut être attribuée à divers facteurs : la fierté nationale, la décence commune, les obligations sociales et la perspective de nouveaux emplois, entre autres. L'équipe a mené une autre enquête, proposant cette fois que chaque habitant de la ville accepte la proposition s'il reçoit une hypothétique récompense de 5 000 $ de la part des contribuables suisses s'il accepte. Qu'est-ce qui en a résulté ? Les résultats ont considérablement diminué : seulement 24,6 % étaient d'accord avec cette proposition.

Les crèches sont confrontées à des difficultés similaires : les parents viennent chercher leurs enfants après l'heure de fermeture. Le personnel de la garderie ne peut pas mettre les enfants restants dans des taxis ni les laisser sur le trottoir jusqu'à ce que tous les enfants restants aient été récupérés à l'école. Pour décourager les retards des parents, de nombreuses crèches ont introduit des frais de retard ; mais des études montrent que cela a en fait augmenté les retards plutôt que de les diminuer. Bien sûr, ils auraient pu instituer des sanctions sévères, telles que 500 dollars de l'heure, comme c'était le cas pour chaque habitant d'un village suisse - mais ce serait passer à côté de l'essentiel ; des incitations financières modestes mais surprenantes ont tendance à évincer d'autres formes d'incitations qui offrent des rendements bien plus élevés en termes de rendement pour toutes les personnes impliquées par rapport à des incitations monétaires plus importantes - contrairement à ce cas-ci.

Les trois histoires illustrent une vérité importante : l'argent ne motive pas toujours. Parfois, l'argent fait plus de mal que de bien. Mon ami m'en a donné cinquante pour compenser sa mauvaise action ; au lieu de cela, il l'a miné tout en mettant en péril notre amitié. Offrir une compensation à un dépôt nucléaire a été considéré comme de la corruption par certains et comme une diminution de l'esprit patriotique en général ; Les frais de retard des crèches ont modifié leur relation avec les parents de personnelle à monétaire, légitimant essentiellement le retard des parents.

La science a un terme pour désigner ce phénomène : le surpeuplement de motivation. Lorsque les gens font quelque chose pour des raisons non monétaires et caritatives – pour une bonne action, pour ainsi dire – mais que les augmentations de paiement entravent ces intentions et toute autre motivation est diminuée par sa présence. Les récompenses financières deviennent plutôt le moteur de leurs actions.

Imaginez que vous dirigez une organisation à but non lucratif. Vos employés peuvent recevoir des salaires modestes ; Pourtant, ils sont très motivés car ils croient qu'ils font une différence significative. Cependant, si vous décidez de mettre en place un système de bonus - par exemple une petite augmentation de salaire pour chaque don obtenu - la motivation s'estompera rapidement à mesure que votre équipe se détournera des tâches qui n'apportent aucune récompense supplémentaire ; la créativité, la réputation de l'entreprise ou le transfert de connaissances n'ont plus d'importance : tous les efforts seront désormais concentrés sur la sollicitation de dons le plus rapidement possible.

Alors, qui devrait être à l'abri de la foule de motivation ? Un test rapide peut révéler qui pourrait en être à l'abri : connaissez-vous des banquiers privés, des agents d'assurance ou des auditeurs qui exercent leur métier avec passion et croient en une mission plus grande ? Non? Les incitations financières et les primes de performance fonctionnent mieux dans les secteurs où les emplois sont ennuyeux ; où les employés ne se soucient pas beaucoup des produits ou des entreprises mais accomplissent simplement leur travail grâce à un chèque de paie. Cependant, les propriétaires de start-up feraient bien d'exploiter la passion des employés dans le cadre de la promotion de leur entreprise plutôt que d'offrir des incitations qu'ils ne pourraient de toute façon pas offrir.

Un dernier conseil pour ceux d'entre vous qui ont des enfants : l'expérience nous a appris que les jeunes ne s'achètent pas. Si vous souhaitez que vos enfants fassent leurs devoirs, pratiquent des instruments de musique ou tondent la pelouse de temps en temps sans que votre portefeuille soit vide, offrez plutôt une allocation hebdomadaire fixe, car cela les maintiendra honnêtes sans qu'ils en abusent et refusent de s'endormir sans une certaine forme de compensation.

Voir également Tedency de super-réponse incitative (ch. 18) ; Réciprocité (ch. 6) ; Social Loafing (ch. 33) pour une discussion supplémentaire sur ces sujets.

Tendance aux bavardages

Lorsqu'on lui a demandé devant des caméras tournantes pourquoi un cinquième des Américains ne pouvaient pas localiser leur pays sur une carte du monde, Miss Teen South Carolina a donné cette réponse devant des caméras tournantes : « Je crois personnellement que les Américains sont incapables de le faire parce que certaines personnes là-bas dans notre pays, nous n'avons pas de cartes ; et ma conviction que notre éducation, comme celle de l'Afrique du Sud et de l'Irak, devrait aider ces pays à développer notre avenir en tant que société mondiale cohésive. La vidéo est devenue virale.

Catastrophique, vous l'admettez ; pourtant on ne perd pas trop de temps à écouter les reines de beauté. Peut-être que quelque chose comme cette phrase suffirait : « Il n'est certainement pas nécessaire que cette transmission de plus en plus réflexive des traditions culturelles soit associée à une raison centrée sur le sujet et à une conscience historique orientée vers l'avenir. Lorsque nous prenons conscience de la constitution intersubjective de la liberté, l'individualisme possessif l'illusion d'autonomie se désintègre."»

Vous vous souvenez de Jürgen Habermas ? C'est un remarquable philosophe et sociologue allemand connu pour avoir écrit Entre faits et normes.

Tous deux sont des exemples de ce que l'on appelle la tendance aux bavardages, où les mots sont utilisés pour dissimuler la paresse intellectuelle, la stupidité ou les idées sous-développées. Parfois cela fonctionne et parfois non ; Pour la reine de beauté, cette stratégie a échoué de façon spectaculaire, tandis que pour Habermas, elle pourrait bien fonctionner ; Plus la langue devient éloquente, plus nous devenons facilement la proie de son attrait ; lorsqu'il est combiné à un préjugé d'autorité, cela devient encore plus dangereux à mesure que nous acceptons son message sans remettre en question sa véracité.

Moi aussi, j'ai succombé à la tendance aux bavardages vides de sens. Quand j'étais plus jeune, le philosophe français Jacques Derrida a captivé mon imagination ; J'ai lu ses livres avec voracité, mais j'y ai trouvé peu de clarté, même après beaucoup de réflexion et d'analyse intense. Par la suite, ses écrits ont pris une qualité presque magique qui a finalement inspiré mon sujet de thèse sur la philosophie - les deux tomes n'étaient finalement que des bavardages inutiles ; dans l'ignorance, tous deux étaient devenus une perte d'espace dans mon esprit.
Moi-même dans une machine à fumée humaine et parlante.

Les bavardages dans le sport peuvent être particulièrement répandus. Des intervieweurs à bout de souffle forcent des joueurs de football tout aussi essoufflés à décomposer tous les aspects d'un match alors que tout ce qu'ils veulent dire c'est : « Nous avons perdu, c'est aussi simple » mais les présentateurs ont besoin de quelque chose pour occuper le temps d'antenne - et apparemment, une façon de le faire efficacement est de le faire. bavarder et obliger les athlètes et les entraîneurs à se joindre à nous ; Quoi qu'il en soit, ce genre de rhétorique ne sert qu'à masquer l'ignorance et à la dissimuler à la vue du public.

Les milieux universitaires ont également été témoins de ce phénomène : lorsque moins de résultats dans un domaine scientifique sont publiés, les économistes sont particulièrement exposés dans leurs commentaires et leurs prévisions. Cela est également vrai dans le commerce : lorsque la situation financière des entreprises se détériore, le discours de leur PDG devient plus fort – souvent pour couvrir des difficultés ou masquer des circonstances difficiles. Une exception notable à cet égard était l'ancien PDG de General Electric, Jack Welch ; lors d'un entretien, il a constaté la difficulté : les gens ont peur d'être perçus comme des niais, mais ce n'est pas le cas !

L'expression verbale est le miroir de notre esprit ; les pensées claires deviennent des déclarations tandis que les concepts vagues se transforment en vagues divagations. Malheureusement, nous manquons souvent de pensées très lucides ; la vie est compliquée, donc comprendre une seule facette nécessite un effort mental considérable et peut nécessiter une révélation pour que la clarté émerge ; en attendant, il serait plus sage de suivre le conseil de Mark Twain : « Si vous n'avez rien à dire... ne dites rien ». La simplicité ne doit pas être considérée comme son début mais comme sa destination.

Voir également Biais d'autorité (ch.9) ; Dépendance au domaine (ch.76) ; et Chauffeur Knowledge (ch. 16) pour mieux comprendre cette question.

Imaginez-vous diriger une petite banque privée qui gère les fonds de personnes riches et pour la plupart retraitées, comme dans Will Rogers Phenomenon.
Vos deux gestionnaires de fonds – A et B – relèvent directement de vous ; Money Manager A ne s'occupe que des particuliers fortunés, tandis que Money Manager B gère des clients plus riches, mais pas des clients aussi extravagants que Money Manager A. Imaginez maintenant que le conseil d'administration vous demande d'augmenter les deux réserves moyennes d'argent dans un délai de six mois afin qu'elles reçoivent de beaux bonus ; sinon ils trouveront quelqu'un d'autre. Par où commencer ?

Simple! Il suffit de transférer un client avec un patrimoine géré moyen entre A et B pour combler la différence, en augmentant simultanément les deux chiffres de patrimoine géré moyen - sans avoir besoin d'acquérir de nouveaux clients ! Une fois terminé, il ne reste plus qu'à décider : où et comment vais-je dépenser mon bonus.

Imaginez changer de carrière et prendre en charge trois fonds spéculatifs qui investissent principalement dans des sociétés privées. Le fonds A produit des rendements époustouflants tandis que les fonds B et C sont en difficulté. Vous voulez vous montrer comme le cerveau, alors quel est votre plan ? Pour donner l'impression que les trois fonds se sont considérablement améliorés sans encourir de frais de transformation interne, déplacez quelques actions de A vers B ou C ; choisir des investissements qui affectaient négativement les rendements moyens de A mais qui pourraient contribuer à renforcer B ou C ; vous devriez voir les trois fonds devenir soudainement plus sains sans encourir de frais de transformation - les gens vous reconnaîtront certainement pour l'avoir fait !

Cet effet est connu sous le nom de migration par étapes ou phénomène de Will Rogers, d'après un comédien américain de l'Oklahoma qui a plaisanté en disant que les Oklahomans déménageant en Californie augmentaient le QI moyen des deux États. Puisque la plupart des gens ne reconnaissent pas assez souvent de telles situations, explorons ce sujet plus en détail et approfondissons sa signification dans vos souvenirs.

Prenons l'exemple d'une franchise automobile : vous pourriez prendre en charge deux petites succursales dans une ville avec six vendeurs : les vendeurs numéros 1, 2, 3, 4, 5 et 6 de la succursale A réussissent généralement mieux à réaliser des ventes que leurs homologues de la succursale B. En moyenne, le vendeur 1 a tendance à vendre davantage.
Chaque vendeur de la succursale A vend une voiture par semaine ; Le vendeur 2 en effectue deux, suivi du meilleur vendeur n° 6 qui en effectue six chaque semaine. En faisant le calcul, il devient évident que la succursale A compte en moyenne deux vendeurs de voitures chaque semaine, tandis que la succursale B est en tête avec cinq en moyenne par vendeur et par

semaine ! Votre décision de transférer le vendeur numéro 4 de la succursale A vers la succursale B entraîne une augmentation des ventes moyennes par personne sur les deux sites ; la moyenne de la succursale A passe de 2,5 unités par personne à 2,5, tandis que la succursale B ne compte plus que deux vendeurs - les numéros 5 et 6, ce qui augmente ses ventes moyennes à 5,5 unités par personne. Les stratégies Switcheroo n'affectent rien dans l'ensemble ; ils créent plutôt une illusion impressionnante. Par conséquent, les journalistes, les investisseurs et les membres des conseils d'administration doivent rester prudents lorsqu'ils entendent parler d'une hausse des moyennes dans les pays, les entreprises, les départements, les centres de coûts ou les gammes de produits.

La médecine nous fournit un exemple particulièrement trompeur du phénomène de Will Rogers. Les tumeurs sont généralement divisées en quatre stades ; les tumeurs les plus traitables relèvent du stade I, tandis que les tumeurs plus agressives passeront par quatre étapes supplémentaires avant d'atteindre le stade IV, donnant ainsi lieu à une migration de stade au fur et à mesure de leur évolution. Les taux de survie des patients atteints d'un cancer de stade un sont les plus élevés, tandis que les taux de survie des patients atteints d'un cancer de stade quatre sont les plus bas. Chaque année, de nouvelles procédures apparaissent qui permettent des diagnostics plus précis ; Les techniques de dépistage révèlent désormais même des tumeurs minuscules que personne n'avait remarquées auparavant. En conséquence, les patients précédemment diagnostiqués à tort comme étant en bonne santé sont désormais comptés parmi les patients de stade un et, par conséquent, l'espérance de vie moyenne a augmenté pour ce groupe de personnes. Peut-on considérer cela comme une prouesse médicale extraordinaire ? Malheureusement non; plutôt une migration par étapes.

Voir aussi : Erreur en intention de traiter (ch. 98) ; Loi des petits nombres (ch. 61) ;

Jorge Luis Borges dépeint dans sa nouvelle « Del Rigidit en La Ciencia » un pays dans lequel la cartographie a atteint des sommets si sophistiqués que seules les cartes les plus détaillées peuvent être utilisées ; c'est-à-dire que des cartes à l'échelle 1:1 représentant l'ensemble de leur pays sont acceptables. Cependant, les citoyens se rendent vite compte que ces cartes n'offrent aucun aperçu réel et ne font que répéter les informations qu'ils possèdent déjà ; un cas extrême de biais d'information : croire que plus de données signifie de meilleures décisions.

Alors que je cherchais récemment des hôtels à Miami, j'ai dressé une liste de cinq offres potentielles qui m'ont immédiatement séduit. L'un d'entre eux s'est immédiatement démarqué ; cependant, pour m'assurer de trouver le meilleur rapport qualité-prix, j'ai continué mes recherches - en lisant les commentaires des clients et les articles de blog, en regardant des photos et des vidéos en ligne et en passant par les appels du service client jusqu'à deux heures plus tard, lorsqu'il est devenu clair quel était effectivement mon hôtel idéal : celui-ci. celui qui a attiré mon attention au premier regard ; des recherches supplémentaires ne m'ont pas conduit sur la bonne voie et auraient tout aussi bien pu me conduire à rester au Four Seasons à la place !

Jonathan Baron de l'Université de Pennsylvanie a posé cette question aux médecins : un patient présente des symptômes qui indiquent avec une probabilité de 80 % qu'il est atteint de la maladie A ; sinon, la probabilité évolue vers la maladie X ou Y. En tant que médecin, comment choisir entre ces maladies et les traitements qui produisent des effets secondaires similaires ? Logiquement, je suggérerais de sélectionner la maladie A et de proposer une thérapie pertinente comme traitement. Imaginez qu'il existe un test de diagnostic qui indique que la maladie X est présente et que la maladie Y est détectée, mais ne reflète pas avec précision la maladie A réelle dans tous les cas ; la moitié du temps, ses résultats seraient positifs et l'autre moitié négatifs. Cependant, si une personne souffre réellement de la maladie A, la moitié de ses résultats de test seraient probablement positifs, tandis que 50 % seraient négatifs. Conseillez-vous de faire le test ? La plupart des médecins ont répondu oui, même si les résultats ne seraient probablement pas pertinents. Même si les tests donnaient un résultat positif, la probabilité que la maladie A soit supérieure à celle de la maladie X, aucune information supplémentaire n'ajoutait une réelle valeur en termes de prise de décision.

Les médecins ne sont pas les seuls professionnels à vouloir fournir des informations supplémentaires.
Les gestionnaires et les investisseurs semblent fascinés par la surcharge d'informations. Les études sont souvent entreprises lorsque les faits essentiels sont facilement disponibles — davantage de données ne peuvent que vous faire perdre du temps et de l'argent, voire vous

désavantager. Considérez cette question : quelle ville a le plus d'habitants – San Diego ou San Antonio ? Gerd Gigerenzer, de l'Institut Max Planck en Allemagne, l'a présenté aux étudiants des universités de Chicago et de Munich et 62 % d'entre eux ont bien deviné : San Diego. Étonnamment, tous les étudiants allemands ont répondu correctement ! Leur raisonnement ? Tout le monde avait entendu parler de San Diego mais pas nécessairement de San Antonio ; choisissant ainsi San Diego plutôt que San Antonio comme étant plus familier. Au contraire, les habitants de Chicago avaient simultanément les deux villes en tête, fournissant plus d'informations et risquant d'orienter leurs réponses de manière erronée.

Pensez à tous les économistes travaillant pour les banques, les groupes de réflexion, les fonds spéculatifs et les gouvernements entre 2005 et 2007 qui ont publié des livres blancs contenant de nombreuses prévisions et commentaires - pour les banques, les groupes de réflexion, les fonds spéculatifs et les gouvernements - publiés au cours de cette période - à partir de 2005. -2007 ; tous leurs livres blancs publiés ; vaste bibliothèque de rapports de recherche et de modèles mathématiques ; une formidable quantité de commentaires formulés ; présentations PowerPoint soignées réalisées ; des téraoctets d'informations disponibles via les services d'information Bloomberg/Reuters et un culte du dieu de l'information... Tout cela s'est avéré inutile lorsque la crise financière a frappé les marchés mondiaux - rendant leurs prévisions et leurs commentaires dénués de sens ; rendant ces prévisions sans valeur !

Évitez de collecter toutes les données disponibles. Concentrez-vous plutôt sur la collecte de ce qui est essentiel. Faire cela vous permettra de prendre de meilleures décisions ; les connaissances superflues ne valent rien, peu importe qui les connaît - Daniel J. Boorstin l'a si bien dit : « le plus grand obstacle à la découverte n'est pas l'ignorance mais plutôt l'illusion de la connaissance » ; Lorsque vous êtes confronté à des rivaux, envisagez de les tuer avec une analyse de données plutôt que des paroles douces.

Voir aussi Réflexion excessive (ch. 90) ; Illusion de nouvelles (ch. 99); Négligence du taux de base (ch. 28) pour des lectures supplémentaires.

John, un soldat de l'armée américaine, a récemment terminé son cours de parachutiste et attend avec impatience de recevoir son insigne de parachute de la part de son officier supérieur. Finalement, au dernier moment de vérité, son officier supérieur se tient devant lui, place l'épingle contre sa poitrine, frappant si fort contre elle qu'elle a transpercé la chair de John, la faisant entrer en contact et laissant une empreinte sur sa peau - depuis lors. puis, chaque fois qu'une opportunité se présente, il ouvre le bouton de sa chemise pour montrer sa petite cicatrice. Des décennies plus tard, tous les souvenirs, à l'exception de cette petite épingle, sont toujours présents dans un cadre spécial sur le mur de son salon.

Mark avait minutieusement restauré une Harley-Davidson rouillée sans aide, passant chaque week-end et vacances à la faire fonctionner alors que son mariage était sur le point de se dissoudre. Mais finalement, après des mois de travail, elle était prête à rouler et brillait brillamment sous les rayons du soleil. Cependant, deux ans plus tard, alors qu'il avait désespérément besoin d'argent, Mark a vendu tous ses biens, y compris la télévision, la voiture et la maison... mais pas son bien le plus précieux ; pas même lorsqu'il est proposé au double de sa valeur réelle par des acheteurs potentiels !

John et Mark souffrent tous deux de la justification de l'effort : lorsque vous consacrez beaucoup d'énergie à quelque chose, vous avez tendance à surévaluer ses résultats. John a ressenti une douleur physique à cause de son épingle de parachute ; La Harley de Mark lui a coûté de nombreuses heures – presque sa femme ! - à tel point qu'il l'apprécie beaucoup et ne le vendra jamais.

La justification de l'effort est un exemple classique de dissonance cognitive. Faire un trou dans votre poitrine pour quelque chose comme un insigne de mérite semble absurde. Afin de compenser, l'esprit de John le surévalue, élevant son statut de quelque chose de banal à quelque chose de semi-sacré. Malheureusement, tout cela se produit inconsciemment et est difficile à empêcher.

Les groupes utilisent la justification de l'effort pour lier les membres entre eux - par exemple par le biais de rites d'initiation. Les gangs et les fraternités initient de nouveaux membres en les soumettant à des épreuves douloureuses ou désagréables. Les recherches montrent que plus un examen d'entrée est difficile à réussir, plus les membres sont fiers d'appartenir. Les écoles de MBA utilisent la justification des efforts de la même manière : les diplômés du MBA reçoivent souvent des crédits pour avoir réussi des examens d'entrée rigoureux dans les programmes de MBA.
Les étudiants des programmes de MBA sont souvent épuisés pendant leurs études de ce diplôme ; Pourtant, une fois leur MBA obtenu, beaucoup le considéreront comme essentiel à

leur carrière simplement en raison des exigences imposées par des cours souvent inutiles ou non pertinents.

L'effet IKEA est une forme plus simple de justification des efforts : les meubles que nous assemblons nous-mêmes peuvent sembler plus précieux que n'importe quelle pièce de créateur coûteuse, tout comme les chaussettes tricotées à la main que nous passons des heures à créer semblent souvent plus précieuses que n'importe quel article de créateur coûteux. Même les chaussettes fabriquées à la main peuvent sembler difficiles à se séparer ; jeter une paire obsolète fabriquée avec soin est difficile. Les managers qui consacrent de longues heures de travail acharné à l'élaboration d'une proposition stratégique peuvent se retrouver incapables d'évaluer objectivement ; de même, les concepteurs, rédacteurs, développeurs de produits ou tout autre professionnel qui s'inquiète de leurs créations sont également coupables.

Dans les années 1950, les préparations à gâteaux instantanées ont été introduites sur le marché et les fabricants pensaient qu'elles connaîtraient un succès instantané auprès des femmes au foyer. Malheureusement, les ménagères les ont immédiatement détestés, prouvant ainsi que les fabricants avaient tort.

Réagissant à leur facilité, les entreprises ont augmenté la difficulté de la préparation des aliments (battre soi-même un œuf). Cela a créé un sentiment accru d'accomplissement chez les femmes qui les préparaient elles-mêmes et a accru leur appréciation des produits alimentaires prêts à l'emploi.

Maintenant que vous comprenez la justification des efforts, vous pouvez évaluer les projets de manière plus objective. Expérimentez : chaque fois que vous investissez beaucoup de temps et d'énergie dans quelque chose, prenez du recul pour évaluer son résultat – uniquement le résultat. Ce roman que vous avez passé cinq ans à écrire et que personne ne souhaite publier ? Peut-être que ce n'est pas digne d'un Nobel après tout ? Et ces femmes que tu pourchassais depuis des années ? Vous accepteraient-ils plus facilement si on leur donnait une autre chance ?

Voir également : Erreur sur les coûts irrécupérables (ch. 5) ; Dissonance cognitive (ch. 50)

POURQUOI LES PETITES CHOSES S'ÉPAISSENT-ELLES ENSEMBLE ? POURQUOI CES PIÈCES BRILLENT VIVEMENT

Supposons que vous soyez membre du conseil d'administration d'une entreprise de vente au détail comptant 1 000 magasins ; la moitié sont situées en milieu urbain et l'autre moitié en milieu rural. Votre PDG a demandé à un consultant de mener une étude sur le vol à l'étalage ; maintenant, leurs conclusions ont été présentées. Sur un mur devant lui étaient affichés 100 noms de succursales qui ont connu des taux de vol élevés par rapport aux ventes, accompagnés de sa conclusion surprenante : « Les succursales avec des taux de vol plus élevés ont tendance à être situées principalement dans les zones rurales. » Après un bref moment de silence et Incrédule, le PDG s'est adressé directement à ses employés : « Après de longues délibérations et un examen attentif, nos prochaines étapes sont claires. À l'avenir, nous installerons des systèmes de sécurité supplémentaires dans toutes les succursales rurales afin que nous puissions observer ces montagnards tenter à nouveau de nous voler. Sommes-nous tous d'accord ?

Eh bien... pas entièrement. Après avoir demandé au consultant de dresser une liste des 100 succursales présentant les taux de vol les plus bas, vous êtes surpris lorsque votre liste inclut des magasins ruraux ! "L'emplacement n'est pas le facteur déterminant", vous exclamez-vous avec fierté en regardant vos collègues autour de la table. 'Questions de taille; Dans les magasins ruraux, un seul incident a souvent une influence démesurée sur les taux de vol par rapport aux grandes succursales urbaines - c'est pourquoi les taux varient plus considérablement ici que dans les succursales urbaines. " " Mesdames et messieurs, je vous présente à tous la loi des petits nombres - et cela vient de vous prendre par surprise ! »

Les gens trouvent la loi des petits nombres difficile à comprendre intuitivement, c'est pourquoi les journalistes, les managers et les membres des conseils d'administration tombent souvent dans son piège. Prenons un exemple extrême. Au lieu du taux de vol, nous examinerons le poids moyen des salariés dans chaque branche. Pour notre exemple nous considérerons deux magasins au lieu de 1 000 : méga-succursale de 1 000 salariés et mini-succursale de deux salariés ; dans les deux magasins, le poids moyen correspond à peu près au poids moyen de la population (par exemple 170 livres) ; l'embauche ou le licenciement de personnel ne modifie pas significativement cette moyenne. Mais dans les petits magasins, cela changera de manière significative plus significative en raison des changements affectant le fait que le gérant du magasin ait des collègues en surpoids ou maigres, affectant ce poids moyen de manière significative plus que dans les grandes succursales où toute décision d'embauche ou de licenciement par les gérants de magasin affecte son poids moyen. plus. Dans les petits magasins, les gérants de magasin peuvent affecter son poids moyen en embauchant/licenciant un employé ou un manager dont les collègues sont en surpoids/maigre (dans ces cas, cela affecte de manière significative le poids moyen).

Revenons un instant à notre problème de vol à l'étalage et explorons-le plus en profondeur. Il s'avère que les petites succursales ont tendance à connaître de plus grandes fluctuations de leurs taux de vol, de très élevés à extrêmement faibles - ce qu'aucun tableur de consultant ne pourrait capturer. Lors de la liste de tous les taux de vol par taille, les petits magasins apparaîtront en premier en bas, suivis des grands magasins, puis des plus petits en haut ; ce qui signifie que la conclusion du PDG était peut-être inutile, mais au moins ils n'ont plus besoin d'un système de sécurité coûteux dans les petits sites.

Imaginez lire dans le journal : « Les start-ups ont tendance à embaucher des employés plus intelligents. Une étude du National Institute of Unnecessary Research a calculé le QI moyen des entreprises américaines ; les start-ups ont embauché du matériel MENSA !' Quelle serait votre première réaction ? J'espère qu'un sourcil lèvera. Ce phénomène illustre à quel point les petites entreprises ont tendance à employer moins de travailleurs ; ainsi, leur QI moyen fluctue plus fréquemment que celui des grandes entreprises, donnant aux petites et nouvelles entreprises des scores élevés et faibles ; l'étude de l'Institut national n'a donc aucune signification réelle et confirme le hasard.

Soyez prudent lorsque vous entendez des statistiques remarquables concernant de petites entités telles que des entreprises, des ménages, des villes, des centres de données, des fourmilières, des paroisses ou des écoles ; ce qui peut sembler des découvertes étonnantes peut en réalité être le résultat inoffensif d'une distribution aléatoire. Le lauréat du prix Nobel Daniel Kahneman a révélé dans son récent livre que même les scientifiques expérimentés succombent à cette loi des petits nombres ; ce qui ne peut être considéré que comme réconfortant.

Voir aussi : Croissance exponentielle (ch. 34) ;

SOYEZ PRUDENT LORS DE LA MANIPULATION DE CE MATÉRIAU !

Le 31 janvier 2006, Google a publié ses résultats financiers pour le dernier trimestre 2005 : le chiffre d'affaires a augmenté de 97 % tandis que le bénéfice net a bondi de 82 % sur un an - un trimestre record respectivement pour le chiffre d'affaires et le bénéfice net. Comme prévu, les actions ont rapidement chuté de 16 % immédiatement après avoir entendu ces chiffres incroyables ; les échanges ont dû être suspendus puis repris, les actions ayant chuté de 15 % supplémentaires, provoquant la panique des traders sur toutes les plateformes de trading qui se sont renseignés sur les blogs pour savoir « de quel gratte-ciel est-il préférable de sauter ? '

Qu'est ce qui ne s'est pas bien passé? Les analystes de Wall Street s'attendaient à des résultats encore meilleurs. Lorsque ceux-ci ne se sont pas concrétisés, 20 milliards de dollars ont été soustraits de la valeur du géant des médias.

Tout investisseur sait qu'il est impossible de prévoir avec précision les résultats financiers. Alors que l'on pourrait s'attendre à ce que les investisseurs ignorent les mauvaises prévisions en les qualifiant de « mauvaise hypothèse, c'est mon erreur », les investisseurs réagissent souvent plus durement ; comme on l'a vu en janvier 2006 lorsque Juniper Networks a publié de manière inattendue des chiffres de bénéfice par action qui ont chuté d'un dixième en dessous des projections des analystes ; le cours de leurs actions a chuté de 21 % et la valeur de l'entreprise a chuté de 2,5 milliards de dollars alors que les attentes étaient élevées avant leur annonce et que toute disparité, aussi légère soit-elle, a été rapidement sanctionnée par les investisseurs.

De nombreuses entreprises s'efforcent de répondre aux prévisions des analystes. Pour échapper à leurs craintes, certains ont commencé à publier des estimations de bénéfices ; ce fut une erreur, car désormais le marché ne considère plus que ces prévisions internes - qu'il analyse souvent de plus près - comme outils de prévision. Les directeurs financiers doivent atteindre exactement ces objectifs ; en utilisant toutes les techniques comptables à leur disposition pour un succès maximum.

Les attentes peuvent également conduire à des incitations louables. Le psychologue américain Robert Rosenthal a mené une expérience révélatrice dans diverses écoles. Les enseignants ont été informés d'un (faux) nouveau test permettant de détecter les élèves sur le point de connaître une croissance intellectuelle ; ce qu'on appelle les « bloomers ». Vingt pour cent des étudiants sélectionnés au hasard ont été classés au hasard comme ayant un potentiel élevé ; les enseignants pensaient qu'ils étaient très performants.

Rosenthal a mené des expériences sur des étudiants pendant un an, après quoi il a découvert que ces étudiants avaient un QI considérablement plus élevé que celui des enfants du groupe témoin – c'est ce qu'on appelle l'effet Rosenthal (ou effet Pygmalion).

Cependant, contrairement aux PDG et aux directeurs financiers qui adaptent consciemment leurs performances pour répondre aux attentes, les actions des enseignants étaient généralement inconscientes. À leur insu, les enseignants ont peut-être inconsciemment consacré plus de temps aux bloomers, ce qui a conduit à un meilleur apprentissage en groupe. De plus, les enseignants étaient tellement influencés par les élèves brillants qu'ils leur attribuaient non seulement de meilleures notes, mais aussi des traits de personnalité améliorés – ce qu'on appelle l'effet de halo.

Mais comment répondre aux attentes personnelles ? Une solution est l'effet placebo - des pilules et des thérapies qui semblent peu susceptibles d'améliorer la santé mais qui le font quand même. Un tiers des patients ont enregistré cet effet, bien que son fonctionnement exact reste inconnu ; tout ce que nous savons avec certitude, c'est que les attentes affectent la biochimie du cerveau et, par conséquent, du corps tout entier. Cependant, les patients atteints de la maladie d'Alzheimer ne peuvent pas en bénéficier car leur état altère une zone responsable de la gestion des attentes dans le cerveau.

Les attentes peuvent sembler intangibles, mais elles ont des conséquences concrètes. Les attentes ont le pouvoir de modifier la réalité et il est impossible de s'en débarrasser complètement ; mais vous pouvez gérer plus judicieusement les attentes : augmentez-les pour vous et vos proches afin d'augmenter la motivation ; tout en réduisant simultanément les attentes sur des choses indépendantes de votre volonté, comme le marché boursier. Anticiper peut permettre d'éviter de mauvaises surprises !

Voir également Black Swan (ch. 75) ; Illusion de prévision (ch. 40); Effet de halo (ch. 38)

PIÈGES DE VITESSE À BORD !

Trois questions faciles. Prenez vite votre stylo et notez rapidement vos réponses dans la marge. Première question : dans un grand magasin, une raquette de ping-pong et une balle en plastique coûtent 1,10 $. Si l'un coûte un dollar de plus, combien coûte l'autre ? Deuxième question : dans une usine textile, cinq machines mettent exactement cinq minutes pour produire cinq chemises ; combien de temps faudra-t-il à 100 pour en produire 100 ? Troisièmement : un étang contient des nénuphars qui se multiplient de façon exponentielle chaque jour, occupant chaque jour plus de surface jusqu'à recouvrir complètement sa surface (48 jours pour une couverture complète ! Ne continuez pas à lire tant que toutes les réponses n'ont pas été enregistrées ! Ne continuez pas à lire avant toutes les réponses ont été écrites ! Ne lisez qu'après avoir écrit.

Chaque question contient à la fois une solution intuitive et précise ; des réponses rapides et intuitives peuvent inclure 10 cents, 100 minutes et 24 jours ; cependant, ce sont des réponses incorrectes et nécessitent plutôt cinq cents, cinq minutes et 47 jours comme solution. À combien avez-vous répondu correctement ?

Le professeur Shane Frederick a créé et administré le test de réflexion cognitive (CRT), et des milliers de personnes l'ont passé et ont obtenu un score au moins une fois. Jusqu'à présent, les étudiants du Massachusetts Institute of Technology (MIT) à Boston ont obtenu les meilleurs résultats, obtenant en moyenne 2,18 réponses correctes ; L'Université de Princeton est arrivée deuxième avec 1,63, tandis que les étudiants de l'Université du Michigan n'ont obtenu qu'une moyenne de 0,83. Mais les scores moyens dans ce cas ne révèlent pas grand-chose : ce qui est intéressant, c'est la façon dont ceux qui obtiennent des scores élevés diffèrent des autres.

Frederick a découvert que les personnes ayant de faibles résultats de CRT ont tendance à opter pour le choix le plus sûr ; quelque chose vaut toujours mieux que rien ! Alors que ceux qui ont obtenu un score d'au moins 2 ou plus préféraient souvent les options plus risquées comme le jeu, cela était particulièrement évident chez les hommes.

Une chose qui sépare les groupes est leur capacité à contrôler leurs impulsions. Nous avons discuté en détail de l'actualisation hyperbolique au chapitre 5, où nous avons évoqué le pouvoir de séduction du « maintenant ». Frederick a ensuite posé cette question aux participants : « Préféreriez-vous avoir l'article que vous désirez maintenant ou plus tard dans la vie ? »
« Dois-je choisir entre recevoir 3 400 $ maintenant ou dans un mois ? » on répond souvent qu'il faut l'obtenir immédiatement ; ceux avec des scores CRT inférieurs ont tendance à

prendre des décisions d'achat plus rapides en raison de leur impulsivité. En revanche, ceux qui obtiennent des résultats CRT élevés choisissent généralement d'attendre plusieurs semaines supplémentaires et font preuve d'une forte volonté de refuser une gratification instantanée - et sont récompensés en temps voulu.

Penser est épuisant ; En d'autres termes, la considération rationnelle nécessite plus de volonté que de céder à l'intuition. Ainsi, le psychologue Amitai Shenhav de Harvard et ses collègues de recherche ont mené une enquête pour voir comment les résultats du CRT des personnes étaient en corrélation avec leurs affiliations religieuses ; ceux qui ont obtenu des scores élevés étaient souvent athées, tandis que les participants ayant des scores CRT inférieurs croyaient en Dieu et vivaient des expériences divines plus souvent que les athées - cela est logique dans la mesure où les décideurs intuitifs ont tendance à ne pas remettre en question la doctrine religieuse de manière aussi rationnelle.

Si votre score CRT laisse à désirer et que vous souhaitez l'augmenter, commencez par accueillir même les questions de logique simples avec incrédulité. N'oubliez pas : tout ce qui semble plausible n'est pas vrai ! Alors réessayez : vous voyagez d'un point A à un point B ; sur un trajet aller-retour, vous conduisez à 100 mph et au retour, vous n'atteignez que 50. Quelle était votre vitesse moyenne sur les deux trajets ? 75 ? Ralentir!

Voir également Actualisation hyperbolique (ch. 51) ; Fatigue décisionnelle (ch. 53); Croissance exponentielle (ch. 34) ; Gambler's Fallacy (ch. 29) et The Problem With Averages (ch. 55) comme ressources supplémentaires.

Comment dénoncer les charlatans (instructions étape par étape)

Cher lecteur : À ma grande surprise, je vous connais intimement. Voici comment je vous caractériserais : « Vous avez un fort besoin que les autres vous apprécient et vous admirent ; mais vous avez aussi souvent tendance à vous critiquer. Votre potentiel est largement sous-utilisé et n'a pas encore été maximisé. Bien que vous ayez certains défauts de personnalité, ils sont généralement gérables avec quelques ajustements ; cependant, votre adaptation sexuelle vous a présenté des défis. Bien qu'extérieurement discipliné et contrôlé, vous ne vous sentez souvent pas en sécurité à l'intérieur. Parfois, vous pouvez vous demander si vous avez pris la décision appropriée ou si vous avez pris les mesures nécessaires. Votre sens du changement et de la variété vous met mal à l'aise et vous laisse insatisfait lorsque le monde devient stagnant ou restrictif. En tant que penseur indépendant, vous n'acceptez pas les déclarations des autres sans preuves adéquates. Votre expérience vous a appris qu'il n'est pas sage de se révéler trop ouvertement aux autres. Votre personnalité va d'être extravertie et amicale, parfois à introvertie et réservée ; certaines de vos aspirations pourraient même paraître élevées ! La sécurité est l'un de vos principaux objectifs dans la vie.

Vous reconnaissez-vous ? Comment mon évaluation passerait-elle de 1 (médiocre) à 5 (excellent)

Bertram Forer a mené une expérience en 1948 en utilisant des chroniques d'astrologie de divers magazines pour créer un passage exact qui pourrait ensuite être distribué à ses étudiants pour lecture et évaluation, suggérant que chaque personne recevait une évaluation personnalisée. En moyenne, ses étudiants ont attribué à Forer un score de précision de 86 %, ce qui a donné lieu à des essais répétés sur plusieurs décennies avec des résultats pratiquement identiques.

Il est fort probable que vous ayez attribué au texte quatre ou cinq étoiles. Les gens ont tendance à reconnaître bon nombre de leurs propres traits lorsqu'ils lisent des descriptions universelles – un phénomène appelé effet Forer (ou effet Barnum). Cela explique pourquoi les pseudosciences comme l'astrologie, l'astrothérapie, l'analyse de l'écriture manuscrite, l'analyse du biorythme, la chiromancie, les lectures de cartes de tarot et les séances avec des morts fonctionnent si efficacement.

Pourquoi l'effet Forer existe-t-il ? Premièrement, Forer a fait la plupart de ses déclarations dans son livre sur ces sujets.
Deuxièmement, ces affirmations s'appliquent à tout le monde : « Parfois, vous doutez sérieusement de vos actions. » Personne ne le nierait ! Troisièmement, nous avons tendance à accepter les déclarations flatteuses qui ne nous concernent pas directement : « Vous êtes fier de votre indépendance de pensée ». Qui ne le ferait pas ? Quatrièmement, le biais de

confirmation : nous acceptons les informations qui confirment ce que nous percevons de nous-mêmes tout en filtrant tout ce qui est contradictoire ; ce qui reste est un portrait cohérent.

Les consultants et les analystes peuvent réaliser une magie similaire : « Ce titre a un potentiel de croissance significatif même dans un environnement très concurrentiel ; cependant, la direction manque de l'impulsion nécessaire pour réaliser et mettre en œuvre pleinement les idées de son équipe de développement. Les dirigeants sont des professionnels expérimentés du secteur ; cependant, des signes de bureaucratisation sont évidentes ; des opportunités d'économies existent sur son compte de résultat et nous conseillons à l'entreprise de se concentrer plus étroitement sur les économies émergentes pour sécuriser ses futures parts de marché. Cela semble assez plausible ?

Comment évaluer un astrologue ? Pour une évaluation impartiale, sélectionnez vingt personnes et attribuez-leur à chacune un numéro. Demandez au gourou de caractériser chaque personne individuellement sur des cartes sans qu'elle découvre qui était son numéro avant d'avoir reçu toutes les copies. Ce n'est que lorsque la plupart des participants auront identifié « leur » description avec précision que de véritables talents pourront émerger – j'attends toujours !

Voir également : Effet positif sur les caractéristiques (ch. 95) ; Biais de confirmation (ch. 7-8) ;

POURQUOI LE TRAVAIL BÉNÉVOLAT EST POUR LES OISEAUX

La folie du bénévole

Jack, photographe pour des magazines de mode, passe du lundi au vendredi à voyager entre Milan, Paris et New York pour des missions de magazines de mode à la recherche de belles filles aux designs intéressants, dans des conditions d'éclairage impeccables. Bien connu dans les milieux sociaux, il se vante auprès de ses amis que ses honoraires d'environ 500 $ de l'heure se comparent favorablement aux tarifs du droit commercial ; "Et mes clichés sont bien meilleurs que ceux de n'importe quel banquier !"

Jack mène un style de vie enviable, mais il est récemment devenu plus philosophique. Quelque chose l'a amené à remettre en question son rapport à la mode : l'industrie lui semble désormais égoïste et le laisse agité la nuit, aspirant à un travail plus épanouissant qui lui permette de redonner quelque chose de significatif à la société, aussi petit soit-il.

Un jour, son téléphone sonne. Il s'agissait de Patrick, son ancien camarade de classe et maintenant président d'un club ornithologique local : « Samedi prochain aura lieu notre collecte annuelle de nichoirs. Nous avons besoin de bénévoles pour construire des nichoirs pour les espèces menacées, puis les placer dans les bois après notre installation. S'il vous plaît rejoignez-nous! Nous commençons à nous réunir à 8 heures du matin ; j'espère que nous aurons fini avant l'heure du déjeuner.

Que devrait dire Jack s'il se soucie vraiment de créer un monde meilleur ? Il devrait simplement refuser. Pourquoi? Jack gagne 500 $ de l'heure, tandis que les menuisiers gagnent généralement 50 $. Plutôt que d'essayer de construire lui-même des nichoirs de qualité (ce qui n'arriverait jamais), pourquoi ne pas travailler une heure supplémentaire en tant que photographe, puis embaucher un menuisier professionnel pendant six heures pour construire des maisons de qualité supérieure qui ne peuvent pas être réalisées par un amateur lui-même ? Sa déclaration de revenus couvrirait cette différence de 200 $ qui pourrait ensuite être reversée directement à un club ornithologique ? De cette façon, sa contribution irait beaucoup plus loin.

Jack apparaîtra probablement tôt samedi prochain pour assembler des nichoirs, ce que les économistes qualifient de folie du bénévole. Bien que le bénévolat soit une tendance populaire ; plus d'un quart des Américains donnent de leur temps. Pourtant, les économistes mettent en garde contre le bénévolat pour n'importe quelle cause - le bénévolat peut enlever du travail aux artisans qui autrement pourraient utiliser ces heures de manière productive pour construire eux-mêmes des nichoirs, au lieu de cela, prendre du temps sur eux-mêmes ou bricoler quelques nichoirs à la main est probablement plus efficace - lui fournir des

opportunités qui apporteraient des récompenses allant bien au-delà de toute contribution tangible de ce type que toute activité bénévole pourrait apporter.
Jack sait que ses compétences ne peuvent véritablement ajouter de la valeur que lorsqu'elles sont appliquées directement. Par exemple, si le club ornithologique planifiait une campagne postale de collecte de fonds et avait besoin de photos professionnelles prises des membres pour les inclure dans sa campagne de publipostage, il pourrait soit les prendre lui-même, soit travailler une heure supplémentaire pour embaucher un autre photographe de premier plan et faire don des fonds restants provenant de l'embauche d'un autre. meilleur photographe.

Nous arrivons maintenant au sujet controversé de l'altruisme : l'altruisme existe-t-il ou est-ce simplement un moyen pour nous d'apaiser notre ego ? Même si le bénévolat constitue souvent un moyen d'aider leur communauté, les avantages personnels tels que le développement des compétences et les opportunités de réseautage jouent également un rôle important. Soudain, nous n'agissons plus de manière purement altruiste ; de nombreux bénévoles s'engagent dans ce que l'on pourrait appeler la « gestion du bonheur personnel », avec des avantages très éloignés de ce qui était initialement prévu par le bénévolat ; à proprement parler, toute personne qui profite du bénévolat ou en ressent une certaine satisfaction n'est pas un pur altruiste.

Jack fait-il une mauvaise décision en faisant du bénévolat le samedi matin ? Pas nécessairement; Un groupe qui peut contrecarrer cette tendance est celui des célébrités comme Bono, Kate Winslet ou Mark Zuckerberg ; ils fournissent une publicité indispensable lorsqu'ils participent à des projets de volontariat impliquant la construction de nichoirs, le nettoyage des plages ou les efforts de secours en cas de tremblement de terre. Par conséquent, Jack doit soigneusement évaluer si leur participation apporterait quelque chose de valeur ; sinon, la meilleure façon pour les individus de contribuer serait probablement avec leur argent plutôt qu'avec un travail pénible.

Voir aussi Déformation Professionnelle (ch. 92) ; Biais d'omission (chapitre 44) ;

POURQUOI VOUS ÊTES UN SERVITEUR DE VOTRE

Que pensez-vous du blé génétiquement modifié ? C'est un sujet émotionnel et répondre trop rapidement peut conduire à des décisions regrettables ; adopter une approche objective nécessiterait de prendre en compte séparément ses avantages et ses inconvénients. Notez tous les avantages possibles, pesez-les en fonction de leur importance et multipliez leur probabilité par probabilité - cela donne une liste de valeurs attendues. Appliquez maintenant ce même processus lorsque vous envisagez les inconvénients potentiels. Énumérez tous les inconvénients, estimez leurs dommages potentiels et multipliez ce chiffre par leur probabilité. Soustraire les sommes positives des sommes négatives donne la valeur nette attendue – si ce nombre est supérieur à zéro, vous êtes pro-blé OGM ; sinon, cela indique que vous vous y opposez. Vous connaissez sans aucun doute cette approche de la théorie de la décision appelée valeur attendue, largement présente dans la littérature décisionnelle. Pourtant, il est fort probable qu'il ne vous soit jamais venu à l'esprit de procéder à une telle évaluation - et certainement aucun des professeurs qui rédigent des manuels n'a utilisé cette méthode pour sélectionner son conjoint !

Personne ne s'appuie vraiment sur cette méthode pour prendre des décisions. Tout d'abord, notre imagination ne va tout simplement pas assez loin ; notre compréhension ne peut aller plus loin dans ce qui a déjà été acquis grâce à l'expérience. Imaginer une tempête épique si vous n'avez que 30 ans est difficile, tandis que calculer de petites probabilités est presque impossible en raison du manque de données sur des événements rares. Troisièmement, les petites probabilités nécessitent souvent moins de points de données et conduisent à des erreurs plus importantes sur les probabilités exactes, créant ainsi un cercle d'erreurs inexorable. Notre cerveau n'est pas non plus conçu pour de tels calculs ; de tels calculs nécessitent du temps et des efforts - pas notre état naturel ! Dans notre passé évolutif, ceux qui ont trop réfléchi ont souvent été victimes de prédateurs prématurés. Les décideurs d'aujourd'hui s'appuient largement sur des raccourcis mentaux connus sous le nom d'heuristiques pour accélérer les processus de prise de décision.

L'heuristique d'affect est l'une des heuristiques les plus fréquemment utilisées. Un affect est une réaction immédiate : quelque chose que vous aimez ou n'aimez pas ; par exemple, entendre « coups de feu » suscite des associations négatives tandis qu'entendre « luxe » en produit des associations positives ; cette impulsion automatique unidimensionnelle empêche de prendre en compte les risques et les avantages lors de la prise de décisions.
Au lieu de traiter les risques et les bénéfices comme des variables indépendantes, ce qu'ils sont certainement, une heuristique affective les relie via des canaux sensoriels.

Vos réactions émotionnelles face à des questions telles que l'énergie nucléaire, les légumes biologiques, les écoles privées et les motos déterminent votre évaluation des risques et des avantages qui y sont associés. Si quelque chose vous touche émotionnellement, ses risques semblent moindres tandis que ses avantages semblent plus grands qu'ils ne le sont réellement ; à l'inverse, si quelque chose que vous n'aimez pas suscite de fortes émotions à son encontre ; les risques et les bénéfices semblent être dépendants, même si la réalité montre le contraire.

Imaginez posséder une Harley-Davidson. Si une étude indique que conduire un véhicule peut être plus risqué qu'on ne le pensait auparavant, votre subconscient pourrait réagir en évaluant ses avantages différemment et en donnant à l'expérience encore plus de liberté.

Mais comment est générée une émotion initiale spontanée, comme le bonheur ou la colère ? Des chercheurs de l'Université du Michigan ont fourni aux participants l'une des trois images pendant moins d'un centième de seconde ; des visages souriants, des visages en colère ou des personnages neutres ont été montrés brièvement auparavant. Les sujets devaient ensuite choisir s'ils aimaient un caractère chinois aléatoire qui leur avait été montré (sans connaître le chinois), la plupart des participants privilégiant ceux qui précédaient immédiatement un symbole de visage souriant. Même des facteurs apparemment insignifiants peuvent avoir de profondes répercussions sur nos émotions. Hirschleifer et Shumway ont étudié comment un facteur autrement sans conséquence a joué un rôle dans la performance du marché de 26 principales bourses entre 1982 et 1997 en testant leur relation entre les heures d'ensoleillement par matin et la performance du marché dans chaque bourse. Ils ont découvert une corrélation fascinante qui ressemble à un vieux dicton d'agriculteur : si le soleil brille le matin, les stocks ont tendance à augmenter tout au long de la journée - pas toujours, mais assez souvent. Qui aurait cru que le soleil pouvait déplacer des milliards ? Le soleil du matin semble avoir la même influence positive que les visages souriants !

Quelles que soient nos intentions, nos émotions nous contrôlent. Les décisions sont souvent prises sur la base de sentiments plutôt que de pensées ; contre toutes les meilleures intentions, nous substituons « Qu'est-ce que j'en pense ? » avec "Qu'est-ce que je ressens à ce sujet". Alors souris! Votre avenir en dépend !

Voir également Biais d'association (ch. 48) ; Aversion aux pertes (ch. 32), effet de saillance (ch. 83) et biais de contagion (ch. 54)

Bruce travaille dans le secteur des vitamines. Son père l'a lancé à une époque où les suppléments ne faisaient pas encore partie du mode de vie quotidien ; les médecins devraient les prescrire. Lorsque Bruce a pris ses fonctions de PDG au début des années 90, la demande est montée en flèche, ce qui l'a incité à contracter des emprunts massifs afin d'augmenter la production. Aujourd'hui, il est l'une des personnes les plus prospères de son secteur et président d'une association nationale de fabricants de vitamines ; presque quotidiennement depuis son enfance, il prend au moins trois multivitamines. Lorsqu'il est interviewé par des journalistes sur son efficacité ; Lorsqu'un journaliste lui a demandé s'ils avaient fait quelque chose, Bruce a répondu "J'en suis sûr" - pouvez-vous le croire ?

Voici un autre défi pour vous. Pensez à toute idée ou croyance dont vous êtes certain ; peut-être que l'or augmentera au cours des cinq prochaines années, que Dieu existe ou que votre dentiste vous facture trop cher - écrivez tout cela en une phrase et voyez si vous vous croyez vraiment !

N'êtes-vous pas convaincu que votre conviction est plus valable que celle de Bruce ? Eh bien, voici pourquoi : votre observation est interne, tandis que celle de Bruce est externe ; en d'autres termes, vous pouvez voir dans leur âme mais pas dans la vôtre.

Dans le cas de Bruce, vous pourriez penser : « Bien sûr, il est dans son intérêt de croire que les vitamines sont bénéfiques – sa richesse et son statut social dépendent de leur succès ; Toute sa vie, il a pris des pilules, donc il n'admettra jamais que c'était une perte de temps. » Mais pour vous personnellement, c'est différent : vous avez fait des recherches approfondies à l'intérieur de vous-même et vous vous en sortez comme des observateurs totalement impartiaux.

Mais la réflexion interne peut-elle vraiment être pure et honnête ? Le psychologue suédois Petter Johannson a mené une étude dans laquelle des sujets testaient deux photos de portraits de personnes prises au hasard et choisissaient quel visage était le plus attrayant ; leur a ensuite demandé de décrire de près ses caractéristiques les plus attrayantes. Mais grâce à un stratagème ingénieux - la plupart des participants n'ont pas remarqué qu'il avait changé d'image à mi-chemin - la plupart ont continué à justifier pourquoi ils préféraient tant une image ! Ses résultats de son étude : l'introspection n'est pas fiable : lorsque nous effectuons une introspection, nous faisons souvent des choix subjectifs - ce qui signifie que l'introspection n'est pas fiable : lorsque nous effectuons une auto-analyse interne Construire des résultats pour obtenir les résultats souhaités est connu sous le nom d'illusion de l'introspection - cette croyance selon laquelle la réflexion mène à la vérité ou à l'exactitude est plus qu'un sophisme, en raison de nos convictions bien ancrées, nous avons tendance à éprouver trois réactions lorsque quelqu'un ne partage pas nos points de vue : Réponse 1, 2 ou 3.

Première réponse : hypothèse d'ignorance. Vous supposez que l'autre partie ne possède pas suffisamment de connaissances ; S'ils avaient reçu vos connaissances, ils partageraient peut-être votre point de vue. Les militants politiques ont tendance à penser dans ce sens : ils croient que les Lumières persuaderont les autres de rejoindre leur camp. Réaction 2 : hypothèse d'idiotie. Réponse 3 : hypothèse de malveillance. Quand quelqu'un ne saisit pas une conclusion évidente à partir des informations disponibles et ne peut donc pas tirer les conclusions évidentes, il peut paraître ignorant et stupide à tous. Les bureaucrates aiment particulièrement utiliser cette approche car elle protège les consommateurs « stupides » d'eux-mêmes. Réponse 1 : Absence de procédure régulière. Votre interlocuteur possède toutes les informations nécessaires — et comprend même le débat — mais se montre délibérément combatif et nourrit des intentions malveillantes. De nombreux chefs et adeptes religieux voient les mécréants sous le même angle : s'ils ne sont pas d'accord avec eux, ils doivent être des agents de Satan !

Conclusion : rien n'est plus convaincant que vos propres convictions, c'est pourquoi l'introspection peut apporter une véritable connaissance de soi. Malheureusement, l'introspection est souvent falsifiée ou falsifiée par une confiance trop grande et trop prolongée dans les observations internes ; deuxièmement, notre perception de nous-mêmes est souvent plus élevée que celle des autres, ce qui crée une illusion de supériorité ; Le remède à ces deux problèmes est de devenir de plus en plus critique envers nous-mêmes — traiter les observations internes avec le même scepticisme que les affirmations de tiers ; devenez votre critique le plus sévère !

Voir également Illusion de contrôle (ch. 17) ; Biais égoïste (ch. 45) ; Biais de confirmation (chs 7-8) et syndrome non inventé ici (ch 74) pour en savoir plus sur ces sujets.

À côté de mon lit se trouvent 24 livres empilés. Même si je plonge dedans et dehors, personne ne peut quitter ma possession. Même si je sais que des lectures sporadiques ne me fourniront pas de véritables informations malgré toutes mes heures passées à lire, il serait donc plus logique pour moi de me concentrer sur un livre à la fois ; alors pourquoi est-ce que je jongle encore avec les 24 en même temps ?

Mon ami connaît un homme qui sort avec trois femmes simultanément et qui se voit fonder une famille avec l'une d'entre elles, mais il ne peut pas se résoudre à en choisir une seule - cela signifierait en laisser deux autres définitivement ; en gardant les options ouvertes, toutes les options restent disponibles, même si aucune relation réelle ne se forme en conséquence.

Le général Xiang Yu, au troisième siècle avant JC, envoya son armée traverser le fleuve Yangtze pour défier la dynastie Qin. Pendant que ses troupes dormaient, il ordonna que tous les navires soient incendiés ; le lendemain matin, il leur dit : « Maintenant, vous n'avez qu'un seul choix : soit vous battre pour gagner, soit mourir. » En éliminant la retraite comme option, il a contribué à concentrer leur attention uniquement sur la bataille. Le conquistador espagnol Cortes a utilisé des tactiques de motivation similaires lors de sa conquête du Mexique au XVIe siècle lorsqu'après avoir débarqué sur sa côte est, il a coulé son propre navire pour se motiver.

Xiang Yu et Cortes se démarquent comme des valeurs aberrantes ; la plupart des gens s'efforcent d'élargir nos options autant que possible. Les professeurs de psychologie Dan Ariely et Jiwoong Shin ont démontré la force de cet instinct à travers un jeu en ligne. Les joueurs recevaient 100 points au début et trois portes apparaissaient à l'écran : des portes rouges, bleues et vertes. L'ouverture de chacun d'eux coûte un point ; cependant, avec chaque pièce dans laquelle ils entraient, ils pouvaient gagner des points supplémentaires. Les joueurs ont réagi logiquement, choisissant de rester dans une pièce jusqu'à ce que le jeu se concrétise. Ariely et Shin ont ensuite changé les règles de sorte que si les portes n'étaient pas ouvertes dans les douze mouvements, elles commençaient à rétrécir à l'écran, pour finalement disparaître complètement ; les joueurs ont ensuite couru de porte en porte à la recherche de trésors potentiels ; cette brouillage improductif leur a permis de marquer 15 % de points en moins que lors de leur match précédent. Enfin, Ariely et Shin ont ajouté une dernière touche : ils ont changé la façon dont vous marquiez des points en augmentant la taille des portes de 25 % ! Finalement, ils ont ajouté une autre particularité : les joueurs marqueraient toujours 10 % de points cette fois-ci ! Les organisateurs ont ajouté une autre particularité : une fois de plus : les portes pouvaient se fermer en douze mouvements lorsqu'elles apparaissaient, obligeant les joueurs à passer d'une porte à l'autre aussi rapidement qu'auparavant ! Ariely et Shin ont ensuite fait un autre changement ; cette fois-ci, lorsque les portes ne se sont pas ouvertes en douze mouvements, les portes ont commencé à rétrécir hors de l'écran et ont finalement disparu hors de l'écran ! Quand Ariely et Shin ont encore changé en changeant les règles : les portes devaient s'ouvrir en douze mouvements sinon elles disparaissaient hors de l'écran ! Les joueurs ont commencé à courir de porte à porte en essayant de sécuriser l'accès à tous les trésors potentiels, ce qui a permis de marquer 15 % de points en moins ! Ariely et Shin ont ajouté une dernière tournure : cette fois-ci, par rapport au jeu précédent, marquent 15 % de points en moins marquent 15 % de points en moins qu'avant tout en ajoutant une dernière tournure : les organisateurs ont ajouté une autre tournure : une fois ouverts en douze coups, ils ont disparu progressivement de l'écran jusqu'à ce que finalement disparu avant Disparu complètement disparu lorsque les portes ont commencé à rétrécir, Ariely a changé les règles requises, la porte était maintenant ouverte en douze coups sinon, a commencé à rétrécir de l'écran en douze mouvements ou a immédiatement disparu en faisant la porte après 12 coups ou leur précédent a marqué 15 si rapidement tellement le scraming qui auparavant marquait 15% de points en moins, marquant 15% de points en moins, puis a ajouté une autre tournure en passant... Le - Ouvrir les portes coûte désormais trois points et la même anxiété s'installe : les joueurs gaspillent leurs points en essayant de garder toutes les portes ouvertes. Même après avoir appris combien de points étaient cachés dans chaque pièce, il n'y avait aucun changement ; renoncer à certaines options représentait une dépense trop importante pour eux.

Pourquoi agissons-nous de manière irrationnelle ? Parce que ses conséquences ne sont souvent pas claires. Sur les marchés financiers, par exemple, cela est évident : toute option sur un titre coûte toujours quelque chose ; il n'existe pas d'option gratuite ; Pourtant, dans d'autres domaines, les options semblent souvent gratuites ; bien qu'en réalité, cela aussi a un coût ; chaque décision nécessite de l'énergie mentale et enlève un temps précieux pour réfléchir et vivre ; Les PDG qui explorent toutes les options d'expansion possibles n'en choisissent souvent aucune au final ; les entreprises qui tentent de servir tous les segments de clientèle échouent souvent ; Les vendeurs qui recherchent des prospects finissent souvent par ne conclure aucune affaire malgré tous leurs efforts.

Les gens d'aujourd'hui ont tendance à être obsédés par la réalisation de nombreux projets en même temps et à être ouverts à toutes les opportunités qui se présentent ; mais cette approche peut rapidement faire dérailler le succès. Au lieu de cela, nous devons apprendre quand et pourquoi fermer les portes ; les stratégies commerciales servent principalement à énoncer les activités à ne pas entreprendre. Utiliser une approche similaire à celle des entreprises : énumérer ce qu'il ne faut pas poursuivre dans la vie et prendre des décisions calculées pour ne pas poursuivre certaines possibilités ; lorsqu'une option se présente, testez-la par rapport à votre liste de ne pas poursuivre avant de prendre d'autres mesures. Non seulement une liste vous aidera à éviter les ennuis, mais elle vous fera également gagner du temps lors de la prise de décisions. Avec votre liste en main, au lieu de prendre des décisions à chaque fois qu'une nouvelle porte s'ouvre - de nombreuses portes n'ont aucun sens même lorsque leurs poignées semblent assez faciles - il vous suffit de vous y référer pour faire vos choix.

Voir également : Erreur sur les coûts irrécupérables (Ch. 5) ;

AVERTISSEMENT CONCERNANT LA NÉOMANIE

Dans cinquante ans, à quoi ressemblera notre monde et quels objets nous entoureront quotidiennement ? Il est facile de se laisser entraîner dans la néomanie ; laissons de côté tout "tout neuf".

Les gens qui réfléchissaient à cette question il y a cinquante ans avaient des idées fantastiques sur ce à quoi ressemblerait « l'avenir » : des autoroutes dans le ciel, des villes ressemblant à des mondes de verre et des trains à grande vitesse filant entre les gratte-ciel. Nous vivrions dans des capsules en plastique, dans des villes sous-marines, en vacances sur la lune, en prenant des pilules au lieu d'avoir des enfants biologiques conçus par conception ; choisissez plutôt des enfants dans des catalogues pour être nos enfants ; les robots deviendraient les meilleurs amis au lieu des humains comme compagnons alors que la mort aurait été éradiquée depuis longtemps - l'image qu'ils imaginaient n'était pas loin !

Mais attendez une seconde : regardez bien autour de vous : vous êtes assis sur une chaise créée dans l'Egypte ancienne ; porter des pantalons développés il y a environ 5 000 ans par les tribus germaniques vers 750 avant JC ; les chaussures en cuir que vous portez sont originaires de la dernière période glaciaire ; vos étagères sont composées de bois, l'un des matériaux de construction les plus anciens connus de l'homme ; à l'heure du dîner, vous utilisez votre fourchette comme les Romains l'utilisaient : pour mettre dans votre bouche des morceaux d'animaux et de plantes morts à l'heure du dîner - rien n'a changé - rien n'a changé non plus ;

Se demande-t-on à quoi ressemblera notre monde dans cinquante ans ? Nassim Taleb nous donne quelques conseils dans son livre Antifragile ; prendre en compte le fait que la plupart des technologies qui ont existé au cours du dernier demi-siècle continueront à servir l'humanité pendant encore un demi-siècle – tandis que les technologies récentes deviendront obsolètes plus rapidement que prévu. Pourquoi? Considérez les inventions comme des espèces : tout ce qui a résisté à des siècles d'évolution continuera probablement à se développer également à l'avenir. L'ancienne technologie a fait ses preuves ; sa logique inhérente ne peut pas toujours être pleinement comprise. Vous devriez en tenir compte la prochaine fois que vous assisterez à une réunion stratégique, car quelque chose qui a persisté pendant des siècles doit avoir une certaine valeur. Cinquante ans dans le futur ressembleront probablement à aujourd'hui, même si vous verrez peut-être émerger de nouveaux gadgets ou inventions flashy qui pourraient susciter l'intérêt au début. Pourtant, ils vont et viennent souvent rapidement.

Lorsque nous envisageons notre avenir, nous accordons souvent trop d'importance aux innovations technologiques et aux « applications qui tuent », tout en sous-estimant leur rôle. Taleb a observé cette tendance tout au long de l'histoire. Dans les années 1960, les voyages dans l'espace étaient à la mode, ce qui a amené de nombreux étudiants à s'imaginer faire un voyage scolaire sur Mars. Plus tard dans la décennie, les maisons en plastique sont devenues à la mode, nous avons donc réfléchi à la façon dont nous pourrions décorer nos maisons transparentes avec des meubles en plastique. Il attribue cette tendance à la « néomanie », la fascination pour tout ce qui est nouveau et brillant.

Au début, j'ai ressenti de la sympathie pour les premiers utilisateurs, ces personnes qui ne peuvent pas vivre sans avoir accès au dernier iPhone. A cette époque, je pensais qu'ils étaient en avance sur leur temps ; Aujourd'hui, cependant, je les considère comme des individus irrationnels souffrant de néomanie - ils semblent moins préoccupés par la question de savoir si un produit apporte des avantages tangibles mais plus préoccupés par la nouveauté que par l'utilité réelle.

Ne prenez pas de mesures drastiques lorsque vous prévoyez l'avenir. Le film classique de Stanley Kubrick, 2001 : L'Odyssée de l'espace, sorti en 1968, sert d'illustration. Se déroulant au tournant du millénaire, cette pièce visionnaire prédisait que l'Amérique hébergerait une colonie lunaire d'un millier d'hommes, desservie par des vols de banlieue PanAm - quelque chose que personne n'avait vu venir. Je suggère plutôt cette règle empirique : tout ce qui a survécu pendant X années continuera à le faire pendant X années supplémentaires - Nassim Taleb pense que le "filtre à conneries" de l'histoire peut séparer les gadgets des changements de jeu, donc je suis prêt à faire ce pari avec lui !

Voir également Tapis roulant hédonique (ch. 46) comme exemple de la raison pour laquelle la propagande fonctionne.
La Seconde Guerre mondiale a vu toutes les nations créer des films de propagande. Celles-ci étaient utilisées pour attiser les sentiments nationalistes parmi les civils et les soldats et encourager les sacrifices pour leur nation. Après avoir dépensé des sommes exorbitantes rien qu'en films de propagande, le département américain de la Guerre a mené des études pour déterminer si ces dépenses avaient un quelconque retour. Des études ont été réalisées auprès de soldats réguliers ; leur réponse n'a pas du tout montré une augmentation de l'enthousiasme pour la guerre !

Les soldats considéraient-ils ces films comme étant de mauvaise qualité ? À peine. Au contraire, les soldats considéraient ces films comme de la propagande qui empêchait pratiquement tout message présenté dans ces films d'avoir un quelconque poids auprès du public ; même si un film a fait valoir un argument ou a suffisamment ému le public pour mériter d'être pris en considération ou apprécié pour son message ; son contenu serait simplement considéré comme creux et carrément ignoré.

Neuf semaines plus tard, quelque chose d'inattendu s'est produit : des psychologues ont procédé à une autre évaluation des attitudes des soldats à l'égard de la guerre ; Résultat : ceux qui ont regardé le film ont exprimé beaucoup plus de soutien que ceux qui ne l'ont pas vu. Evidemment, la propagande a fonctionné !

Les scientifiques étaient perplexes, sachant que le pouvoir de persuasion d'un argument diminue avec le temps, comme le fait une matière radioactive. Vous en avez probablement déjà fait l'expérience : lisez un article sur les bienfaits de la thérapie génique, devenez enthousiaste au début mais perdez rapidement tout intérêt au bout de quelques semaines ; il ne reste finalement que des restes d'enthousiasme.

Étonnamment, la propagande fonctionne souvent dans l'autre sens : une fois qu'elle touche une corde sensible chez les gens, son impact ne fait que croître avec le temps. Pourquoi? Le psychologue Carl Hovland a mené une expérience pour le ministère de la Guerre et a inventé ce phénomène « l'effet dormeur ». Actuellement, notre meilleure explication est que nos mémoires oublient la source plus rapidement que ce que dit l'argument lui-même (par exemple le Département de la Propagande) tout en se souvenant du message lui-même (c'est-à-dire que la guerre est nécessaire et noble).
Par conséquent, les informations obtenues à partir de sources non fiables gagnent progressivement en confiance au fil du temps, à mesure que les forces discréditantes se dissipent plus rapidement que leur message.

Les élections américaines comportent de plus en plus de publicités politiques négatives dans lesquelles les candidats tentent de dénigrer les résultats ou la réputation des autres par des moyens trompeusement simples - dans ce cas, les publicités politiques doivent se conformer à la loi américaine sur la campagne électorale en divulguant leurs sponsors à la fin de chaque publicité, pourtant de nombreuses études montrent que les effets dormants se produisent encore parmi les électeurs indécis à mesure que le messager s'estompe tandis que leurs déclarations restent gravées dans la mémoire - cela permet aux candidats de lancer les accusations les plus dommageables possibles contre les candidats rivaux sans craindre de représailles ou de conséquences contre l'un ou l'autre camp si le résultat final être moins négatif que prévu par la loi - cela rend le processus de publicité électorale beaucoup plus difficile qu'il ne devrait être utilisé contre des campagnes rivales par des opposants des deux côtés dans les campagnes en termes de participation électorale ou de taux de participation que ce qui aurait été possible lors des saisons de campagne précédentes.

J'ai souvent trouvé curieux de savoir comment la publicité peut fonctionner. Toute personne logique devrait facilement reconnaître les publicités pour ce qu'elles sont et les disqualifier ou les catégoriser de manière appropriée ; Pourtant, même vous, en tant que lecteur avisé et intelligent, ne réussirez pas toujours à y parvenir ; vous pourriez oublier d'où proviennent certaines informations après plusieurs semaines - qu'il s'agisse d'un article informatif ou d'un publi-reportage ringard !

Comment contrer l'effet dormeur ? Tout d'abord, méfiez-vous de tout conseil non sollicité, même s'il semble bien intentionné – cela vous protège dans une certaine mesure contre la manipulation. Deuxièmement, évitez autant que possible les sources contenant des publicités (nous avons de la chance que les livres restent sans publicité !). Troisièmement, identifiez et rappelez-vous qui est la source de chaque dispute que vous rencontrez. Essayez de comprendre autant que possible leur raisonnement ainsi que qui profite de quoi. Bien que ce processus puisse ralentir quelque peu les processus de prise de décision, il les affinera également au fil du temps.

Voir aussi Cadrage (ch. 42) ; Effets de primauté et de récence (ch. 73) ; Illusion de nouvelles (ch. 99).

Cécité alternative

Imaginez ceci : vous feuilletez une brochure vantant les avantages d'un MBA proposé dans votre université locale. Votre regard parcourt les photographies de son campus couvert de lierre et de ses installations sportives ultramodernes ; aux côtés d'images d'étudiants souriants d'origines ethniques diverses, avec un accent sur les jeunes femmes, les fonceuses chinoises et indiennes. Vous obtenez enfin un aperçu qui illustre sa valeur financière : ses frais de 100 000 $ peuvent facilement être compensés par les diplômés générant des revenus supplémentaires avant de prendre leur retraite : environ 400 000 $ après impôts ! Pas de problème.

Faux. Un tel argument cache non pas une, mais quatre erreurs. Le premier est « l'illusion du corps du nageur », dans la mesure où les programmes de MBA ont tendance à attirer des personnes soucieuses de leur carrière et qui percevront probablement des salaires supérieurs à la moyenne sans qualifications supplémentaires telles qu'un MBA. Le deuxième mythe : un MBA dure deux ans et pendant ce temps, vous pouvez vous attendre à une perte de revenus de 100 000 $; par conséquent, le coût réel d'un MBA dépasserait probablement 100 000 $ si l'on prend en compte les retours potentiels d'un investissement. Troisièmement, faire des estimations sur plus de trente ans est insensé – qui sait ce qui se passera au cours de cette période ? Enfin, d'autres options existent ; ne vous sentez pas obligé de « faire un MBA ou ne pas faire de MBA » seul. Il existe peut-être un autre programme qui coûte beaucoup moins cher et offre également des avantages en matière d'avancement de carrière. Je trouve la quatrième idée fausse particulièrement fascinante ; appelons cela la cécité alternative : lorsque nous ne parvenons pas à comparer une offre existante avec la meilleure offre alternative.

Voici un exemple financier : imaginez que vous avez de l'argent économisé sur un compte d'épargne et demandez conseil à un courtier en investissement, qui vous recommande d'acheter une obligation qui rapporte 5 % d'intérêt au lieu du 1 % que rapportent les comptes d'épargne. Pensons-nous que l'achat de l'obligation a du sens ? Personne ne sait. Considérer uniquement ces deux choix ne fournirait pas une évaluation précise ; pour évaluer véritablement tous les choix d'investissement possibles, puis sélectionner celui qui est optimal (c'est ainsi que procède l'investisseur de premier plan Warren Buffet).
Buffett mesure chaque transaction par rapport à la deuxième meilleure offre disponible à un moment donné – même si cela signifie faire davantage de ce que nous faisons déjà.

Contrairement à Warren Buffett, les politiciens sont souvent la proie d'un aveuglement alternatif. Considérez que votre ville projette de construire une arène sportive sur un terrain vide ; ses partisans pourraient affirmer que cela profitera davantage aux résidents émotionnellement et financièrement qu'un terrain vide - mais cette comparaison est erronée : ils devraient plutôt évaluer toutes les idées qui deviennent impossibles en raison de sa construction, comme les écoles, les centres des arts du spectacle, les hôpitaux ou les incinérateurs ; ils pourraient également vendre le terrain et investir le produit de la vente ou réduire la dette de la ville grâce à cette solution alternative.

Êtes-vous à la recherche de solutions alternatives ? Imaginez que votre médecin découvre une tumeur dans cinq ans et propose une opération compliquée qui, en cas de succès, l'éliminerait complètement, mais le risque est cependant considéré comme élevé avec un taux de survie global de seulement 50 %. Comment décidez-vous ? Considérez attentivement vos options : une mort certaine dans cinq ans ou une chance de 50 % de mourir la semaine prochaine ; cécité alternative ! Il existe peut-être une variante d'une procédure chirurgicale invasive disponible dans un autre hôpital de la ville qui ne la propose pas actuellement dans votre établissement. La chirurgie visant à ralentir la croissance tumorale ne pourrait atténuer que temporairement les symptômes ; cependant, cette chirurgie invasive offre plus de temps et de tranquillité d'esprit que ses alternatives ; qui sait, peut-être qu'au cours de ces dix années, des thérapies plus avancées pour éliminer les tumeurs verront le jour ?

Conclusion : si vous avez des difficultés à prendre des décisions, n'oubliez pas que plus de deux options s'offrent à vous - comme l'absence de chirurgie et la chirurgie à haut risque. Ne vous sentez pas coincé entre un choix absolu et ses alternatives possibles ; être ouvert d'esprit!

Voir Paradoxe du choix (ch. 21) ; Swimmer's Body Illusion (ch. 2) pour des lectures plus approfondies sur ces sujets.

POURQUOI NOUS CIBLONS LES JEUNES GUNNS

BIAIS DE COMPARAISON SOCIALE

Après que mon livre ait atteint la première place sur la liste des best-sellers, mon éditeur m'a demandé de l'aider à fournir l'approbation d'un autre titre par une connaissance en passe d'entrer dans la liste des dix premiers ; ils pensaient qu'un témoignage de ma part lui donnerait un coup de pouce supplémentaire pour figurer sur cette liste.

Je suis toujours étonné que ces témoignages fonctionnent, étant donné que nous savons tous que seuls les commentaires positifs figurent sur les jaquettes des livres (ce livre inclus). Un lecteur rationnel doit mettre de côté les éloges ou au moins les considérer aux côtés de toute critique potentielle qui est toujours présente, même sous des formes différentes. Bien que j'aie écrit de nombreux témoignages pour d'autres livres, aucun ne concernait des titres concurrents. En examinant mes options, j'ai réalisé que le biais de comparaison sociale avait pris effet - cette tendance à éviter d'aider ceux qui pourraient bientôt vous éclipser et paraître stupides à long terme.

Les témoignages de livres peuvent servir d'exemple inoffensif de biais de comparaison sociale ; cependant, le monde universitaire a porté cette situation à un niveau bien plus dangereux. Chaque scientifique aspire à publier autant d'articles dans des revues scientifiques prestigieuses, obtenant ainsi le droit d'évaluer les soumissions de ses collègues scientifiques soumettant leurs travaux pour publication. Au fil du temps, les éditeurs vous demandent d'évaluer les soumissions d'autres scientifiques - souvent, seuls deux ou trois experts décident quels articles seront retenus dans un domaine donné ; Avec ces connaissances à l'esprit, que se passerait-il lorsqu'un chercheur débutant soumettrait un article bouleversant qui menacerait de renverser des experts établis ? Ils deviendraient probablement particulièrement rigoureux lors de son évaluation – c'est un biais de comparaison sociale à l'œuvre !

Le psychologue Stephen Garcia et ses collègues chercheurs décrivent un exemple dans lequel un lauréat du prix Nobel a interdit à l'un de ses jeunes collègues prometteurs de postuler pour travailler dans « son » université, bien que cela puisse paraître prudent à première vue ; avec le temps, cela devient contre-productif lorsque ledit jeune collègue rejoint un autre groupe de recherche - empêchant potentiellement tout contact ultérieur entre l'ancien professeur et lui-même et ce jeune prodige.
Garcia suggère que les biais de comparaison sociale pourraient être un facteur empêchant les établissements de maintenir leur statut de groupes de recherche de classe mondiale sur une période prolongée. Peu de groupes de recherche parviennent à rester au sommet pendant de nombreuses années consécutives.

Le biais de comparaison sociale est un autre problème important pour les start-ups. Guy Kawasaki a été « l'évangéliste en chef » d'Apple pendant quatre ans et conseille aujourd'hui les entrepreneurs en tant qu'investisseur en capital-risque et conseiller. Selon Kawasaki : « Les joueurs A embauchent des gens encore meilleurs qu'eux-mêmes. Comme l'a déclaré Steve [Jobs], les joueurs B recrutent des joueurs C pour se sentir supérieurs à eux et les joueurs C recrutent des joueurs D ; lorsque vous recrutez des joueurs B, attendez-vous à ce que ce qu'il appelle « l'explosion bozo » se produise au sein de votre organisation ; l'embauche de joueurs B aboutit finalement à l'embauche de joueurs Z au lieu de joueurs B. Recommandation : embauchez des personnes meilleures que vous, sinon vous dirigerez bientôt une équipe d'opprimés. Ce que l'on appelle l'effet Duning-Kruger s'applique ici ; Les joueurs Z incompétents ont souvent le don d'en négliger l'étendue, croyant posséder plus d'intelligence qu'il n'y en a réellement ; ces personnes créent une supériorité illusoire qui les amène à commettre encore plus d'erreurs, ce qui à leur tour érode le vivier de talents au fil du temps.

Isaac Newton avait 25 ans à l'époque et lorsque son école ferma en raison d'une épidémie de peste en 1666-1667, Isaac Barrow proposa de venir voir ses recherches, que Barrow quitta immédiatement en tant que professeur pour rejoindre l'un des étudiants de Newton. - c'était vraiment noble de sa part ! Quel exemple éthique cela a donné. Et à quand remonte la dernière fois que vous avez entendu parler d'un professeur se retirant en faveur d'un autre candidat ou d'un PDG cédant son poste parce qu'il réalisait qu'un de ses employés pouvait faire un meilleur travail ?

Conclusion : En conclusion, favorisez-vous des individus plus talentueux que vous ? Même si cela peut menacer votre réputation au départ, à long terme, cela ne fera que bénéficier. De toute façon, d'autres vous dépasseront à un moment donné ; en attendant, il serait sage de se mettre à leur côté et d'apprendre d'eux - ce qui était ma motivation en écrivant le témoignage de la fin. Pour en savoir plus, voir : Envy (ch. 86) ; Effet de contraste (ch. 10).

EFFETS DE PRIMAUTÉ ET DE RÉCENCE

Permettez-moi de vous présenter deux hommes, Alan et Ben. Décidez immédiatement qui vous préférez sans trop y réfléchir : Alan est intelligent, travailleur, impulsif, critique, têtu et jaloux tandis que les qualités de Ben incluent ces caractéristiques mais avec une particularité : Ben peut aussi être jaloux, têtu, critique, impulsif, travaillant dur, intelligent. aussi. La plupart des gens choisissent Alan même si les deux descriptions semblent similaires. Votre cerveau a tendance à accorder plus d'attention aux adjectifs énumérés en premier, créant ainsi deux personnalités distinctes : Alan travaille dur tandis que Ben affiche des traits de jalousie et d'entêtement - ce qu'on appelle l'effet de primauté.

Sans l'effet de primauté, les gens renonceraient aux somptueux halls d'entrée de leur siège social ; votre avocat se sentirait tout aussi content d'apparaître portant des baskets usées plutôt que des Oxford de marque pour vos réunions.

L'effet de primauté provoque souvent des erreurs pratiques. Le lauréat du prix Nobel Daniel Kahneman explique comment, au début de sa chaire, il notait les copies d'examen dans l'ordre : l'étudiant 1 suivi de l'étudiant 2, puis toutes les questions suivantes auxquelles une réponse impeccable obtenait des notes plus élevées ; cela signifiait que les étudiants qui répondaient parfaitement deviendraient les favoris de Kahneman et cela aurait finalement un effet sur la façon dont il notait d'autres parties de leurs examens. Pour contrecarrer cet effet, Kahneman a commencé à noter les questions individuelles par lots – toutes les réponses à la question 1 étant notées, puis toutes les réponses à la question 2, etc. – contrecarrant ainsi cet effet et le neutralisant complètement.

Malheureusement, cette astuce ne fonctionne pas toujours dans la pratique ; par exemple, lorsque vous embauchez de nouveaux employés, vous risquez d'embaucher en premier la personne qui fait une bonne première impression. Maximiser l'efficacité en répondant à des questions similaires une par une de tous les candidats en ligne.

Imaginez-vous faire partie du conseil d'administration d'une entreprise. Un sujet de discussion surgit sur lequel vous n'avez pas encore pris de décision et un ou plusieurs participants présents expriment une opinion qui peut influencer la façon dont vous l'évaluez globalement. N'hésitez pas à l'exprimer avant les autres - de cette façon, tout le monde pourra apprendre.

En faisant cela, vous gagnerez plus d'influence auprès de vos collègues et les amènerez à vos côtés. Si vous présidez un comité, assurez-vous de recueillir les opinions dans un ordre aléatoire afin que personne n'ait un avantage injuste sur un autre membre.

L'effet de primauté n'est peut-être pas toujours en cause ; L'effet de récence joue souvent un rôle tout aussi influent. Les informations stockées plus récemment ont tendance à mieux rester dans notre mémoire - cela se produit parce que nos fichiers de mémoire à court terme ne contiennent qu'un espace limité ; dès que quelque chose de nouveau arrive, une pièce plus ancienne doit céder la place.

Quand la primauté l'emporte-t-elle sur l'effet de récence, et vice versa ? Face à la nécessité de prendre des décisions immédiates basées sur de multiples impressions (caractéristiques, réponses aux examens, etc.), les effets de primauté pèsent plus lourd. Mais si ces impressions se sont formées sur une période plus longue – par exemple si vous avez écouté un discours récemment, alors l'effet de récence est plus important ; vous vous souviendrez plus clairement de ses derniers points/punchlines plutôt que des premiers.

Conclusion : les impressions initiales et finales dominent, ce qui signifie que le contenu entre les deux n'a qu'une importance minime. Essayez d'éviter de prendre des décisions basées uniquement sur vos premières impressions ; ceux-ci vous tromperont sans aucun doute sous une forme ou une autre. Évaluez tous les aspects de manière juste et impartiale - même si cela peut être plus facile à dire qu'à faire - par exemple en menant des entretiens en prenant note des scores toutes les cinq minutes, puis en faisant la moyenne par la suite pour vous assurer que tous les aspects comptent de la même manière, comme les scores de bonjour et d'au revoir.

Voir également Illusion d'attention (ch. 88) ; Effet dormeur (ch. 70); Effet de saillance (ch. 83)

POURQUOI LE FAIT MAISON EST LE MEILLEUR

SYNDROME NON INVENTÉ ICI

Mes capacités culinaires sont plutôt basiques et ma femme le sait. Mais de temps en temps, j'arrive à créer quelque chose de comestible. Récemment, en achetant de la sole, j'ai créé une sauce inhabituelle composée de vin blanc, de purée de pistaches, de miel, d'écorces d'orange râpées et de vinaigre balsamique - et lorsqu'elle l'a goûtée, elle a commencé à gratter ce qu'elle considérait comme une expérience trop audacieuse ; mais j'ai trouvé que c'était délicieux et j'ai expliqué ses détails, mais aucun changement n'a pu être vu sur son expression.

Deux semaines plus tard, ma femme a de nouveau préparé de la sole pour le dîner, cette fois en la cuisinant elle-même. Elle a préparé deux sauces : sa sauce au beurre blanc éprouvée ainsi qu'une recette inhabituelle d'un grand chef français qui avait un goût horrible ; révélé plus tard comme étant suisse à la place ! De toute évidence, elle m'a pris au dépourvu ; J'avais succombé au syndrome du non-inventé ici (syndrome des NIH), dans lequel toute création que vous créez vous-même devient supérieure à tout ce qui vient après.

Le syndrome NIH amène les gens à tomber amoureux de leurs propres idées. Cela s'applique non seulement aux recettes de sauce de poisson, mais à toutes les formes de solutions, d'idées commerciales et d'inventions développées en interne ; les entreprises considèrent souvent ces concepts comme plus importants que ceux provenant de sources externes ; cependant, cela n'est pas nécessairement exact dans la réalité. J'ai récemment rencontré le PDG d'un fournisseur de logiciels pour les compagnies d'assurance maladie. Il a expliqué à quel point il était difficile pour son entreprise – même si elle était leader du marché en termes de service, de sécurité et de fonctionnalités – de vendre ses produits logiciels directement à des clients potentiels. De nombreux assureurs pensent que leurs propres solutions internes fournissent les solutions optimales, mais un autre PDG m'a expliqué à quel point il était difficile de convaincre son personnel au siège d'accepter les solutions proposées par des filiales éloignées.

Lorsque les gens collaborent pour résoudre des problèmes et évaluent eux-mêmes ces idées, le syndrome des NIH se manifeste inévitablement et suit son cours. Ainsi, cela a inévitablement un résultat percutant qui se traduit par sa manifestation percutante. Cela rend la condition d'autant plus significative.
Il est logique de diviser les équipes en deux groupes : l'un générera des idées tandis que l'autre les évaluera, les idées générées par une équipe étant évaluées par une autre, puis inversées - de cette façon, les deux groupes auront le même temps pour créer des idées et

évaluer les concepts de l'autre. Nous avons tendance à évaluer nos propres idées commerciales de manière plus positive que celles proposées par d'autres – un attribut essentiel au succès entrepreneurial mais qui conduit souvent à des rendements décevants dans les entreprises en démarrage.

Le psychologue Dan Ariely a utilisé son blog du New York Times pour quantifier le syndrome des NIH. Les lecteurs demandés par Ariely proposent des solutions à six problèmes, tels que « Comment les villes peuvent-elles réduire leur consommation d'eau sans être limitées par la loi ? », en faisant des suggestions et en évaluant la faisabilité ; en précisant davantage les investissements en temps et en argent dans chaque idée proposée ; finalement en utilisant seulement cinquante mots pour que toutes les réponses fournies correspondent exactement. Quoi qu'il en soit, la plupart des lecteurs ont jugé leurs réponses plus importantes et plus pertinentes que celles de leurs collègues contributeurs, même lorsque les soumissions étaient pratiquement identiques.

Sur le plan sociétal, le syndrome NIH peut avoir des conséquences désastreuses. Nous rejetons souvent les idées intelligentes d'autres cultures simplement parce que nous ne pouvons pas apprécier leurs mérites avérés. La Suisse, où chaque État ou canton (prononcé cantonessalee en français) possède certains pouvoirs, a été le théâtre d'un cas inhabituel d'implication nationale dans la santé (NIH) lorsqu'un petit canton a refusé d'approuver le droit de vote des femmes malgré une décision indignée d'un tribunal fédéral en 1990 qui a effectivement l'a changé - un autre exemple flagrant d'intervention nationale en matière de santé. Pensez également au rond-point moderne conçu par des ingénieurs des transports britanniques dans les années 1960 et mis en œuvre dans toute la Grande-Bretagne. Il répond à des exigences de rendement strictes. Après plusieurs décennies d'oubli et de résistance, les mesures de décongestion de la circulation, telles que les ronds-points, ont fini par se répandre à la fois en Amérique du Nord et en Europe continentale. La France à elle seule compte aujourd'hui plus de 30 000 ronds-points que de nombreux Français attribuent à tort à son créateur, qui a conçu la place de l'Étoile.

Conclusion : nous avons tendance à nous laisser emporter par nos propres idées, nous enivrant de plus en plus de leur pouvoir. Pour rester sobre et évaluer objectivement leur qualité avec le recul, lesquelles de vos idées des dix dernières années ont été vraiment exceptionnelles ? Exactement.

Voir également Illusion d'introspection (ch. 67) ; Effet de dotation (ch. 23); Biais égoïste (ch. 45) ; Effet de faux consensus (ch. 77)

"Tous les cygnes sont blancs." Pendant des siècles, cette affirmation est restée vraie. Chaque spécimen enneigé était la preuve de cette affirmation ; une autre couleur ? Impensable. C'était jusqu'en 1697, lorsque Willem de Vlamingh rencontra pour la première fois un cygne noir lors d'une expédition en Australie ; depuis lors, les cygnes noirs symbolisent les improbabilités de la vie.

Un jour de 1987 était un tel jour – Nassim Taleb a décrit cet événement dans son livre en ne donnant aucun avertissement sur son issue ! Un événement Black Swan.

Les événements Black Swan sont des événements inimaginables qui transforment radicalement la vie, la carrière et la société - depuis les météorites qui vous frappent jusqu'à la découverte de l'or par Sutter en Californie ou la mort de Sutter ; de la découverte de Sutter au développement de Spoutnik et du navigateur Internet ; ou une autre rencontre qui bouleverse complètement des vies – chacun sont des cygnes noirs potentiels qui pourraient avoir des ramifications positives ou négatives – tous sont considérés comme des cygnes noirs.

Donald Rumsfeld était autrefois célèbre pour avoir exprimé une pensée philosophique puissante lors d'une conférence de presse : il y a des choses que nous savons avec certitude (« faits connus »), certaines choses qui restent inconnues (connues inconnues) et d'autres qui nous restent cachées ou mystérieuses. (« inconnus inconnus »).

Sommes-nous en train d'explorer la taille et l'étendue de l'univers, la présence d'armes nucléaires en Iran, ou la question de savoir si Internet nous rend ou non plus intelligents ou plus stupides ? Ces questions représentent des « inconnues connues » avec lesquelles, avec suffisamment d'efforts, nous pouvons espérer un jour apporter des réponses ; contrairement aux inconnues inconnues telles que la folie Facebook que personne n'avait anticipée à ses débuts il y a dix ans : elle était vraiment inattendue et imprévisible.

Pourquoi les cygnes noirs sont-ils importants ? Même si cela peut paraître étrange, les cygnes noirs sont de plus en plus fréquents au fil du temps et ont tendance à devenir de plus en plus conséquents. Bien que nous puissions planifier notre avenir avec certitude, des événements inattendus tels que les cygnes noirs peuvent souvent nous laisser dans une situation difficile. Les boucles de rétroaction et les influences non linéaires subvertissent souvent nos meilleures intentions, conduisant à des résultats inattendus. L'une des raisons est la capacité inhérente de notre cerveau à chasser et à cueillir. À l'époque de l'âge de pierre, les chasseurs rencontraient rarement quelque chose de véritablement extraordinaire : les cerfs qu'ils chassaient étaient souvent plus lents ou plus rapides, plus gros ou plus maigres. Tout tendait vers une moyenne stable.

Aujourd'hui, c'est différent ; une percée peut multiplier vos revenus d'un ordre de grandeur - il suffit de demander à Larry Page, Usain Bolt, George Soros, J.K. Rowling ou Bono par exemple. Auparavant, de telles fortunes étaient inimaginables – ce n'est que récemment que de tels exploits ont été possibles et ont conduit à la peur actuelle des scénarios extrêmes. Étant donné que les probabilités ne peuvent pas tomber en dessous de zéro et que les pensées humaines présentent souvent des erreurs, vous devez supposer que tout a une probabilité supérieure à zéro.

Ce qui peut être fait? Placez-vous dans des situations qui pourraient vous permettre de faire un tour.

Créez-vous la possibilité d'avoir la chance de vivre un événement positif du Cygne Noir (bien que cela soit extrêmement improbable). Envisagez de devenir artiste, inventeur ou entrepreneur avec un produit évolutif. Vendre votre temps en tant qu'employé, dentiste ou journaliste ne suffira pas - même si vous êtes obligé de poursuivre sur cette voie, évitez les environnements qui pourraient permettre la survenue d'événements négatifs du type Cygne noir.
Évitez de vous endetter, investissez votre épargne de la manière la plus prudente possible et acceptez de vivre avec un niveau de vie modeste, que votre grande avancée se produise ou non.

Notes sur l'aversion à l'ambiguïté (ch. 80) ; Illusion de prévision (ch. 40); Voies alternatives (ch. 39) et attentes (ch. 62) de ce livre.

Écrire des livres sur la pensée claire apporte de nombreuses récompenses : les chefs d'entreprise et les investisseurs sont heureux de me payer pour donner des conférences sur ce sujet pour beaucoup d'argent, même si cela semble étrange puisque les livres sont beaucoup moins chers. Lors d'une conférence médicale, j'ai donné une conférence sur le taux de négligence de base en utilisant une analogie avec la médecine : en particulier, lorsque l'on parle de douleurs thoraciques lancinantes chez des patients de 40 ans, cela peut indiquer une maladie cardiaque ou simplement du stress - le stress étant beaucoup plus probable (avec un taux de base plus élevé). taux), il serait donc prudent de tester d'abord cette possibilité avant de tester les problèmes cardiaques ou le stress - ce que tous les médecins ont compris intuitivement lorsque j'ai utilisé un exemple économique ; cependant, le plus hésitant lorsqu'on essaya de comprendre cette idée en détail par rapport aux analogies de la médecine ou de la médecine en général, par rapport à l'utilisation d'un exemple économique tiré de la médecine, cette analogie fut lamentablement hésitante lors de l'explication de cet aspect de la négligence du taux de base : lorsqu'on utilise un exemple économique, le plus hésitant quand on parle de négligence du taux de base (la négligence du taux de base est plus facile).

Comme avec les investisseurs, lorsque je parle devant un public, je suis confronté à des phénomènes similaires : lorsque j'utilise des exemples issus de la finance ou de l'économie pour illustrer, les erreurs se propagent rapidement ; mais si j'utilise des exemples issus de la biologie, ils semblent perdus - montrant à quel point les connaissances ne passent pas facilement d'un domaine à l'autre - un effet connu sous le nom de dépendance au domaine.

Harry Markowitz a remporté le prix Nobel d'économie en 1990 pour sa théorie de la « sélection de portefeuille ». Ce processus détermine la composition optimale d'un portefeuille, en tenant compte à la fois des considérations de risque et de rendement. Lorsqu'il a été appliqué à l'épargne de Markowitz – comment la répartir entre actions et obligations – il a simplement choisi une distribution 50/50. Un lauréat du prix Nobel ne pouvait pas appliquer efficacement son processus méthodologique dans ses affaires personnelles ; un cas évident de dépendance au domaine ; il ne parvient donc pas à transférer les connaissances du monde universitaire dans la vie quotidienne.

Mon ami est un passionné d'adrénaline. Il aime escalader les falaises en surplomb à mains nues et sauter des montagnes en combinaison à ailes, entre autres activités aventureuses. La semaine dernière, il m'a expliqué pourquoi démarrer une entreprise peut être risqué ; la faillite ne peut pas toujours être exclue comme option. Lorsque nous avons discuté de son point de vue, j'ai répondu : « Personnellement, je préfère être en faillite que mourir ! » Il n'a pas apprécié mon raisonnement !

En tant qu'auteur, je comprends la difficulté de passer d'un domaine d'expertise à un autre.
Tracer des romans et créer des personnages me vient facilement ; les pages blanches ne me
font pas peur ! En revanche, gérer des boîtes et des écrans vides est quelque chose de tout à
fait différent.
La décoration intérieure peut être intimidante ; Je peux passer des heures à regarder dans le
vide sans avoir d'idée en tête.

Les entreprises s'appuient souvent sur la dépendance au domaine. Une entreprise de logiciels
peut embaucher un vendeur de biens de consommation efficace et constater que la transition
de ses talents de la vente de produits de consommation à la vente de services s'avère
extrêmement difficile. Un présentateur qui excelle lorsqu'il s'adresse à de petits groupes peut
faiblir une fois que son auditoire dépasse 100 personnes ; ou encore, un adepte du marketing
peut soudainement manquer de créativité stratégique alors qu'il quitte son rôle de PDG.

Markowitz nous fournit un exemple qui montre à quel point la transition de la vie
professionnelle à la vie privée peut être difficile. Je connais des PDG qui excellent en tant
que leaders au travail, mais qui semblent être des coquilles vides lorsque vient le temps
d'avoir des relations intimes en dehors des murs de leur bureau. Comme c'est souvent le cas,
les médecins sont la profession la plus fautive lorsqu'il s'agit de fumer des cigarettes et de
consommer des produits du tabac. Les policiers ont tendance à être deux fois plus violents à
la maison que les civils, tandis que les critiques littéraires reçoivent de mauvaises critiques
pour leurs livres. Les thérapeutes de couple ont tendance à vivre des mariages plus fragiles
que leurs clients ; selon le professeur de mathématiques Barry Mazur. "Il y a plusieurs
années, j'essayais de décider si je devais ou non quitter Stanford pour Harvard." Après avoir
ennuyé mes amis avec des discussions interminables, l'un d'entre eux m'a suggéré de dresser
une liste des coûts et des avantages, ainsi que de mon utilité attendue, pour calculer
approximativement. Sans réfléchir, ma réponse a été : « Allez Sandy, c'est sérieux. » Sans
réfléchir correctement à ma réponse, ma réponse a été :

Le transfert de connaissances d'un domaine à un autre peut s'avérer difficile, en particulier
entre le milieu universitaire et le monde réel, et particulièrement entre le milieu universitaire
et le monde réel, par exemple entre le milieu universitaire et des scénarios réels.
Malheureusement, cela s'applique même aux connaissances contenues dans ce livre : vous
pourriez avoir du mal à les appliquer dans la vie quotidienne ; même pour moi en tant
qu'écrivain, cette transition s'est avérée difficile ! L'intelligence des livres ne se traduit pas
facilement par l'intelligence de la rue.

Voir également Deformation Professionale (ch. 92) ; Connaissance du chauffeur (ch. 16) et
tendance au bavardage (ch. 57)

LE MYTHE DE LA PARTAGE D'ESPRIT

Quelle musique préférez-vous : la musique des années 60 ou 80 ? Quelle serait la réaction du grand public ? Les gens ont tendance à projeter leurs préférences sur les autres ; ceux qui aiment les années 1960 pourraient supposer que la plupart des autres aiment aussi ; de même, les passionnés des années 1980 pourraient supposer que la plupart des autres personnes partagent également leurs goûts musicaux. Nous pouvons souvent surestimer l'unanimité parmi les personnes qui nous entourent et supposer que tout le monde est d'accord avec nos pensées et nos croyances – ce phénomène est connu sous le nom d'effet de faux consensus.

Le psychologue de Stanford, Lee Ross, a exploré ce phénomène pour la première fois en 1977 en créant un panneau sandwich arborant le slogan « Eat at Joe's » et en demandant à des étudiants sélectionnés au hasard de le porter sur le campus pendant trente minutes, en estimant combien d'autres étudiants se porteraient volontaires pour cela ; ceux qui étaient prêts à porter le signe pensaient que la plupart des autres personnes (62 %) seraient d'accord, tandis que ceux qui refusaient poliment pensaient que la plupart (67 %) trouveraient l'idée trop stupide ; les deux groupes d'étudiants s'imaginaient faire partie de la majorité populaire.

L'effet de faux consensus peut être observé parmi les groupes d'intérêt et les factions politiques qui surestiment systématiquement la popularité de leurs causes, comme le réchauffement climatique. Aussi vital que vous trouviez cette question, vous pensez probablement que la plupart des autres personnes partagent votre point de vue à ce sujet. De même, les hommes politiques ont tendance à surestimer leur popularité en raison d'un biais d'optimisme inhérent qui ne peut que leur faire croire que leurs perspectives électorales sont plus grandes qu'elles ne le sont en réalité.

Les artistes s'en sortent encore plus mal : lorsqu'ils se lancent dans de nouveaux projets, ils s'attendent à plus de succès que jamais. Mon exemple personnel était mon roman Massimo Marini qui a connu un succès absolu ; après tout, il s'est bien comporté par rapport à ses prédécesseurs (même si ceux-ci avaient également reçu des critiques positives), qui me semblaient tout aussi bons. Malheureusement pour moi, l'opinion publique n'était pas d'accord et m'a prouvé le contraire : c'est ce qu'on appelle l'effet de faux consensus.

Et cela s'applique également dans le monde des affaires : ce n'est pas parce qu'un service R&D pense que son produit séduira les consommateurs que ceux-ci le feront également. Les entreprises dirigées par des professionnels de la technologie ont tendance à prendre des décisions en tenant compte de ce biais.
Les inventeurs ont tendance à être fascinés par les fonctionnalités avancées de leurs produits et supposent à tort que celles-ci captiveront également les clients.

L'effet de faux consensus est fascinant pour une autre raison. Lorsque les gens ne partagent pas nos opinions, nous les qualifions rapidement d'anormales ou de suspectes. L'expérience de Ross a corroboré cela ; les étudiants portant des panneaux sandwich considéraient ceux qui n'étaient pas d'accord comme arrogants ou égocentriques tandis que ceux d'un autre camp les considéraient comme des chercheurs d'attention ou des porteurs de pancartes comme des idiots et des faiseurs de bruit.

Peut-être vous souvenez-vous de l'erreur de la preuve sociale – l'idée selon laquelle une idée s'améliore à mesure que davantage de personnes y souscrivent – qui suggère un effet de faux consensus similaire à celui observé lors d'élections de faux consensus. Non. La preuve sociale est une stratégie de survie évolutive. Suivre la foule nous a plus souvent sauvé la peau au cours des 100 000 dernières années que de faire cavalier seul. Même si aucune influence extérieure n'est impliquée dans la création d'effets de faux consensus, ils remplissent néanmoins une fonction sociale ; l'évolution ne les a donc pas éliminés. Notre cerveau n'a pas été créé pour reconnaître la vérité ; leur but est plutôt de produire une progéniture autant de fois que possible. Celui qui était perçu comme courageux et convaincant (via l'effet de faux consensus) laissait une première impression impressionnante, attirait davantage de ressources et augmentait ses chances de transmettre ses gènes aux générations futures. Les sceptiques étaient perçus comme moins attrayants.

Conclusion : Reconnaître que votre vision du monde ne correspond pas à l'opinion publique n'est que la moitié de la bataille. Ne présumez pas que ceux qui ont des idées différentes sont des idiots avant de les rejeter complètement et de vous méfier d'eux. Examinez d'abord attentivement et objectivement vos hypothèses et essayez de vous remettre en question. avant de réagir négativement envers ceux qui ont des points de vue différents.

Voir également Preuve sociale (Ch. 4) et Syndrome non inventé ici (Ch. 75) pour une discussion plus approfondie de ces concepts.

AVERSION POUR L'AMBIGUÏTÉ

Deux boites. La boîte A contient 100 billes : 50 rouges et 50 noires. Dans la boîte B, peu importe laquelle est choisie sans regarder, 100 boules de même taille mais sans savoir lesquelles seront des boules rouges ou noires si l'une d'entre elles est tirée de là par accident - si une boule rouge sort, vous gagnez 100 $. ! Quelle case choisiriez-vous : A ou B ? La plupart des gens ont tendance à sélectionner A comme option.

Jouez à nouveau en utilisant exactement les mêmes cases et essayez de tirer une boule noire cette fois pour 100 $! Quelle case choisiriez-vous cette fois-ci ? Ce serait très probablement A ; cependant, en termes logiques, B contiendrait moins de boules rouges (et donc plus de boules noires), justifiant ainsi votre choix cette fois-ci.

L'erreur est courante ; ne vous inquiétez pas : ce phénomène est connu sous le nom de paradoxe d'Ellsberg et doit son nom à Daniel Ellsberg, un ancien psychologue de Harvard (il a ensuite divulgué à la presse des documents top-secrets du Pentagone, ce qui a finalement provoqué la démission du président Nixon). Le paradoxe d'Ellsberg fournit la preuve empirique que nous avons tendance à privilégier les probabilités familières par rapport aux probabilités inconnues (case A plutôt que B).

Nous revenons donc au risque et à l'incertitude (ou à l'ambiguïté) et à leurs différences. Le risque signifie que les probabilités sont connues ; l'incertitude, c'est quand les probabilités restent inconnues ; en prenant en compte le risque, vous pouvez décider si prendre un pari a du sens ou non. L'incertitude rend la prise de décision encore plus difficile et conduit souvent à des conséquences catastrophiques. Le risque et l'incertitude se confondent facilement, ce qui entraîne souvent des répercussions désastreuses pour quiconque tente de faire des calculs entre l'un et l'autre. Les statistiques sont une science ancienne vieille de 300 ans qui examine le risque. De nombreux professeurs étudient ses concepts ; cependant, il n'existe aucun manuel sur l'incertitude ; nous essayons donc d'intégrer l'incertitude dans des catégories de risque sans que cela ait beaucoup de sens. Vous trouverez ci-dessous deux exemples où cette théorie fonctionne et un autre où elle ne fonctionne pas : un en médecine (où elle fonctionne bien) et un en économie (où elle ne fonctionne pas).

Les humains représentent des milliards sur terre. Nos corps ne varient pas de manière significative, atteignant des tailles et des âges similaires (personne ne mesurera jamais 100 pieds).
On peut vivre 10 000 ans (ou seulement quelques millisecondes !). La plupart des humains possèdent deux yeux, quatre valvules cardiaques et 32 dents ; cela signifie que nous

ressemblerions à des souris du point de vue d'une autre espèce. Pour cette raison, lorsqu'il s'agit de maladies partageant des caractéristiques similaires, comme le cancer, il est logique de dire, par exemple : « Il y a un risque de 30 % que vous mourriez d'un cancer. » En revanche, affirmer qu'« il y a 30 % de chances que l'euro s'effondre d'ici cinq ans » n'aurait aucun sens. Pourquoi? L'économie réside dans un environnement d'imprévisibilité. Aucun historique monétaire ne nous permet de déduire des probabilités avec certitude ; et la différence entre risque et incertitude illustre également pourquoi l'assurance-vie et les credit default swaps diffèrent considérablement. Les swaps sur défaut de crédit (CDS) sont des polices d'assurance contre les défauts spécifiques liés à l'incapacité de payer des entreprises, tout comme l'assurance-vie couvre les risques sous une forme facilement calculable ; Les CDS introduisent de l'incertitude dans nos vies, ce qui a contribué aux turbulences financières de 2008. Lorsque des expressions telles que « le risque d'hyperinflation est de x pour cent » ou « notre position en actions est menacée de y pour cent » sont entendues, prenez note : elles devraient déclencher des signaux d'alarme.

Pour éviter des jugements hâtifs, il faut apprendre à accepter l'ambiguïté. Malheureusement, cela peut être une tâche difficile et insurmontable sur laquelle vous ne pouvez pas influencer directement. Votre amygdale joue ici un rôle essentiel - cette zone de la taille d'une noix au centre du cerveau responsable du traitement de la mémoire et des émotions joue ici également un rôle central : sa forme détermine votre capacité ou votre manque de capacité à faire face à l'incertitude ; vos tendances politiques reflètent cette dynamique puisque votre tolérance à l'incertitude diffère selon sa construction ; à bien des égards, cela est lié à la fréquence à laquelle votre vote penche vers le conservatisme – comme en témoigne en partie les causes biologiques derrière leurs tendances politiques !

Quiconque souhaite penser clairement doit comprendre la distinction entre risque et incertitude. Ce n'est que dans certains cas que nous pouvons nous fier à des probabilités claires - les casinos, les tirages à pile ou face ou les manuels de probabilités peuvent fournir une telle assurance - nous nous retrouvons souvent avec des ambiguïtés troublantes qui nécessitent de la patience dans leur gestion. Apprenez à accepter tout cela comme faisant partie de la vie !

Voir également : Black Swan (ch. 75) ; Négligence de la probabilité (ch. 26); Négligence du taux de base (ch. 28); Biais de disponibilité (ch. 11) et chemins alternatifs (ch. 39) pour des considérations plus approfondies. (82-91).

POURQUOI CONTINUEZ-VOUS AVEC LE STATUS QUO

Récemment, dans un restaurant, j'ai parcouru en désespoir de cause leur carte des vins :
Irouleguy ? Harslevelu? Susumaniello? Bien qu'il ne soit pas un expert, il était évident que
leur sommelier essayait de nous impressionner avec ses sélections mondaines. Enfin, à la
page huit, il y avait un échange sous la forme de « Notre vin maison français : Réserve du
Patron, Bourgogne 52 $ ». Immédiatement, j'ai pensé "Ça ne peut sûrement pas être pire...".

Depuis que j'ai acheté un iPhone il y a plusieurs années, il m'a permis de tout personnaliser -
utilisation des données, synchronisation des applications, paramètres de cryptage et niveaux
de volume sonore de l'obturateur de l'appareil photo - selon mes spécifications exactes. Mais
vous l'aurez deviné : aucun n'a encore été configuré !

Au fond, je ne suis pas techniquement défié ; je suis plutôt simplement une autre victime de «
l'effet par défaut ». Lorsque quelque chose nous semble confortable et invitant, nous avons
tendance à nous en tenir à ses paramètres par défaut - comme le vin de la maison et les
paramètres d'usine du téléphone portable dans lesquels nous nous installons habituellement
avec plaisir. Tout comme moi, de nombreuses personnes préfèrent les options standard aux
choix individuels - par exemple, lors de l'achat de voitures neuves, de nombreux acheteurs
ont tendance à sélectionner la couleur par défaut, quelle que soit sa disponibilité sur d'autres
modèles ; de nombreux acheteurs le choisissent malgré tout. Beaucoup optent pour le défaut
plutôt que pour toute autre chose !

Dans leur livre Nudge, l'économiste Richard Thaler et le professeur de droit Cass Sunstein
illustrent comment les gouvernements peuvent guider efficacement leurs citoyens sans violer
les libertés protégées par la Constitution. Les autorités doivent simplement proposer
quelques options - en incluant toujours une "sortie" pour ceux qui ne peuvent pas choisir
entre elles - pour que les gens puissent prendre une décision éclairée concernant les
politiques d'assurance automobile pour eux-mêmes et leurs voisins. Le New Jersey et la
Pennsylvanie l'ont démontré en proposant deux polices d'assurance automobile à leurs
habitants. Le New Jersey a présenté cette politique comme son option standard et la plupart
des gens étaient heureux d'accepter son coût inférieur et la renonciation à certains droits
d'indemnisation en cas d'accident. Les conducteurs de Pennsylvanie semblaient plus enclins à
choisir la deuxième option, plus coûteuse, comme choix standard, et en ont rapidement fait
leur best-seller. Ce résultat est tout à fait remarquable étant donné que les facteurs
déterminants des deux États sont généralement similaires.
La couverture peut différer en fonction de ce que préfère chaque individu et de son budget
souhaité.

Prenons cette expérience : il y a une grave pénurie de donneurs d'organes, mais seulement 40 % optent pour le don d'organes. Eric Johnson et Dan Goldstein ont mené un sondage demandant aux gens si, après leur décès, ils souhaitaient activement se retirer. En faisant du don d'organes l'option par défaut plutôt que l'option opt-in/opt-out par défaut, la participation a considérablement augmenté, passant de 40 % à plus de 80 % ! Cela a montré l'énorme différence entre une approche par défaut opt-in et une approche par défaut opt-out.

Lorsqu'aucune option standard n'est spécifiée, nous avons tendance à nous contenter du paramètre par défaut existant et à étendre et valider son état actuel. La nature humaine préfère ce qu'elle connaît ; ayant le choix entre essayer quelque chose de nouveau ou s'en tenir à ce que nous savons déjà, beaucoup ont tendance à préférer s'en tenir à ce qui est familier même s'ils savent que tout changement leur serait bénéfique ; ma banque me facture 60 $ par an pour envoyer des relevés de compte ; les télécharger à la place permettrait d'économiser cette dépense, mais d'une manière ou d'une autre, ce service m'irrite toujours ; peut-être parce que l'on se sent suffisamment en sécurité ?

Alors, d'où vient le biais du statu quo ? L'aversion aux pertes joue un rôle essentiel dans ce phénomène. Les pertes nous affectent deux fois plus que les gains, ce qui rend les tâches telles que la renégociation des contrats extrêmement difficiles : chaque concession que vous accordez pèse deux fois plus lourdement que tout ce que vous recevez en retour, créant des pertes nettes lors de tels échanges.

L'effet par défaut et le biais du statu quo démontrent notre forte propension à s'en tenir à l'état actuel des choses, même si cela nous désavantage. En modifiant le comportement humain en définissant différemment les paramètres par défaut, vous pouvez influencer les décisions humaines avec plus de succès.

"Peut-être que nos vies suivent un grand concept caché par défaut", ai-je suggéré à un compagnon de table, dans l'espoir de le provoquer dans une profonde discussion philosophique. Au lieu de cela, après avoir dégusté le vin de la Réserve du Patron, il a simplement déclaré : « Peut-être qu'il faut juste du temps. »
Voir également Fatigue décisionnelle (ch. 53); Paradoxe du choix (ch. 21); Aversion aux pertes (ch. 32).

POURQUOI LA "DERNIÈRE CHANCE" NOUS FAIT PANIQUER

Peur du regret || Paul possède des actions de la société A, mais au cours de l'année, il a envisagé de les vendre et d'acheter des actions de la société B. Il a finalement choisi de ne pas le faire et a réalisé aujourd'hui qu'il aurait gagné 1 200 $ de plus s'il l'avait fait à la place. Pendant ce temps, George possédait des actions de la société B mais les vendait pour acheter des actions A à la place ; Aujourd'hui, les deux hommes se rendent compte qu'ils auraient pu mieux s'en tenir à B et gagner un bénéfice supplémentaire de 1 200 $ s'ils avaient tenu le coup plus longtemps ; qui ressent le plus de regret ? Paul ou Georges ?

Le regret est le sentiment de prendre la mauvaise décision, d'espérer que quelqu'un nous donne une autre chance. Lorsqu'on leur a demandé qui se sentirait plus mal après avoir fait un mauvais choix, seuls 8 % ont choisi Paul tandis que 92 % ont choisi George alors que les deux situations étaient identiques : Paul et George ont tous deux fait de mauvais choix d'actions qui leur ont laissé un montant égal de leur poche ; Paul possédait déjà des actions de A alors que George a dû les acheter lui-même, Paul étant passif tandis que George agissant activement - il semble que ceux qui ne suivent pas la logique dominante éprouvent plus de regrets.

Le fait d'agir n'est pas toujours la source du regret ; parfois, l'inaction peut créer davantage d'impact émotionnel que de faire quelque chose pour y remédier. Prenons par exemple une maison d'édition qui est la seule à refuser de publier des livres électroniques à la mode ; son propriétaire affirme que les livres doivent rester imprimés sur papier, comme le veut la tradition. Peu de temps après, neuf éditeurs projetant de lancer des stratégies de livres électroniques ont échoué ; cela n'a laissé que les éditeurs papier conventionnels qui ont survécu avant de faire faillite - y compris un qui a essayé mais a finalement abandonné et a suivi le chemin de l'éditeur conventionnel, les maisons d'édition traditionnelles étant la victime finale ; En fin de compte, qui a le plus ressenti cette série de décisions prises ? Et qui a obtenu le plus de soutien ? À droite : l'éditeur papier conventionnel avec sa position traditionnelle contre la publication d'e-râleurs à la mode !

Prenons l'exemple du livre de Daniel Kahneman, *Thinking, Fast and Slow* : après chaque accident d'avion, nous entendons parler d'un individu qui avait l'intention de voler un jour plus tôt ou plus tard mais qui, pour une raison quelconque, a modifié sa réservation à la dernière minute - créant une exception qui attire notre attention. sympathie plus que les passagers « normaux » à bord du vol malheureux dès le début.
La peur du regret peut nous pousser à agir de manière irrationnelle ; Pour éviter son emprise indésirable sur nous, nous agissons souvent de manière conservatrice afin de ne pas trop nous écarter de ce que les autres attendent de nous. Personne n'est à l'abri ; même les traders extrêmement confiants ont tendance à vendre des actions plus exotiques le 31 décembre

(jour J pour les évaluations de performances et le calcul des bonus) juste pour ne pas trop s'écarter du troupeau. De la même manière, la peur du regret (connue sous le nom d'effet de dotation) empêche les gens de se débarrasser des objets qui ne sont plus nécessaires – craignant les répercussions du regret s'il s'avérait que vous aviez finalement besoin de ces chaussures de tennis usées !

Les remords peuvent être particulièrement accablants lorsqu'ils sont associés à une offre de « dernière chance », comme les brochures de safari qui prétendent qu'elles constituent « votre dernière opportunité de voir un rhinocéros avant que son espèce ne disparaisse ». Mais pourquoi quelqu'un prendrait-il un vol depuis l'Europe à l'heure actuelle dans un but aussi irrationnel ?

Supposons donc que vous rêviez depuis longtemps de devenir propriétaire de votre propre maison, mais que les terrains se raréfient et qu'il ne reste qu'une poignée de parcelles avec vue sur le lac ; trois se sont succédé, vous n'en laissant qu'un comme dernière chance ! Pris de panique face à ce qui semble être la dernière opportunité disponible, vous achetez ce terrain à un prix exorbitant, pensant que cela pourrait être celui-là ; en réalité, même si des biens immobiliers offrant une vue imprenable sur le lac continueront à apparaître sur le marché ; Les dernières chances peuvent nous faire paniquer et nous conduire sur cette voie - même pour les négociateurs expérimentés !

Voir également Erreur de rareté (ch. 27) ; Effet de dotation (ch. 23); Chemins alternatifs (ch. 39) et cadrage (ch. 42)

Imaginez un instant que la marijuana soit au centre du discours des médias grand public depuis un certain temps déjà, avec des émissions de télévision mettant en scène des consommateurs de marijuana, des cultivateurs et des revendeurs clandestins ; la presse tabloïd imprime des photos de filles de 12 ans fumant des joints ; des journaux explorant les aspects médicaux ainsi que les considérations philosophiques de la consommation de marijuana - tout le monde semble en parler ! Supposons que fumer n'ait aucun impact négatif sur la conduite - n'importe quel conducteur pourrait se retrouver impliqué dans un accident à un moment donné, par pure coïncidence ; De même, les conducteurs atteints d'articulations peuvent se retrouver impliqués dans des accidents de temps en temps, comme n'importe qui d'autre - entièrement par hasard !

Kurt est un journaliste local. Un soir, alors qu'il rentrait chez lui, il tombe sur une scène d'accident avec une voiture enroulée autour d'un tronc d'arbre. En raison de ses relations avec les forces de l'ordre locales, il apprend qu'ils ont trouvé de la marijuana cachée sur le siège arrière de cette voiture, ce qui l'incite à retourner précipitamment à la salle de rédaction avec ce titre : « La marijuana tue encore un autre automobiliste ».

Comme discuté précédemment, nous supposons qu'il n'y a pas de relation statistique entre la consommation de marijuana et les accidents de voiture et leurs accidents respectifs, laissant le titre de Kurt injustifié et ses affirmations non étayées par des faits. Kurt est devenu la proie de ce qu'on appelle l'effet de saillance - dans lequel des caractéristiques ou des attributs importants gagnent plus d'attention qu'ils ne le méritent ; le fait que la marijuana soit si évidente ici l'a amené à croire que cet incident en était la cause.

Lorsque Kurt se lance dans le journalisme d'affaires, un événement important se produit : l'une des plus grandes entreprises du monde vient d'annoncer qu'elle allait promouvoir une femme au poste de PDG ! Kurt, enthousiasmé par cette évolution, se lance immédiatement dans l'écriture de son commentaire : la femme a probablement été promue parce qu'elle était une femme - alors qu'en réalité cela n'avait probablement rien à voir avec le genre (puisque les hommes occupent généralement la plupart des postes les plus élevés) ; Si le leadership féminin avait été considéré comme si important par d'autres entreprises déjà actives, celles-ci l'auraient probablement fait depuis longtemps ; dans ce seul reportage, le genre devient important, gagnant ainsi un poids supplémentaire de la part de Kurt et de son lecteur.

Les journalistes ne sont pas les seuls à être victimes de l'effet de saillance : nous le sommes tous. Deux hommes braquent un magasin.
Les immigrants nigérians braquent une banque, sont immédiatement arrêtés et révélés comme tels lors d'un interrogatoire par les forces de l'ordre peu de temps après. Même si

aucun groupe ethnique particulier ne peut être tenu pour responsable de manière disproportionnée des braquages de banques, nous associons toujours les immigrés nigérians sans foi ni loi aux braquages de banques ; cela déforme notre pensée ; nous supposons que ce sont encore des immigrants sans loi ! De même, si un Arménien commet un viol, cela lui est souvent imputé plutôt qu'à d'autres facteurs présents parmi les Américains qui existent parmi les Américains plutôt qu'à d'autres facteurs présents chez les Américains qui contribuent également à la formation de préjugés bien que la grande majorité vivant une vie légale soit oubliée - nous rappelons des incidents particulièrement remarquables impliquant des immigrés dès que nous entendons parler de quelque chose les concernant et cela commence généralement par des incidents négatifs frappants !

L'effet de saillance peut façonner à la fois notre perception des événements passés et la façon dont nous envisageons l'avenir. Daniel Kahneman et Amos Tversky ont découvert que nous accordons souvent une importance excessive aux informations importantes lors de nos prévisions, ce qui peut expliquer pourquoi les investisseurs réagissent plus fortement aux nouvelles sensationnelles (telles que les licenciements de PDG) qu'aux informations moins frappantes telles que les projections de croissance des bénéfices à long terme. Même les analystes professionnels ne peuvent pas toujours contourner son influence.

Conclusion : les informations importantes ont une influence démesurée sur nos pensées et nos actions. Nous avons tendance à négliger les facteurs qui se développent lentement et qui ont des effets à long terme et que nous avons tendance à négliger complètement. Ne soyez pas aveuglé par les irrégularités ; par exemple, un livre avec une jaquette rouge vif et accrocheuse figure sur la liste des best-sellers, incitant les lecteurs à attribuer son succès uniquement à sa couverture. Ne tombez pas dans cette tentation : rassemblez suffisamment de force mentale pour combattre des explications apparemment évidentes !

Voir également L'effet Halo (ch. 38) ; Effets de primauté et de récence (ch. 73) ; Biais de confirmation (chs 7-8) ; Intronisation (ch 31) ; Erreur d'attribution fondamentale (ch 36) et heuristique d'affect (ch 66)

POURQUOI L'ARGENT N'EST PAS NU.

Un jour d'automne au début des années 1980, il y avait du vent et des feuilles mouillées tourbillonnaient. En poussant mon vélo sur la colline en direction de l'école, j'ai remarqué quelque chose d'étrange à mes pieds : une grande feuille brun rouille valait 500 francs suisses - environ 250 dollars aujourd'hui ; une fortune absolue à cette époque pour un lycéen ! Cet argent disparut bientôt de ma poche ; Je l'ai rapidement utilisé pour acheter l'un des meilleurs modèles disponibles avec freins à disque et vitesses Shimano (même si mon précédent vélo fonctionnait bien !), même si mon ancien vélo fonctionnait toujours bien comme avant !

Même si je n'étais pas complètement sans le sou à l'époque, ayant réussi à économiser quelques centaines de francs en tondant le gazon dans mon quartier, l'idée ne m'est jamais venue à l'esprit de gaspiller autant d'argent durement gagné pour quelque chose d'aussi frivole qu'aller au cinéma ou faire du shopping. - mes dépenses n'étaient pas excessives et avaient plus de sens lorsque l'on réfléchit à ce comportement ; l'argent ne peut être perçu que différemment selon sa source ; par conséquent, il est accompagné d'associations émotionnelles qui ajoutent des couches supplémentaires.

Deux questions. Imaginons qu'après avoir travaillé dur pendant un an et qu'à la fin vous constatiez que vous avez 20 000 $ de plus sur votre compte qu'au début, qu'en feriez-vous ? A) Laissez-le dans votre banque. B) Investissez-le. C) Utilisez-le pour les améliorations nécessaires comme la rénovation d'une cuisine moisie ou le remplacement de pneus usés. D) Offrez-vous des vacances en croisière extravagantes.

Comme c'est généralement le cas pour la plupart des gens, vous choisirez probablement A, B ou C comme réponse.

Deuxième question. Que feriez-vous si vous gagniez 20 000 $ à la loterie ? Choisissez parmi A, B, C ou D comme ci-dessus ; la plupart des gens prennent désormais soit C, soit D, ce qui révèle une pensée erronée ; bien que vous soyez libre de le compter comme bon vous semble ; 20 000 $ restent 20 000 $.

Les casinos nous fournissent de nombreux exemples de délires similaires à celui-ci. Un ami place 1 000 $ sur une table de roulette - pour ensuite tout perdre - puis déclare : « Je n'ai pas parié 1 000 $; J'ai gagné tout ça plus tôt. Interrogé par d'autres sur ses pertes, il répond : « Mais c'est le même montant ! et insiste : « Pas du tout !
"Ne me le dis pas !" Il rit. Nous traitons l'argent que nous gagnons, découvrons ou héritons avec plus de négligence que l'argent gagné grâce à un travail acharné ; l'économiste Richard Thaler a appelé cet effet l'effet monnaie-maison ; cela nous amène à prendre de plus grands risques ; Les gagnants de loterie se retrouvent souvent dans une situation pire une fois qu'ils

ont encaissé leurs gains ; en ce sens, le vieil adage – gagner certains, perdre certains – ne peut servir qu'à minimiser les pertes réelles.

Thaler a divisé ses étudiants en deux groupes. L'un d'eux a appris qu'il avait gagné 30 $ et qu'il pouvait participer à un tirage au sort où pile signifiait 9 $ de rendement, et face entraînerait des pertes de 9 $; 7 étudiants sur 10 ont décidé de prendre le risque et d'y participer. En revanche, un autre groupe a découvert qu'il n'avait rien gagné au premier coup d'œil, mais qu'il avait le choix entre recevoir 30 $ comme promis ou s'engager dans un autre tirage au sort où face a gagné 21 $ tandis que face a rapporté 39 $. Cependant, seulement 43 % ont choisi l'une ou l'autre option, même si les deux options offraient la même valeur attendue : 30 $.

Les stratèges marketing comprennent le pouvoir de l'effet maison-argent. Les sites de jeux en ligne vous récompensent avec un crédit de 100 $ lors de votre inscription, les sociétés de cartes de crédit offrent un crédit d'appel gratuit lorsque vous remplissez des formulaires de candidature, les compagnies aériennes offrent des miles lorsque vous adhérez à des clubs de fidélisation et les compagnies de téléphone offrent un crédit d'appel pour aider les gens à s'habituer à passer des appels. plus fréquemment - tout cela grâce à cette stratégie subtile connue sous le nom d'effet maison-argent ! Une grande partie de l'engouement pour les coupons découle de ce phénomène.

Conclusion : soyez prudent lorsque vous gagnez de l'argent ou obtenez quelque chose gratuitement auprès d'une entreprise. Il y a de fortes chances que vous le remboursiez avec intérêts par pure exubérance ; il est donc préférable de retirer toute opulence de cet argent apparemment gratuit, de le convertir en vêtements d'ouvrier, de le déposer sur votre compte bancaire ou de le réinvestir dans votre propre entreprise le plus rapidement possible.

Voir également : Effet de dotation, erreur de rareté et aversion aux pertes dans les chapitres 23 à 32 pour une analyse plus approfondie des résolutions qui ne fonctionnent pas (chp 23-25 et 32-33).

PROCRASTINATION

Mon ami est un artiste ; ses livres contiennent environ 100 pages tous les sept ans et produisent deux lignes d'impression par jour - au maximum ! Interrogé sur sa misérable productivité, il a répondu : « La recherche est bien plus agréable que l'écriture. » En tant que tel, il s'assoit à son bureau, surfant sur le Web pendant des heures ou se penchant sur des livres obscurs à la recherche d'histoires formidables et oubliées à écrire avant de se convaincre que cela n'aurait de sens que s'il était « de la bonne humeur ». Malheureusement, cela arrive assez rarement pour justifier de tergiverser dans son écriture, car il s'est convaincu de ne commencer qu'une fois que la « bonne humeur » s'est installée et s'est installée – ce qui arrive rarement !

Un autre ami essaie quotidiennement depuis dix ans d'arrêter de fumer ; chaque cigarette pourrait être sa dernière. Pendant ce temps, mes déclarations de revenus restent inachevées sur mon bureau depuis six mois ; même si je n'ai pas perdu espoir qu'ils finiront par se remplir.

La procrastination est la tendance à remettre à plus tard les actions qui nécessitent des sacrifices - aller à la salle de sport, changer de police d'assurance pour des polices moins chères ou écrire des lettres de remerciement ne sont que quelques exemples de tâches qui peuvent nécessiter d'être accomplies et les résolutions ne seront pas d'une grande aide. instances.

La procrastination est une folie, étant donné qu'aucune tâche ne s'accomplit d'elle-même. Nous savons qu'ils sont utiles, alors pourquoi les remettons-nous à une autre fois ? Parce qu'il y a un décalage entre le semis et la récolte. Le professeur de psychologie Roy Baumeister a démontré cette idée à travers une brillante expérience. Il a placé les étudiants devant un four rempli de biscuits au chocolat en cours de cuisson, envoyant leur arôme irrésistiblement parfumé dans la pièce. Il a ensuite placé un bol rempli de radis près du four et a expliqué aux étudiants qu'ils pouvaient en consommer autant qu'ils le souhaitaient sans restriction ; les cookies étaient cependant strictement interdits. Il les laissa seuls dans la pièce pendant trente minutes. Les étudiants d'un deuxième groupe ont été autorisés à se gaver librement de cookies avant que les deux groupes ne tentent un problème mathématique difficile impliquant des cookies ; ceux qui étaient interdits d'en manger ont abandonné deux fois plus vite que ceux autorisés à consommer des cookies de manière illimitée ; cette période de maîtrise de soi s'était déroulée avec succès.
La volonté était épuisée, les laissant sans assez d'énergie mentale ou de volonté pour s'attaquer à la tâche à accomplir. La volonté agit comme une batterie ; une fois épuisés, les défis futurs pourraient s'avérer insurmontables.

La maîtrise de soi ne peut pas toujours être disponible à tout moment ; il a besoin de temps et d'espace pour se rajeunir. Heureusement, tout ce qu'il faut pour atteindre cet objectif est de faire le plein de sucre dans le sang et de se détendre - deux stratégies simples mais importantes !

Bien que manger suffisamment et prendre des pauses régulières soient des éléments essentiels du succès, le prochain élément crucial consiste à utiliser diverses astuces pour rester sur la bonne voie. Cela peut impliquer d'éliminer les distractions - par exemple, lorsque j'écris des romans, je désactive souvent l'accès à Internet afin de ne pas me laisser distraire lorsque j'arrive à une partie délicate de l'écriture. Mais la technique la plus puissante de toutes consiste à fixer des délais ; Le psychologue Dan Ariely a découvert que les autorités externes - telles que les enseignants ou les responsables de l'IRS - ont tendance à mieux fonctionner. Les délais auto-imposés ne fonctionnent que si la tâche a été décomposée par étapes, chaque partie recevant sa propre date d'échéance ; d'où ces nébuleuses résolutions du Nouvel An vouées à l'échec !

La procrastination est à la fois humaine et irrationnelle ; par conséquent, pour le combattre efficacement, utilisez une approche intégrée. Ma voisine a réussi à rédiger sa thèse de doctorat en trois mois en utilisant cette stratégie : louer une petite salle sans téléphone ni connexion Internet et fixer trois dates par partie de son article pour chaque date limite qu'elle annonçait à toute personne disposée à l'écouter (y compris en les imprimant sur son papier professionnel). cartes !) Elle se ravitaillait à l'heure du déjeuner ou du soir en lisant des magazines de mode ou en dormant.

Voir également : Biais d'omission (ch. 44) ; Erreur de planification (ch. 91); Biais d'action (chapitre 43); Actualisation hyperbolique (ch. 51); Effet Zeigarnik (ch. 93)

CONSTRUISEZ VOTRE PROPRE CHÂTEAU

Envie Qu'est-ce qui vous rendrait le plus jaloux ? Il existe trois scénarios d'envie qui pourraient vous irriter : A) Lorsque le salaire de vos amis augmente alors que le vôtre reste le même. B) Leur salaire moyen diminue alors que le vôtre diminue. C) Vos salaires moyens diminuent et vice versa.

Si votre réponse est A, ne vous inquiétez pas : c'est tout à fait normal : juste une autre victime du monstre aux yeux verts !

Voici un conte russe : Un fermier trouve une lampe magique. Après l'avoir frotté, de nulle part surgit un génie sans nom, leur promettant un vœu. Après avoir réfléchi un certain temps et examiné ses options, l'agriculteur décide finalement : Mon voisin a une vache ; c'est pourquoi j'espère qu'elle mourra pour que je puisse hériter de la sienne.

Aussi absurde que cela puisse paraître, vous pouvez probablement vous identifier à l'agriculteur. Admettez-le : des pensées similaires ont dû vous traverser l'esprit à un moment donné de votre vie. Pensez à votre collègue qui gagne une grosse prime alors que vous ne recevez qu'un chèque-cadeau : l'envie peut conduire à des actions imprudentes comme refuser de l'aider plus et même crever les pneus de sa Porsche ; se réjouir secrètement lorsque sa jambe se casse en skiant est un résultat dont vous vous réjouissez secrètement.

L'envie se distingue parmi toutes les émotions comme étant une émotion facile à éliminer, contrairement à la colère, à la tristesse ou à la peur. Selon l'analyse de Balzac de l'envie comme vice - car elle n'apporte aucun bénéfice unique - l'envie ne peut servir qu'un seul objectif - la flatterie sincère ; sinon c'est du temps perdu.
L'envie peut prendre de nombreuses formes : propriété, statut, santé, popularité des jeunes talents, beauté. Parce que les réactions physiques des deux sont similaires, l'envie peut facilement être confondue avec la jalousie ; la différence réside dans quel est son sujet (statut argent santé etc). Pour que la jalousie se produise, il faut au moins deux parties impliquées tandis que l'envie en nécessite au moins trois (Peter est jaloux que Sam ne réponde pas à son téléphone tandis que la belle fille d'à côté lui appelle à la place).

L'envie peut souvent nous conduire sur une voie malsaine en se retournant contre ceux qui nous ressemblent le plus en termes d'âge, de carrière et de résidence. Mais pourquoi éprouvons-nous du ressentiment à l'égard des hommes d'affaires d'un autre siècle, des plantes ou des animaux qui ne constituent pas une menace ou n'ont pas de statut social - rien de tout cela ne mérite de toute façon l'envie !
En tant qu'écrivain, je n'envie pas les millionnaires du monde entier ; plutôt ceux de ma ville. Les musiciens, managers ou dentistes passent en premier. Les PDG envient les autres grands

PDG ; les mannequins envient les mannequins qui ont plus de succès ; comme Aristote l'a si bien dit : « Les potiers envient les potiers ».

Supposons par exemple que votre réussite financière vous permette de déménager d'un des quartiers les plus difficiles de New York vers l'Upper East Side de Manhattan. Au début, cette décision peut sembler formidable ; les amis peuvent admirer votre appartement et votre adresse. Mais peu de temps après, vous réalisez qu'il y a des appartements de proportions différentes autour de vous, ainsi que de nouveaux groupes de pairs composés d'individus beaucoup plus riches que votre ancien groupe de pairs, ce qui fait apparaître de nouveaux problèmes - l'envie et l'anxiété de statut parmi eux.

Comment combattre l'envie ? Tout d'abord, arrêtez de vous comparer aux autres. Deuxièmement, trouvez votre cercle de compétences et remplissez-le par vous-même ; taillez-vous un espace dans lequel vous brillez - aussi petit soit-il - afin que tout le monde sache que VOUS êtes le maître de ce château.

Comme toutes les émotions, l'envie trouve ses racines dans l'évolution humaine. Si l'hominidé de la grotte voisine prenait plus de viande de mammouth que ce qui était juste pour nous, les perdants, l'envie nous motivait à faire quelque chose ; des chasseurs-cueilleurs laxistes mouraient de faim tandis que d'autres se régalaient. Mais aujourd'hui, l'envie ne joue plus un rôle aussi important. Si mon voisin s'achète une Porsche, cela ne signifie pas moins pour moi !

Lorsque je sens mon envie monter, ma femme me rappelle : « C'est normal d'envier ceux que vous aspirez à devenir. »

Voir également Biais de comparaison sociale (Ch. 72) ; Tapis roulant hédonique (Ch. 46).

Personnification Pendant 18 ans, il a été interdit aux médias américains de montrer des photographies des cercueils des soldats tombés au combat. Lorsque le secrétaire à la Défense, Robert Gates, a levé cette interdiction en février 2009, des milliers d'images ont afflué sur Internet. Officiellement, les membres de la famille doivent donner leur approbation avant que quoi que ce soit puisse être publié ; mais en réalité, cette règle ne peut pas être appliquée efficacement. Cette restriction avait un seul objectif – dissimuler les véritables coûts de la guerre – en déguisant leurs véritables chiffres en statistiques alors que de vraies personnes suscitent en nous tous des émotions.

pourquoi est-ce le cas? Pendant des millénaires, les groupes ont joué un rôle essentiel à notre survie. C'est pourquoi, au cours des 100 000 dernières années, nous avons développé une incroyable capacité à lire dans les pensées des autres – ce terme scientifique est connu sous le nom de « théorie de l'esprit ». Voici une expérience pour le démontrer : vous recevez 100 $ et devez le partager avec quelqu'un, votre suggestion étant prise en compte si, s'il accepte votre offre, l'argent est divisé en conséquence ou restitué - si l'autre personne n'est pas d'accord, vous devez revenir. tout cela sans rien obtenir en retour – comment cela va-t-il se passer ?

À première vue, il serait logique de donner très peu à un inconnu, par exemple seulement 1 dollar, car tout vaudrait mieux que rien. Pourtant, les économistes menant des expériences utilisant des jeux d'ultimatum (le terme technique) ont observé que les sujets se comportaient très différemment lorsqu'ils y participaient. Ils offraient entre 30 et 50 %, tout ce qui était inférieur était considéré comme injuste – un exemple de notre empathie envers un autre être humain. Le jeu de l'ultimatum peut nous ouvrir les yeux sur la façon dont nos perceptions diffèrent selon qui regarde.

Cependant, avec une petite modification, il est possible de diminuer considérablement cette sensation : déplacer les joueurs dans des pièces séparées. Lorsque les gens ne peuvent plus voir ou n'ont jamais rencontré leurs homologues – ou n'ont jamais connu leur existence – il devient beaucoup plus difficile de simuler leurs sentiments ; finissant par devenir une pure abstraction et leur part tombe en dessous de 20 % en moyenne.

Paul Slovic a mené une autre expérience en sollicitant des dons. Un groupe a vu une photo de Rokia du Malawi - une enfant sous-alimentée vivant de charité - avant de voir sa photo et de savoir combien d'argent pourrait l'aider.
Après avoir vu les statistiques concernant la famine au Malawi, les membres d'un groupe ont fait don en moyenne de 2,83 $ sur 5 $ reçus pour répondre à une brève enquête ; après avoir vu des statistiques détaillant plus de trois millions d'enfants atteints de malnutrition, les dons moyens ont chuté de 50 % ; cela semblait contre-intuitif car on pourrait penser que la

générosité des gens augmenterait avec la connaissance de son ampleur ; malheureusement, cela ne semble pas être le cas ; ce sont les gens, et non les statistiques, qui déterminent nos actions !

Les médias reconnaissent depuis longtemps que les rapports factuels et les graphiques à barres ennuyeux n'attirent pas les lecteurs ; en conséquence, leur ligne directrice en matière de reportage a longtemps été de donner à chaque événement une « image ». Par exemple, lors d'un reportage sur une entreprise ou un État présenté dans l'actualité, une photo de son PDG apparaît généralement à côté (soit souriant, soit grimaçant en fonction de la demande du marché), les présidents ou gouverneurs d'État devenant des icônes dans ces reportages ; Quand quelque chose comme un tremblement de terre se produit, ses victimes deviennent le visage de tout cela.

Cette obsession explique le succès d'une des grandes inventions de la culture : le roman. Cette « application qui tue » littéraire projette les conflits individuels et interpersonnels sur les destins individuels. Au lieu d'un universitaire rédigeant une thèse exhaustive sur la torture psychologique dans la Nouvelle-Angleterre puritaine, nous lisons encore The Scarlet Letter de Hawthorne ; de même pour la Grande Dépression ? Même si ses statistiques peuvent sembler lointaines à la plupart d'entre nous, comme en témoignent les Raisins de la colère de Steinbeck, elles restent gravées dans les mémoires.

Conclusion : soyez prudent lorsque vous rencontrez des histoires humaines. Renseignez-vous sur leurs faits et leur répartition statistique afin de mieux contextualiser leur récit. Si vous souhaitez émouvoir ou motiver les gens à vos propres fins, assurez-vous cependant que votre histoire inclut des noms et des visages, car cela rendra la narration plus puissante.

Voir également Biais d'histoire (ch. 13) ; Illusion de nouvelles (ch. 99); Biais de liaison (ch. 22)

Après de fortes pluies dans le sud de l'Angleterre, une rivière est sortie de son lit. La police a fermé et détourné la circulation à ce passage à niveau pendant deux semaines. Pourtant, au moins une fois par jour, au moins une voiture a dépassé les panneaux d'avertissement et s'est retrouvée dans l'eau au courant rapide, ignorant complètement ce qui se trouvait juste devant elle.

Les psychologues de Harvard, Daniel Simons et Christopher Chabris, ont mené une expérience dans laquelle deux équipes d'étudiants se passaient un ballon de basket entre des équipes portant des T-shirts noirs ou blancs - les noirs portant des T-shirts noirs étant plus efficaces pour renvoyer les ballons que leurs homologues de Harvard. les passer à l'envers. Ce court clip connu sous le nom de « The Monkey Business Illusion » peut être visionné en ligne (regardez-le avant de lire la suite !). Jetez un œil ici avant de poursuivre la lecture !) Les téléspectateurs sont invités à compter la fréquence à laquelle les joueurs en T-shirts blancs passent le ballon entre les deux équipes se faufilent en cercles, se faufilant d'avant en arrière et passant d'avant en arrière. À un moment donné dans la vidéo, quelque chose d'inattendu s'est produit : un étudiant habillé en gorille est soudainement entré et a commencé à se frapper la poitrine avant de repartir rapidement. On vous demande à la fin si vous avez remarqué quelque chose d'inhabituel ; la moitié des téléspectateurs ont répondu avec incrédulité qu'il y avait même eu un comportement étrange ; ils ne pouvaient pas comprendre une telle présence - aucun gorille n'est sûrement présent ici ?

Le Monkey Business Test est l'une des expériences les plus connues en psychologie et met en évidence ce que les psychologues appellent une illusion d'attention : nous pensons remarquer tout ce qui se passe autour de nous alors qu'en réalité nous avons tendance à ne remarquer que ce sur quoi nous nous concentrons - ici, le passes effectuées par l'équipe blanche ; les interruptions inopinées peuvent même être aussi importantes et visibles qu'un gorille !

Parfois, passer des appels téléphoniques en conduisant peut mettre en danger notre perception de l'attention. La plupart du temps, cela ne pose aucun problème ; passer des appels n'a généralement aucun impact négatif sur les tâches de conduite telles que rester dans les voies et freiner si nécessaire. Mais dès que quelque chose d'inattendu se produit – comme un enfant qui traverse la route en courant – votre attention devient trop tendue pour réagir de manière appropriée à temps ; des études montrent que cela est vrai soit avec les téléphones portables, soit avec l'alcool.
Quelle que soit la manière dont vous tenez ou utilisez un téléphone, son impact sur votre temps de réponse face à des événements inattendus reste limité.

Reconnaissez-vous l'expression « L'éléphant dans la pièce ? » Cela fait référence à un sujet évident dont personne ne veut discuter ; un tabou tacite. En revanche, nous pourrions définir « Le gorille dans la pièce » comme : une question qui doit être discutée immédiatement mais qui est négligée ou ignorée parce que personne n'est au courant.

Swissair était une compagnie aérienne tellement concentrée sur son expansion qu'elle a ignoré la diminution rapide de ses liquidités, ce qui a conduit à ses faillites en 2001 et 2002. Ou pensez à la mauvaise gestion au sein des pays du bloc de l'Est qui a conduit à leur séparation, conduisant à la chute du mur de Berlin et aux risques sur les comptes des banques qui personne ne s'en souciait beaucoup avant 2007. Ces exemples nous montrent à quelle fréquence les gorilles errent parmi nous sans que nous nous en rendions compte.

Tous les événements extraordinaires ne nous échappent pas ; au contraire, ce que nous ne remarquons pas reste ignoré et nous ne le voyons pas ; nous laissant ainsi ignorer les éléments importants que nous négligeons et donnant lieu à la fausse croyance que tout ce qui est important est observé par nous.

De temps en temps, libérez-vous de l'illusion de l'attention. Réfléchissez à tous les scénarios possibles et apparemment improbables : des événements inattendus peuvent survenir dont personne ne parle ; les problèmes cachés que personne ne résout ne sont pas résolus ; soyez vigilant au silence autant qu'au bruit ; vérifier les zones périphériques au lieu de se limiter aux zones centrales ; anticipez quelque chose d'inhabituel mais d'énorme - être énorme ne garantit pas d'être remarqué ; Il faut aussi s'attendre à ce que quelque chose d'inhabituel apparaisse !

Voir également : Effet positif sur les caractéristiques (ch. 95) ; Biais de confirmation (chs 7-8), biais de disponibilité (ch 11) et effets de primauté et de récence (ch 73)

Imaginez postuler pour l'emploi de vos rêves : vous peaufinez votre CV jusqu'à ce qu'il brille, brille lors d'un entretien et mettez en valeur toutes vos réalisations et capacités tout en minimisant les faiblesses ou les revers. Lorsqu'ils vous demandent si vous pourriez augmenter vos ventes de 30 % tout en réduisant vos coûts de 30 %, votre réponse devrait être : "Considérez que c'est fait." Indépendamment de toute inquiétude en vous quant à la façon dont cela pourrait se produire, concentrez-vous d'abord sur l'impression des intervieweurs ; les détails seront suivez plus tard ; toute tentative visant à fournir des réponses non fantaisistes pourrait potentiellement vous mettre hors de combat et finalement aboutir à vous disqualifier de tout examen ultérieur par les enquêteurs ; donner même des réponses semi-réalistes qui pourraient vous mettre hors de considération - aussi bonnes soient-elles. en retour.

Imaginez-vous en tant que journaliste avec une idée de livre exceptionnelle dont tout le monde parle. Après avoir trouvé un éditeur intéressé et prêt à payer une avance, il demande quand peut-il attendre le manuscrit (peut-il être prêt dans six mois ?) Vous balbutiez : « Hmm... Aucune idée. Combien de temps cela m'a-t-il fallu la dernière fois ?" Vous répondez : "Considérez que c'est fait". Une fois le contrat signé et l'argent sur votre compte bancaire, il est toujours temps de se lancer dans d'autres projets et d'écrire des histoires !

La fausse déclaration stratégique est le terme officiel pour désigner un tel comportement : plus les enjeux sont élevés, plus vos affirmations devraient devenir exagérées. Même si les fausses déclarations stratégiques ne fonctionnent pas partout – par exemple, si un ophtalmologiste promet cinq fois de suite de vous donner une vision parfaite pour ensuite obtenir des résultats pires qu'avant après chaque procédure, vous pourriez éventuellement cesser de croire à ses promesses – les fausses déclarations stratégiques pourraient toujours s'avèrent utiles lorsque vous essayez des efforts ponctuels, tels que des entretiens (où une entreprise ne vous embauchera pas plus d'une fois !). Cependant, cela ne devrait pas non plus fonctionner ici ; au lieu de cela, cela pourrait très bien fonctionner face à des tentatives ponctuelles ou à des tentatives uniques impliquant des tentatives uniques - ce qu'un ophtalmologiste ne ferait pas.

Les mégaprojets sont particulièrement susceptibles d'être déformés lorsque leur responsabilité est diffuse, par exemple lorsque le gouvernement qui les a financés à l'origine n'est plus au pouvoir, que de nombreuses entreprises y participent et pointent souvent du doigt, ou que la date de fin est éloignée de quelques années.
Bent Flyvbjerg d'Oxford connaît intimement les projets à grande échelle. Les dépassements de coûts et de délais sont fréquents car les offres gagnantes ne reflètent pas toujours l'excellence globale ; cela se résume plutôt à ce qui semble le mieux sur le papier - ce que

Flyvbjerg appelle le « darwinisme inversé » : celui qui produit le plus d'air chaud l'emportera généralement. Les fausses déclarations stratégiques sont-elles simplement une pratique trompeuse ? Pas nécessairement; tout comme les femmes maquillées sont trompeuses tandis que les hommes qui louent des Porsche pour montrer leurs prouesses financières sont trompeurs - trompeurs mais socialement acceptables pour ne pas nous fâcher - il en va de même pour les fausses déclarations utilisées lorsque les femmes se maquillent ou que les hommes louent des Porsche pour montrer. les prouesses financières sont objectivement trompées mais socialement acceptables donc nous ne nous en énervons pas non plus ! Il en va de même pour les stratagèmes stratégiques de fausses déclarations utilisés pendant les négociations - même si une seule partie est au courant des tactiques de fausses déclarations utilisées contre une autre partie mais peut s'en sortir en étant mal représentée pendant les négociations ; la même chose compte lorsqu'elle est appliquée stratégiquement, une fausse déclaration peut être peu recommandable lorsqu'elle est appliquée en termes de tromperie lorsqu'elle est appliquée stratégiquement également - comme les hommes qui louent des Porsche pour signaler leurs prouesses financières pour signaler leurs prouesses financières mentent simplement à cet égard, mais ne s'énervent pas socialement acceptable afin que nous ne nous énervions pas à propos de fausses déclarations stratégiques. Il en va de même pour les fausses déclarations stratégiques utilisées contre eux, à la fois utilisées de manière trompeuse contre l'un ou l'autre que prévu ou traitées différemment selon. La même chose avec une fausse représentation lorsqu'elle est utilisée lorsqu'elle est mal représentée.

Les fausses déclarations stratégiques n'ont pas toujours de graves répercussions ; cependant, lorsqu'il s'agit de sujets qui comptent vraiment, comme votre santé ou vos futurs employés, soyez prudent. Lorsque vous traitez avec des gens (qu'ils soient candidats à un poste, auteurs ou ophtalmologistes), ne vous fiez pas à ce qu'ils prétendent ; regardez plutôt leurs performances passées. Lorsqu'il s'agit de projets (qu'il s'agisse de projets similaires ou de nouvelles propositions qui semblent irréalistes et optimistes). Méfiez-vous de tout ce qui semble irréaliste et optimiste ; demandez à un comptable d'examiner minutieusement les plans ; ajouter une clause dans les contrats qui stipule des pénalités si elles se produisent ; et transférez cet argent directement sur un compte séquestre pour protéger son compte séquestre en tant que mesure supplémentaire contre les dépassements de coûts.

Voir également Effet d'excès de confiance (ch. 15) pour plus de détails et où se trouve l'interrupteur d'arrêt.

TROP RÉFLÉCHIR

Il était une fois un mille-pattes intelligent qui était assis sans rien faire au bord d'une table lorsqu'il remarqua un délicieux grain de sucre à travers la pièce. Il évalua rapidement ses options : sur quel pied de table devait-il grimper ou descendre en premier ? Il devait ensuite déterminer qui devait faire le premier pas et dans quel ordre. Comme il était doué en mathématiques, il a effectué tous les calculs nécessaires et a choisi une voie plutôt que toutes les autres avant de finalement faire le premier pas. Malheureusement, ses calculs et sa contemplation l'ont amené à s'emmêler dans les airs, ce qui l'a amené à s'arrêter net avant que de nouveaux progrès n'aient pu être réalisés ; en fait, il l'a affamé et finalement l'a affamé avant que des progrès aient pu être réalisés et il est mort de faim avant de se rapprocher ou d'être plus avancé dans la vie que jamais on ne l'avait imaginé auparavant et il est mort de faim à cause d'une réflexion excessive.

Lors du tournoi de golf British Open de 1999, le golfeur français Jean Van de Velde a joué sans faute jusqu'au dernier trou, où il a mené par trois coups. Même avec cet avantage de trois coups, il pouvait confortablement se permettre deux coups au-dessus de la normale sans échouer ; entrer dans la cour des grands à quelques instants seulement ! Alors que Van de Velde s'engageait sur le parcours, des gouttes de sueur commençaient à se former sur son front. Son premier coup a fini par s'envoler dans les buissons à vingt pieds de son trou cible et a rendu Van de Velde de plus en plus nerveux pour les tirs ultérieurs qui n'ont fait qu'augmenter cette sensation d'anxiété. Van de Velde a frappé sa balle dans l'herbe jusqu'aux genoux avant de la laisser tomber dans l'eau, enlevant ses chaussures pour patauger. Pendant un instant, il envisagea de tirer depuis l'étang ; finalement, il a décidé de tirer un penalty dans le sable; après avoir tiré dessus sept fois, il a finalement réussi à se frayer un chemin sur le green et dans son trou ; Van de Velde a perdu le British Open mais s'est assuré une place dans l'histoire du sport grâce à cette désormais célèbre performance de triple bogey.

Consumer Reports a mené une expérience de dégustation avec des dégustateurs expérimentés dans les années 1980, impliquant 45 variétés de gelée de fraise. Plus tard, les professeurs de psychologie Timothy Wilson et Jonathan Schooler ont mené des tests similaires auprès d'étudiants de l'Université de Washington ; des résultats similaires ont émergé, les experts et les étudiants privilégiant des saveurs de gelée similaires. Mais Wilson est allé plus loin : il a mené un autre test avec un autre groupe d'étudiants qui préféraient des options différentes qu'auparavant - mais cette fois, ils ont choisi des options complètement différentes !
Dans le premier groupe, les participants ont rempli un long questionnaire justifiant en détail leurs notes et ont abouti à des classements complètement déséquilibrés, mettant en bas certaines des meilleures variétés.

Fondamentalement, trop réfléchir entrave l'accès à la sagesse de nos émotions. Bien que cette affirmation puisse sembler inhabituelle de la part de quelqu'un comme moi qui s'efforce d'éliminer l'irrationalité de mes processus de pensée, les émotions se forment comme des pensées rationnelles limpides ; les émotions représentent simplement une forme différente de traitement de l'information qui peut fournir des conseils plus sages que des conseils rationnels.

Cela nous amène à une question importante : quand faut-il écouter sa tête ou ses tripes ? La règle générale pourrait inclure ceci : lorsqu'il s'agit d'activités telles que la motricité (mille-pattes, Van de Velde ou l'apprentissage d'un instrument de musique) et de questions que vous avez abordées à plusieurs reprises auparavant (comme le « cercle de compétence » de Warren Buffett), il est préférable ne pas suranalyser de trop près. La prise de décision délibérative sape vos capacités intuitives à résoudre les problèmes. Tout comme à l'âge de pierre, lors de la prise de décisions liées à l'alimentation et à l'amitié, les soi-disant heuristiques étaient supérieures à la pensée rationnelle. Cependant, avec des questions complexes telles que les décisions d'investissement nécessitant une réflexion sobre, l'évolution ne nous a pas préparés à de telles considérations, de sorte que la logique éclipse toujours l'intuition.

Voir également Action Bias (Ch. 43) ; Biais d'information (Ch. 59)

POURQUOI VOUS ACCEPTEZ TROP DE DETTES (CHAPITRE 91).

Chaque matin, lorsque vous dressez votre liste de choses à faire, parvenez-vous souvent à tout cocher à la fin de chaque journée ? À quelle fréquence est-ce le cas pour la plupart des gens ? La plupart ne peuvent atteindre cet état qu'une fois tous les quelques mois. En termes simples, vous en faites trop. Vos projets sont irréalistes et ambitieux - ce qui serait pardonné si c'était la première fois que vous établissiez des listes de choses à faire, mais ce comportement est devenu une partie de votre routine au fil du temps. Ainsi, vous connaissez parfaitement vos capacités et il est peu probable que vous les surestimiez quotidiennement. Il n'y a pas de quoi rire : dans d'autres domaines de la vie, nous apprenons de l'expérience - pourquoi n'y en a-t-il pas en matière de planification ? Même si la plupart de vos efforts précédents étaient trop optimistes pour la réalité d'aujourd'hui. Daniel Kahneman qualifie ce phénomène d'erreur de planification.

Roger Buehler et son équipe de recherche ont demandé à leur classe de dernière année, dirigée par le psychologue canadien Roger Buehler, d'identifier deux dates de soumission : l'une était réaliste tandis que la seconde reflétait une date improbable du pire des cas. Seulement 30 % ont respecté des délais réalistes, alors qu'ils avaient généralement besoin de 50 % de temps supplémentaire par rapport à celui initialement prévu et de sept jours de plus que prévu pour les dates de soumission fixées dans les pires scénarios.

L'erreur de planification est particulièrement évidente lorsque les gens collaborent, que ce soit dans le domaine des affaires, de la science ou de la politique. Les groupes ont tendance à surestimer la durée et les avantages tout en sous-estimant systématiquement les coûts et les risques. Un bon exemple est l'Opéra de Sydney, qui a été planifié en 1957 et devrait être achevé en 1963 pour un coût initial estimé à 7 millions de dollars, mais qui a finalement été ouvert pour 102 millions de dollars. 14 fois plus élevé que prévu !

Pourquoi ne semblons-nous pas des planificateurs naturels ? Il peut y avoir deux raisons à l'inefficacité de nos capacités de planification. L'un d'eux est un vœu pieux : nous nous efforçons de réussir dans tout ce que nous entreprenons. Deuxièmement : trop souvent, nous nous concentrons trop intensément sur notre projet tout en négligeant les influences extérieures telles que des événements inattendus qui surviennent de manière inattendue (cela peut aussi arriver avec les horaires quotidiens, par exemple si votre fille veut quelque chose) qui nous conduisent alors sur un chemin imprévisible ; ou trop peu d'attention accordée à ces événements en raison d'une concentration trop étroite sur eux (cela pourrait même s'appliquer ici - lors de la planification).
Votre chien avale une arête de poisson. La batterie de votre voiture s'arrête de manière inattendue. Une offre pour une maison apparaît et doit être examinée de toute urgence sur

votre bureau — les plans tournent mal ! Une préparation étape par étape serait-elle une solution ? Non; la préparation étape par étape ne fait qu'amplifier les erreurs de planification en réduisant davantage la concentration, diminuant ainsi votre capacité à anticiper les surprises de la vie.

Alors, que devrais-tu faire? Déplacez votre attention des éléments internes - comme votre projet - vers les éléments externes tels que des projets similaires. Passez en revue le taux de base et évaluez les efforts passés. Si des projets similaires ont duré trois ans et ont consommé 5 millions de dollars, cela s'appliquera probablement également à votre projet, aussi soigneusement planifié soit-il. Par conséquent, avant de prendre des décisions qui s'y rapportent, il est crucial qu'une séance « prémortem » (qui signifie littéralement « avant la mort ») soit effectuée avant de faire ces choix importants. Gary Klein suggère de prononcer ce bref discours devant toute équipe réunie : "Imaginez que c'est un an plus tard et que tout s'est déroulé comme prévu mais qu'à sa place il y a eu un désastre - prenez cinq ou dix minutes pour écrire sur cette catastrophe - les histoires vous montreront comment les choses peuvent évoluer.

Voir aussi Procrastination (ch. 85) ; Illusion de prévision (ch. 40); Effet Zeigarnik (ch. 93); Pensée de groupe (ch. 25) pour en savoir plus.

SYSTÈME DE DÉFORMATION PROFESSIONNEL

Un particulier contracte un emprunt et lance sa propre entreprise pour ensuite déclarer faillite peu de temps après.

Il souffre de dépression puis se suicide.

Lisez-vous cette histoire en tant qu'analyste commercial ? En tant que tel, dans le cadre de votre travail, vous devriez tenter d'évaluer pourquoi cette idée n'a pas abouti : était-il un leader inefficace, la stratégie était-elle mauvaise, le marché était-il trop petit ou la concurrence était-elle trop féroce ? En tant que spécialiste du marketing, vous pouvez supposer que les campagnes ont été mal organisées ou qu'il n'a pas réussi à atteindre son public cible. Les experts financiers peuvent se demander si le prêt est l'instrument financier approprié ; Les journalistes locaux voient une opportunité dans cette histoire : quelle chance qu'il se soit suicidé ! En tant qu'écrivain, vous pourriez réfléchir à la façon dont un incident pourrait devenir une tragédie grecque antique. Les banquiers pourraient soupçonner qu'une erreur s'est produite dans le service des prêts. Les socialistes ont tendance à blâmer l'échec du capitalisme ; les conservateurs religieux pourraient considérer cet événement comme une punition divine ou les psychiatres reconnaîtraient de faibles niveaux de sérotonine. Alors, quel point de vue doit prévaloir ?

Aucun. Mark Twain a dit un jour : « Si tous vos outils sont des marteaux, tous vos problèmes seront des clous. » Charlie Munger, partenaire commercial de Warren Buffett et auteur de The Snowball Effect, a fait remarquer à Charlie Munger l'effet suivant de l'utilisation d'un seul modèle : « Mais cela peut être une façon totalement désastreuse de penser et d'opérer dans le monde ; par conséquent, plusieurs modèles doivent provenir de différents domaines, car toute la sagesse ne réside pas dans un seul département universitaire.

Voici quelques exemples de déformations professionnelles : les chirurgiens cherchent à résoudre chaque problème médical par la chirurgie ; les armées ont tendance à privilégier d'abord les solutions militaires ; les ingénieurs se spécialisent dans les travaux de gros œuvre ; les gourous des tendances font souvent des prédictions absurdes. En bref : lorsqu'on les interroge sur un sujet, la plupart des réponses se rapportent généralement à l'un de leurs domaines d'expertise.

Pourquoi les tailleurs ne devraient-ils pas pratiquer la couture comme ils le savent le mieux ? La déformation professionnelle se produit lorsque les gens appliquent leurs processus

spécialisés dans des domaines où ils ne devraient pas. Vous l'avez sans doute vu vous-même
?
Les enseignants grondent leurs amis comme leurs étudiants. Les nouvelles mères traitent
leurs maris comme des enfants. Ou prenez les feuilles de calcul Excel - nous les utilisons
même lorsque leur utilisation n'a aucun sens, comme pour projeter des projections
financières pour des startups ou comparer des amants potentiels que nous avons trouvés via
des sites de rencontres - elles pourraient très bien être l'une des inventions les plus
dangereuses depuis les ordinateurs. .

Même dans leur propre domaine, les critiques littéraires ont tendance à abuser du marteau.
Les évaluateurs sont formés pour détecter les références, les symboles et les messages cachés
dans les livres ; en tant que romancier moi-même, je trouve cette pratique irritante car les
critiques évoquent de tels dispositifs là où il n'en existe pas. Un peu comme le font les
journalistes économiques, qui parcourent même les commentaires mineurs des gouverneurs
des banques centrales à la recherche de toute allusion à des changements de politique
budgétaire en analysant les mots qu'ils prononcent à haute voix.

Conclusion : Lorsque vous consultez un expert, ne vous attendez pas à une meilleure
solution globale ; attendez-vous plutôt à une approche qui peut être résolue à l'aide de leur
boîte à outils. N'oubliez pas que nos esprits ne sont pas des ordinateurs centralisés, mais
contiennent plutôt de multiples outils spécialisés qui peuvent devoir être utilisés à différents
moments de leur voyage. Malheureusement, nos « couteaux de poche » sont incomplets.
Grâce à nos expériences de vie et à notre expertise professionnelle, nous possédons déjà
quelques lames. Mais afin d'affiner davantage nos compétences, il est nécessaire d'ajouter
deux ou trois outils - des modèles mentaux qui ne relèvent pas de notre domaine d'expertise
- dans notre boîte à outils. Au cours des dernières années, j'ai adopté une perspective
biologique sur la vie et acquis de nouvelles connaissances sur les systèmes complexes. Faites
le point sur vos lacunes et recherchez les connaissances et méthodologies appropriées pour y
remédier ; Cela demande environ un an d'efforts, mais cela portera ses fruits : votre couteau
de poche deviendra plus gros et plus polyvalent, votre esprit plus vif !

Voir aussi Volunteer's Folly (ch. 65) ; Dépendance au domaine (ch. 76) et erreur du joueur
(ch. 29)

MISSION ACCOMPLIE

Effet Zeigarnik

Berlin, 1927 : Plusieurs étudiants et professeurs d'université visitent un restaurant où le serveur prend commande après commande sans qu'aucun document ne soit écrit, craignant que quelque chose de grave ne se produise. Cependant, après seulement une courte attente, tous les convives ont reçu exactement ce qu'ils avaient demandé. Cependant, dans la rue après le dîner, Bluma Zeigarnik, étudiante russe en psychologie, s'est rendu compte qu'elle avait oublié son foulard au restaurant. De retour au restaurant, elle rencontre le serveur réputé pour son incroyable mémoire et lui demande s'il l'a vu. Cependant, il ne sait toujours pas où elle était assise ; à quoi elle répond avec indignation en demandant comment il a pu oublier qui et où ils étaient assis alors que sa mémoire est si incroyable ! "Comment as-tu pu m'oublier ?" demande-t-elle, incrédule face à son manque de conscience. Sa réponse : "Je garde chaque commande dans ma tête jusqu'à ce qu'elle soit servie", a-t-il répondu sèchement : "Je garde chaque commande dans ma tête jusqu'à ce qu'elle soit servie". a répondu sèchement : « Je garde chaque commande jusqu'à ce qu'elle soit servie » « Le serveur a répondu sèchement : « Je garde chaque commande en tête jusqu'à ce qu'elle soit servie » et ne se souvenait pas non plus de mes commandes précédentes » (c).

Zeigarnik et Kurt Lewin ont étudié ce comportement mystérieux et ont conclu que les gens fonctionnent généralement comme des serveurs : nous n'oublions jamais les tâches inachevées ; ils harcèlent notre conscience jusqu'à ce que nous leur prêtions attention ; Cependant, une fois terminés, ces éléments disparaissent complètement de la mémoire.

Les chercheurs appellent désormais ce phénomène l'effet Zeigarnik. Son enquête a cependant mis au jour des cas inhabituels : par exemple, certaines personnes sont restées totalement déstressées alors qu'elles avaient plusieurs projets en cours. Roy Baumeister et son équipe de recherche de la Florida State University ont récemment fait la lumière sur ce phénomène. Il a divisé les étudiants qui étaient sur le point de passer leurs examens finaux en trois groupes : Le groupe 1 était composé des fêtes organisées au cours de ce semestre tandis que les groupes 2 à 4 se concentraient sur les examens formels. Le groupe 2 devait se concentrer sur son prochain examen tandis que le groupe 3 devait créer un plan d'étude détaillé. Baumeister a ensuite demandé aux élèves des groupes 2, 3 et 4 de compléter des mots sous pression - certains ont vu "Panique", tandis que d'autres ont pensé à "Fête" ou à Paris. Cet exercice s'est avéré extrêmement instructif ; le groupe 1 semblait détendu à l'idée de passer son examen tandis que ceux dans le groupe 2, on ne pouvait penser à rien d'autre, mais ce qui ressortait vraiment, c'était le groupe 3, où les résultats étaient vraiment étonnants !

Même si ces étudiants devaient se concentrer sur un examen à venir, leur esprit restait détendu et libre de toute anxiété. Des expériences ultérieures ont vérifié cette observation :

les tâches en suspens ont tendance à nous ronger seulement jusqu'à ce que nous ayons un plan organisé sur la manière dont nous allons les aborder ; Zeigarnik pensait à tort qu'accomplir des tâches suffirait à cet égard ; une approche stratégique devrait plutôt suffire.

Le livre à succès de David Allen, Getting Things Done (GTD), proclame que son objectif est d'avoir un esprit aussi clair que l'eau. Pour atteindre cet objectif, il n'est pas nécessaire d'avoir une vie parfaitement ordonnée, mais il faut créer un plan d'action pour résoudre les problèmes imprévus de la vie et les noter étape par étape - ce n'est qu'alors que votre esprit pourra retrouver la tranquillité d'esprit. La délibération dans la planification est primordiale ; des objectifs vagues comme « organiser la fête d'anniversaire de ma femme » ou « trouver un nouvel emploi » ne peuvent pas apporter de soulagement ; Allen oblige ses clients à diviser ces projets en vingt à cinquante tâches individuelles avant de commencer de tels projets si possible afin d'assurer le succès et d'atteindre la paix de l'esprit. esprit.

La recommandation d'Allen peut aller à l'encontre de l'erreur de planification (chapitre 91) : une planification détaillée peut nous amener à négliger des facteurs extérieurs susceptibles de faire dérailler les projets, mais c'est là que réside la clé : pour avoir l'esprit tranquille, optez pour l'approche d'Allen tandis que pour des estimations plus précises des coûts , les avantages, la durée et d'autres aspects du projet recherchent des projets similaires au lieu de créer un plan détaillé. Ou faites les deux !

Cependant, vous n'avez pas besoin de gadgets de haute technologie pour accomplir cela vous-même - gardez simplement un bloc-notes près de votre lit et utilisez-le lorsque vous n'arrivez pas à dormir pour noter les tâches en suspens et la manière dont vous les exécuterez - cela devrait aider à faire taire votre intérieur. des voix qui ne cessent de crier : "vous voulez Dieu mais vous n'avez plus de nourriture pour chat", comme l'a dit Allen - son conseil reste valable même si vous avez déjà trouvé Dieu ou si vous ne possédez pas d'animaux de compagnie !

Voir aussi Procrastination (ch. 85) ; Planning Fallacy (ch. 91) pour des considérations supplémentaires.

Pourquoi semble-t-il y avoir si peu d'entrepreneurs en série, c'est-à-dire des hommes d'affaires qui créent consécutivement plusieurs entreprises rentables ? Bien sûr, Steve Jobs et Richard Branson existent, mais ils représentent une petite minorité. Les entrepreneurs en série représentent moins de 1 pour cent de tous les fondateurs de startups. Mais ces entrepreneurs en série se retirent-ils tous sur des yachts privés après avoir connu le succès, comme l'a fait le cofondateur de Microsoft, Paul Allen ? Certainement pas. Les vrais gens d'affaires possèdent trop d'énergie pour rester assis sur une chaise de plage pendant des heures. Cela est peut-être dû au fait qu'ils ne veulent pas lâcher prise et chérir leur entreprise jusqu'à l'âge de 65 ans, même si la plupart des fondateurs vendent leurs actions dans les 10 ans suivant la création de leur entreprise. On pourrait penser que des personnes dotées de talent, d'un vaste réseau personnel et de solides références seraient capables de fonder de nombreuses autres start-ups – mais beaucoup n'y parviennent pas. Pourquoi s'arrêtent-ils ? Ils ne se sont pas arrêtés ; ils n'y sont tout simplement pas parvenus. La chance joue un rôle plus important que les compétences lorsqu'il s'agit de réussite commerciale, ce dont aucun homme d'affaires n'aime entendre parler. Je me souviens m'être senti mal à l'aise lorsque j'ai entendu parler de cette idée pour la première fois ; ma pensée immédiate a été : « Mon succès était-il simplement aléatoire ? ». Au début, cela peut sembler offensant que la chance ait joué un si grand rôle.

Adoptons une approche honnête et réaliste de la réussite commerciale. Dans quelle mesure cela dépend-il du travail acharné et du talent distinctif par rapport à la chance ? Malheureusement, cette question peut facilement conduire à des perceptions erronées ; Même si le talent joue un rôle essentiel dans la réussite de toute entreprise, le travail acharné ne permet pas à lui seul d'obtenir des résultats. Malheureusement, ni les compétences ni le travail acharné ne suffisent à eux seuls pour réussir ; ces deux éléments sont des facteurs nécessaires – mais pas suffisants. Comment pouvons-nous savoir cela ? Il existe un test simple et direct : lorsqu'une personne connaît un succès à long terme par rapport à ses pairs moins qualifiés, le talent devient primordial. Malheureusement, cela ne s'applique pas aux fondateurs d'entreprises ; sinon, la plupart des entrepreneurs qui réussissent continueraient de lancer plusieurs startups une fois le succès initial atteint.

Quel rôle les dirigeants d'entreprise jouent-ils dans la réussite d'une entreprise ? Les chercheurs ont identifié des caractéristiques associées au fait d'être un PDG fort - les procédures de gestion et l'excellence stratégique antérieure à titre d'exemples.
Les chercheurs ont ensuite mesuré la corrélation entre le comportement des PDG, d'une part, et la croissance de la valeur de l'entreprise au cours de leur mandat, d'autre part. Leur

conclusion : si l'on compare aléatoirement deux entreprises, dans 60 % des cas, le PDG le plus fort dirige l'entreprise la plus puissante. Kahneman a constaté que dans 40 % des cas, les PDG les plus faibles dirigeaient des entreprises plus fortes ; cela ne représentait que 10 points de pourcentage de plus qu'une absence de relation du tout. Il a conclu en notant que les gens n'achètent généralement pas avec enthousiasme des livres écrits sur des chefs d'entreprise qui ne sont que légèrement meilleurs que la moyenne en moyenne ; même Warren Buffett ne voit aucun sens à élever certains PDG ; son avis ? « [?...?] Un bon bilan de gestion dépend davantage du bateau dans lequel on s'engage que de l'efficacité avec laquelle on le dirige. »

Certains domaines ne dépendent pas du tout des compétences. Kahneman a décrit dans son livre Thinking, Fast and Slow sa visite dans une société de gestion d'actifs qui lui a envoyé une feuille de calcul avec les performances de chaque conseiller sur huit ans dans le cadre de leur briefing pour lui. À partir de ces données, Kahneman a attribué à chaque groupe un classement : 1, 2, 3, etc. par ordre décroissant. Il a rapidement calculé leur relation au fil des années. Il a ensuite calculé la corrélation des classements de la première année à la huitième année, avec des conseillers se trouvant parfois aux deux extrémités. Cela s'est avéré être un pur hasard ; parfois, ils apparaissent même plus près du haut que parfois du bas. La performance des conseillers était indépendante des années précédentes ou suivantes : la corrélation était nulle ! Et pourtant, ces consultants ont reçu des primes pour leurs réalisations. En d'autres termes, l'entreprise récompensait la chance plutôt que les compétences.

Conclusion : Certaines professions dépendent fortement de personnes utilisant leurs capacités, comme les pilotes, les plombiers et les avocats. D'autres domaines nécessitent des compétences, mais celles-ci ne sont pas essentielles, comme les entrepreneurs et les dirigeants. Et parfois, le hasard décide de tout, comme sur les marchés financiers ; ici, l'illusion de l'habileté peut régner en maître. Alors montrez du respect aux plombiers tout en profitant des bouffons financiers à succès !
Voir aussi Chance du débutant (ch. 49) ; Biais de survie (ch. 1), biais d'autorité (ch. 9), effet d'excès de confiance, illusion de contrôle et biais de résultat dans les chapitres suivants (20 et 21 respectivement.

À première vue, la série A semble assez simple. Tous ses nombres partagent quelque chose en commun : 394, 411, 054, 646 sont liés par quatre caractéristiques, ce qui rend cette série relativement simple à résoudre. Vient ensuite la série B ; tous ses numéros utilisent six fonctionnalités à un moment donné. Que pouvez-vous en tirer ? L'absence peut souvent être plus difficile à détecter que la présence ; nous avons tendance à accorder plus d'importance aux choses qui existent plutôt qu'à ce qui n'existe pas.

La semaine dernière, alors que je me promenais, je me suis rendu compte : rien ne faisait mal. C'était assez surprenant étant donné que de toute façon, je ressens rarement de la douleur et que lorsqu'elle survient, elle peut être intensément ressentie ; pourtant, ils reconnaissent rarement son absence ; telle était sa beauté que pendant un instant, elle apporta de la joie - seulement pour que tout cela échappe rapidement à nouveau à l'esprit !

Lors d'un récital classique, un orchestre a interprété la Neuvième Symphonie de Beethoven avec un grand succès dans une salle de concert enthousiaste. On pouvait voir des larmes couler au cours de son quatrième mouvement, ce qui rend reconnaissant qu'elle existe; mais est-ce vrai ? Sans doute non ; si l'œuvre n'avait pas été composée, personne ne la manquerait et le réalisateur ne recevrait pas d'appels de colère exigeant que cette œuvre d'art soit écrite et interprétée immédiatement - ce phénomène connu sous le nom d'effet positif de long métrage est ce qui nous rend vraiment heureux aujourd'hui.

Les campagnes de prévention utilisent cette stratégie de manière efficace ; par exemple, « Fumer provoque le cancer du poumon » est bien plus convaincant que « Ne pas fumer mène à une vie sans cancer du poumon ». Les auditeurs et autres professionnels qui s'appuient sur des listes de contrôle succombent souvent à cet effet positif : les déclarations fiscales impayées apparaissent immédiatement dans leurs listes, alors que les activités frauduleuses telles que celles d'Enron ou de la chaîne de Ponzi de Bernie Madoff n'y apparaissent pas. Sont également absentes de ces listes les entreprises de « commerçants voyous », tels que Nick Leeson et Jérôme Kerviel, qui ont provoqué de tels aléas financiers, cachant ainsi ces activités au contrôle du public.
Il n'existe aucune liste de contrôle pour suivre les dévaluations ; et tandis que des actes illégaux peuvent être envisagés par les banques hypothécaires, une dévaluation due aux usines d'incinération peut se produire sans que leur surveillance soit remarquée.

Imaginez créer un produit indésirable comme une vinaigrette avec une teneur élevée en cholestérol, mais vous voulez que les consommateurs se sentent en sécurité quant à son utilisation ? Lorsque vous étiquetez un tel produit, mettez plutôt en évidence toutes ses caractéristiques positives. Les clients ne remarqueront pas son absence ; tandis que les caractéristiques positives garantiront que les consommateurs restent informés.

La recherche universitaire montre fréquemment l'effet positif des caractéristiques. La confirmation des hypothèses mène généralement à des publications et peut même remporter des prix Nobel ; tandis que la falsification des hypothèses, bien que scientifiquement bénéfique, est beaucoup plus difficile à publier et n'a jamais reçu ce genre de reconnaissance prestigieuse. Un autre résultat de l'effet positif des caractéristiques est notre tendance à accepter les conseils positifs - comme faire X - plutôt que les conseils négatifs (oublier Y). Cela nous rend beaucoup plus réceptifs aux conseils positifs qu'aux suggestions négatives (comme oublier Y).

Conclusion : Les êtres humains ont souvent du mal à percevoir avec précision les non-événements. Nous avons tendance à ignorer ce qui n'existe pas. Par exemple, nous reconnaissons s'il y a une guerre mais n'apprécions pas son absence en temps de paix ; de même, nous considérons rarement être malade quand nous sommes en bonne santé ; de même après être arrivé à Cancun sans avoir connu un crash d'avion ! En cultivant davantage d'attention à l'absence, nous pourrions bien devenir plus heureux ; bien que cela nécessite un travail mental et une réflexion acharnés - un outil utile étant de se demander pourquoi quelque chose existe plutôt que le néant, car cette question constitue un moyen utile de lutter contre les effets positifs des fonctionnalités !

Voir également Forer Effect (ch. 64); Biais de confirmation (ch. 7-8) ; Biais d'auto-sélection (ch. 47) ; Biais de disponibilité (ch 11); Illusion d'attention (ch 88)

BIAIS DE CONFIRMATION ENTRE ARROW ET SPARROW

Les hôtels se présentent sous leur meilleur jour en ligne. Les photos qui représentent des images belles et majestueuses sont soigneusement sélectionnées ; les angles peu flatteurs, les tuyaux qui fuient ou les salles de petit-déjeuner peu attrayantes sont simplement cachés par une moquette en lambeaux - bien sûr, vous savez que cela est vrai lorsque vous êtes confronté pour la première fois à un hall d'entrée inesthétique ; au lieu de cela, vous haussez simplement les épaules et vous dirigez vers le bureau d'inscription le plus rapidement possible.

Le triage, tel que le pratiquent les hôtels, consiste à sélectionner et à mettre en valeur uniquement les caractéristiques attrayantes tout en en masquant les autres. Vous devriez aborder les autres expériences de la même manière : les brochures sur les voitures, l'immobilier ou les cabinets d'avocats sont une autre chose que vous devez aborder avec prudence - savoir comment ils fonctionnent ne nous enferme pas dans leur transe !

Mais vous avez tendance à réagir différemment lorsque vous lisez les rapports annuels des entreprises, des fondations et des organismes gouvernementaux. Ici, vous avez tendance à vous attendre à des représentations objectives ; Malheureusement, vous vous trompez : ces organismes choisissent souvent : les objectifs atteints sont célébrés tandis que les revers passent inaperçus.

Imaginez-vous à la tête d'un département. Votre board vous invite à présenter l'état des lieux de votre équipe. Comment aborderiez-vous cette présentation ? En mettant l'accent sur ses victoires tout en incluant quelques diapositives qui mettent en évidence les défis. Toutes les réalisations non réalisées sont facilement oubliées.

Les anecdotes présentent un défi unique lorsqu'il s'agit de sélectionner les choses. Imaginez être le directeur général d'une entreprise qui fabrique des appareils techniques. Après avoir mené une enquête de satisfaction auprès des clients, il apparaît clairement que la plupart des clients ne peuvent pas utiliser votre gadget en raison de sa nature complexe. C'est alors que le responsable RH intervient : « Mon beau-père l'a reçu hier et a immédiatement appris à l'utiliser. Quel poids attribueriez-vous à cette cerise en particulier ? Proche de zéro." Réfuter une anecdote peut s'avérer difficile car elle implique des mini-histoires qui font appel à notre cerveau. Pour contrer cet effet, des dirigeants compétents s'entraînent tout au long de leur carrière à devenir hypersensibles aux anecdotes qui se présentent à eux et à réagir immédiatement par des coups de feu. contre toutes ces histoires qui surgissent.

La sélection devient plus évidente à mesure que nous nous immergeons dans des domaines plus élevés ou plus élitistes. Dans Antifragile, Taleb détaille comment tous les domaines de la recherche - de la philosophie à la médecine et à l'économie - se vantent de leurs résultats : « Comme les politiciens, les universitaires sont habiles à nous dire ce qu'ils ont fait pour nous au lieu de ce qu'ils n'ont pas fait ; prouvant ainsi leurs méthodes indispensables. ". Il s'agit peut-être d'une sélection sélective, mais notre respect pour les universitaires rend cela impossible à détecter.

Ou pensez à la profession médicale : dire aux gens de ne pas fumer est la plus grande réussite médicale depuis la fin de la Seconde Guerre mondiale, selon le médecin Druin Burch dans son livre Taking the Medicine. Quelques antibiotiques de type cerise servent de distraction et les chercheurs en médicaments ont donc tendance à être célébrés, contrairement aux militants antitabac.

Les services administratifs des grandes entreprises ont tendance à se comporter comme des hôteliers en se glorifiant de tout ce qu'ils ont accompli mais en ne communiquant jamais sur ce qui n'a pas été accompli pour l'entreprise. Que pouvez-vous faire à ce sujet ? Lorsque vous siègez au conseil de surveillance d'une organisation, assurez-vous de poser des questions sur les « cerises restantes », telles que les projets échoués ou les objectifs manqués – vous en apprendrez bien plus que des succès ! Il est surprenant de voir à quel point de telles questions sont rarement soulevées ! Deuxièmement : au lieu d'employer une armée de contrôleurs financiers pour calculer les coûts jusqu'au dernier centime, prenez le temps de revoir régulièrement les objectifs. Vous pourriez être surpris de constater qu'au fil du temps, certains objectifs initiaux sont devenus moins tangibles et ont été remplacés par des objectifs auto-imposés qui restent toujours réalisables ; chaque fois que de tels objectifs surviennent, ils devraient déclencher un signal d'alarme ; ce serait l'équivalent de tirer une flèche et de créer une cible autour de l'endroit où elle atterrit !

Notes sur les préjugés (ch. 13) ; Les préjugés égoïstes (ch. 45) ;

LA CHASSE AUX BOUCS ÉMISSAIRES À L'ÂGE DE PIERRE

ÉCHEC DE L'ANALYSE D'UNE CAUSE UNIQUE

Chris Matthews est l'un des principaux journalistes de MSNBC. Dans son journal télévisé, des experts politiques sont interviewés. Je n'ai jamais compris ce qu'impliquait leur travail ni pourquoi de telles carrières existent, même si en 2003 l'invasion américaine de l'Irak était au premier plan. Chris Matthews a interrogé expert après expert sur ses motivations – des théories de vengeance du 11 septembre aux armes de destruction massive derrière ce conflit – tant ses questions étaient importantes : « Quelle est la motivation de la guerre ? ", à "pourquoi avons-nous envahi l'Irak, en dehors des arguments de vente". Et ainsi de suite... et ainsi de suite... et ainsi de suite... et ainsi de suite...

Des questions comme celle-ci ne me conviennent plus ; ils reflètent l'une des erreurs mentales les plus fréquentes – quelque chose pour lequel il n'existe pas de terme courant ; j'utiliserai donc plutôt un langage gênant comme « l'erreur d'une cause unique ».

Cinq ans plus tard, en 2008, la panique régnait à nouveau sur les marchés financiers et les banques s'effondraient, obligeant les contribuables à les renflouer avec l'argent des contribuables. Les investisseurs, les politiciens et les journalistes ont enquêté sur tous les aspects de cette crise financière : la politique monétaire accommodante de Greenspan ? La bêtise des investisseurs ? Des agences de notation douteuses ? Des auditeurs corrompus ? De mauvais modèles de risque ou une pure cupidité étaient autant de causes possibles – toutes étaient également condamnables. Aucun facteur ne peut revendiquer à lui seul sa responsabilité, mais tous peuvent y contribuer de manière significative.

Un été indien idyllique, le divorce d'un ami, la Première Guerre mondiale, le cancer, une fusillade dans une école, le succès mondial d'une entreprise ou même l'écriture elle-même sont des événements provoqués par de multiples facteurs qui y contribuent - et pourtant, nous essayons toujours de rejeter toute la faute sur eux. un individu ou une chose seule.

Ce qui fait mûrir et tomber une pomme n'est pas clair : est-ce la gravité qui l'attire vers la terre, est-ce que sa tige se dessèche sous les rayons desséchants du soleil, que son poids a augmenté, que des rafales de vent provoquent sa chute ou qu'un enfant impatient debout en dessous veut grignoter dessus ? Aucun facteur n'explique à lui seul sa chute. Dans Guerre et Paix de Tolstoï, ce passage illustre magnifiquement cela.
Imaginez que vous êtes chef de produit pour une marque emblématique de céréales pour petit-déjeuner et que vous avez récemment introduit une variété biologique à faible teneur en sucre qui s'avère un échec retentissant après un mois de ventes. Comment procéderiez-vous

pour en rechercher les causes ? Tout d'abord, comprenez qu'aucun facteur ne peut expliquer à lui seul cet échec ; chaque facteur joue son propre rôle. Prenez une feuille de papier et notez toutes les raisons potentielles, ainsi que leurs causes profondes. Une fois terminé, vous aurez créé un réseau élaboré d'influenceurs potentiels. Ensuite, identifiez ceux que vous pouvez changer (comme la nature humaine) tout en rejetant ceux qui ne le peuvent pas. Enfin, effectuez des tests empiriques en faisant varier les facteurs mis en évidence sur les marchés : cela prend du temps et de l'argent, mais c'est nécessaire si nous souhaitons aller au-delà des hypothèses superficielles.

L'erreur de la causalité unique est à la fois ancienne et dangereuse. Au fil des millénaires, nous en sommes venus à croire que les gens sont maîtres de leur propre destin – Aristote a fait cette affirmation il y a plus de deux millénaires ! Nous comprenons maintenant que cela est incorrect et que le libre arbitre est une question ouverte. Nos actions sont déterminées par un ensemble complexe de facteurs allant de la prédisposition génétique à l'environnement, en passant par l'éducation et la concentration d'hormones dans les cellules du cerveau. Pourtant, nous nous accrochons fermement à une image dépassée de l'autonomie gouvernementale. Cette pratique est à la fois néfaste et moralement discutable. Tant que nous croyons aux raisons particulières des événements ou des catastrophes, il sera toujours possible de rejeter la faute sur les individus. En outre, les gens jouent depuis longtemps à ce jeu consistant à trouver quelqu'un ou quelque chose à blâmer, créant ainsi la perception que le pouvoir doit être exercé par l'intermédiaire d'un individu ou d'un groupe plutôt que d'un autre.

Pourtant, Tracy Chapman a pu bâtir tout son succès mondial sur cela, notamment à travers la chanson « Give Me One Reason ». Mais n'y avait-il pas également d'autres facteurs en cause ?

Voir également la justification « Parce que » (ch. 52); Falsification de l'Histoire (ch. 78) ; Biais rétrospectif (ch. 14) et erreur d'attribution fondamentale (ch. 36) pour plus d'explications.

Même si cela peut paraître difficile à croire, les démons de la vitesse conduisent en réalité de manière plus sûre que les conducteurs dits « prudents ». Considérez ceci : de Miami à West Palm Beach, il y a environ 75 miles. Les conducteurs parcourant une distance en moins d'une heure sont classés comme imprudents car leur vitesse moyenne dépasse 75 mph ; tous les autres font partie de notre groupe de conducteurs prudents. Quel groupe subit le moins d'accidents ? Il faudrait que ce soient les conducteurs imprudents. Les trois conducteurs ont effectué le trajet en une heure et n'auraient donc dû être impliqués dans aucun accident ; tous ceux qui se sont retrouvés dans des accidents entrent automatiquement dans la catégorie des conducteurs plus lents. Cet exemple illustre une erreur insidieuse appelée erreur d'intention de traiter qui manque malheureusement de nom attrayant.

Cela peut ressembler au biais de survie (chapitre 1), mais il existe une différence importante. Avec le biais de survie, vous ne voyez que les projets réussis ou les voitures impliquées dans des accidents, tandis qu'avec l'erreur d'intention de traiter, ces projets ou voitures échoués apparaissent bien en évidence, mais simplement dans une catégorie inappropriée.

Récemment, on m'a montré une étude révélatrice menée par un banquier qui a révélé un fait intéressant : les entreprises ayant des dettes dans leur bilan ont tendance à être nettement plus rentables que les entreprises qui détiennent uniquement des capitaux propres comme instruments financiers (c'est-à-dire aucune dette au bilan). . Le banquier a insisté sur le fait que chaque entreprise devait emprunter à sa guise, sa banque étant le meilleur endroit pour cela. J'ai examiné son étude de plus près. Comment est-ce possible? Parmi 1 000 entreprises choisies au hasard, celles qui ont bénéficié de prêts importants ont produit des rendements sur capitaux propres et sur capital total plus élevés que les entreprises financées de manière indépendante. Ils ont eu globalement plus de succès. On s'est vite rendu compte : les entreprises non rentables ne sont pas éligibles aux prêts aux entreprises et tombent donc dans un groupe « uniquement en actions », dans lequel les entreprises disposant de réserves de liquidités plus importantes ont tendance à rester à flot plus longtemps et à participer à cette étude malgré les problèmes de santé qu'elles pourraient présenter. En revanche, les entreprises qui empruntent massivement ont tendance à faire faillite plus rapidement. Lorsqu'elles ne peuvent plus rembourser les intérêts de leurs dettes, les banques reprennent et vendent ces entreprises ; ceux qui restent dans le « groupe de la dette » ont tendance à rester relativement en bonne santé, quel que soit le montant de leur dette dans leur bilan. Méfiez-vous si vous pensez comprendre. Reconnaître une erreur en intention de traiter peut être difficile ; Prenons l'exemple de la médecine : une société pharmaceutique a créé un nouveau médicament pour lutter contre les maladies cardiaques. Une étude « prouve » que ce médicament réduit considérablement le taux de mortalité des patients par rapport à la prise seule de pilules placebo ; parmi les consommateurs réguliers, le taux de mortalité sur cinq ans passe de 15 % à 11 % en cinq ans, et deux fois plus élevé chez les consommateurs irréguliers qui en consomment des quantités différentes ; alors pourrait-il vraiment être considéré comme un succès ou un échec ?

Le problème est que les pilules ne sont peut-être pas le facteur déterminant ; c'est plutôt le comportement du patient qui compte en fin de compte. Peut-être que les patients ont arrêté le traitement en raison d'effets secondaires graves et se sont retrouvés dans la catégorie des « apports irréguliers » ou étaient trop malades pour continuer à le prendre régulièrement ; Quoi qu'il en soit, seuls les individus relativement en bonne santé sont restés dans le groupe « à consommation régulière », ce qui donne l'impression que le médicament est bien plus efficace qu'il ne l'est réellement ; les patients vraiment malades qui ne pouvaient pas prendre de doses régulières étaient ceux qui composaient les cohortes « à apport irrégulier ».

Des études réputées permettent aux chercheurs en médecine d'analyser les données de tous les patients qu'ils avaient initialement l'intention de traiter ; qu'ils aient ou non participé au procès. Malheureusement, de nombreuses études ignorent cette règle, intentionnellement ou accidentellement ; soyez sur vos gardes : vérifiez toujours si les sujets de test - conducteurs impliqués dans des accidents, entreprises en faillite et patients gravement malades - ont disparu pour une raison quelconque de votre échantillon de population et déposez l'étude à sa place : à la poubelle.

Voir également : Biais de survie (ch. 1) ; Le phénomène Will Rogers (ch. 58);

Actualités Tremblement de terre d'illusion à Sumatra. Crash d'un avion en Russie. L'homme retient sa fille en captivité dans une cave pendant 30 ans ; Heidi Klum se sépare de Seal ; des salaires records à Bank of America ; attaque au Pakistan; démission du président du Mali ; nouveau record du monde au lancer du poids.

Avez-vous vraiment besoin de ces connaissances ?

Nous sommes extraordinairement bien informés, mais restons très ignorants. En effet, il y a deux siècles, nous avons inventé une forme de connaissance toxique appelée information qui fait appel à l'esprit comme le sucre au corps – délicieuse mais potentiellement destructrice au fil du temps.

Il y a trois ans, j'ai mené une expérience. J'ai arrêté de lire et d'écouter les informations et j'ai annulé tous les abonnements aux journaux et magazines ; les chaînes de télévision et de radio ont été supprimées de ma programmation ; les applications d'actualités de mon iPhone ont été complètement supprimées. Au début, c'était difficile, car j'avais constamment peur que quelque chose d'important puisse m'échapper ; mais après un certain temps, j'ai développé une vision différente. Trois ans plus tard, mes efforts ont porté leurs fruits avec des pensées plus claires, des idées plus profondes, de meilleures décisions et beaucoup plus de temps libre. Mieux encore, rien d'important n'a été oublié car mon réseau social réel agit comme un filtre d'informations et me tient au courant.

Tout d'abord, notre cerveau réagit de manière disproportionnée à différents types d'informations : des détails scandaleux et choquants nous stimulent ; les détails abstraits, complexes ou non traités ont peu d'effet. Les producteurs d'informations comprennent parfaitement cette dynamique : leurs histoires captivantes, leurs images criardes et leurs « faits » sensationnels captent notre attention tandis que les annonceurs achètent de l'espace pour que leurs publicités soient vues ; par conséquent, toutes les histoires subtiles, complexes ou profondes doivent être soigneusement filtrées, même si elles peuvent avoir un impact bien plus important sur la société dans son ensemble.
La consommation d'informations déforme notre compréhension du monde, nous conduisant à vivre avec une représentation inexacte des risques et des menaces auxquels nous sommes réellement confrontés.

Deuxièmement, les nouvelles ne sont pas pertinentes. Au cours des douze derniers mois, vous avez peut-être consommé environ 10 000 extraits d'actualités (peut-être jusqu'à trente par jour). Soyez honnête : nommez-en une qui vous a aidé à prendre de meilleures décisions dans la vie, la carrière ou les affaires, par rapport au fait de ne pas avoir cette nouvelle ou de ne pas l'avoir du tout - sur 10 000 histoires consommées. Personne à qui j'ai demandé n'a pu citer plus de deux éléments utiles parmi tout ce qui a été consommé - un résultat lamentable des agences de presse qui affirment que leurs informations offrent des avantages compétitifs alors qu'en réalité la consommation représente un désavantage économique ; s'ils avaient aidé les gens à progresser dans leur carrière, les journalistes se trouveraient-ils au sommet de la pyramide des revenus - bien au contraire

Les informations constituent également une utilisation inefficace du temps : en moyenne, chaque être humain perd une demi-journée chaque semaine à lire l'actualité, ce qui entraîne d'énormes pertes de productivité à l'échelle mondiale. Prenons par exemple les attentats terroristes de Mumbai en 2008 : par simple soif de reconnaissance, les terroristes ont tué 200 innocents dans le seul but d'acquérir gloire et reconnaissance. Disons qu'un milliard de personnes ont passé une heure à suivre les conséquences : à regarder des mises à jour minute par minute et à écouter les commentaires d'experts et d'analystes - un scénario extrêmement probable étant donné que l'Inde compte plus d'un milliard d'habitants. D'où notre calcul conservateur : un milliard de personnes multiplié par une heure de distraction équivaut à un milliard d'heures d'arrêt de travail. Si l'on convertit ce nombre en vies perdues dues à la consommation d'informations par rapport aux pertes liées aux attaques, ce nombre s'élève à environ 2 000 décès gaspillés à cause de la seule consommation – une observation à la fois incisive et précise.

Se détourner de l'actualité peut avoir des résultats tout aussi profonds que purger l'une des quatre-vingt-dix-huit autres mauvaises habitudes que nous avons décrites ici. Brisez complètement votre habitude d'informer ; lisez plutôt de longs articles de fond ou des livres – rien ne vaut les livres pour comprendre notre monde !

Voir également Erreur fondamentale d'attribution (ch. 36) ; Effet dormeur (ch. 70); Biais de confirmation (chs 7-8) ; Biais d'information (ch. 59); Personnification (ch 87) et Story Bias (ch 13) en tant que phénomènes connexes.

ÉPILOGUE

Le Pape a demandé à Michel-Ange : « Dites-moi le secret de votre génie. Comment avez-vous créé cette statue de David, le chef-d'œuvre parmi tous les chefs-d'œuvre ? Michel-Ange a répondu simplement en enlevant tout ce qui n'était pas David.

Soyons clairs. Personne ne sait vraiment avec certitude ce qui nous rend heureux ou prospère, mais nous comprenons ce qui nuit au succès ou au bonheur. Les connaissances négatives (ce qu'il ne faut pas faire) sont bien plus puissantes que les connaissances positives (ce qui devrait être fait).

Michel-Ange a utilisé la méthode de Michel-Ange pour penser plus clairement et agir avec sagesse : au lieu de regarder uniquement David, concentrez-vous sur tout ce qui se dresse sur son chemin et éliminez-les au coup par coup ; de même dans notre cas : éliminez les erreurs pour une meilleure réflexion !

Les penseurs grecs, romains et médiévaux ont inventé un terme pour désigner cette approche appelé via negativa – littéralement « voie négative », une approche du renoncement, de l'exclusion et de la réduction. Les théologiens ont été les premiers pionniers de la via negativa : nous ne pouvons pas dire ce qu'est Dieu ; au lieu de cela, nous pouvons seulement définir Son absence ; appliqué à la vie moderne : le succès ne peut être défini directement ; seul ce qui bloque sa poursuite peut être identifié et éliminé – en substance, tout ce que nous avons besoin de savoir !

Cette théorie brûlante de l'irrationalité a bouillonné pendant des siècles. Jean Calvin, fondateur du protestantisme strict dans les années 1540, croyait que de tels sentiments représentaient le mal et que ce n'est qu'en se tournant vers Dieu qu'on pouvait les repousser. Les personnes confrontées à des éruptions volcaniques d'émotions étaient considérées comme des adeptes de Satan ; par conséquent, la torture et les meurtres ont suivi. Selon la théorie du psychanalyste autrichien Sigmund Freud, selon laquelle notre ego et notre surmoi moraliste contrôlent notre ça impulsif et le suppriment par le devoir ou la discipline est quelque chose qui ne peut pas arriver. Oubliez l'obligation ou la discipline : penser seul ne peut pas mieux contrôler nos émotions que d'essayer de faire pousser vos cheveux par la seule volonté !

D'un autre côté, la théorie froide de l'irrationalité est encore jeune. Après la Seconde Guerre mondiale, beaucoup ont tenté d'expliquer l'irrationalité apparente des nazis : ni des explosions d'émotion ni des discours enflammés n'ont été entendus de la part d'Hitler lui-même dans les rangs des dirigeants ; même ses discours enflammés n'étaient que des performances magistrales - c'était un calcul froid plutôt que des éruptions soudaines qui les conduisaient sur leur chemin sombre ; il en va de même pour Staline ou les Khmers rouges.

Les psychologues ont commencé à s'éloigner des affirmations de Freud dans les années 1960 et à examiner scientifiquement nos pensées, nos décisions et nos actions. Ce qui a émergé était une théorie froide de l'irrationalité qui postulait que la pensée elle-même est loin d'être pure ; même les personnes très intelligentes sont la proie de pièges cognitifs qui conduisent à des erreurs. De plus, les erreurs ne sont pas distribuées de manière aléatoire : les erreurs ont tendance à se regrouper selon des modèles prévisibles - ce qui rend les erreurs plus prévisibles mais jamais complètement réparables - et pourtant leur source était inconnue pendant des décennies - alors que tout le reste dans notre corps semblait relativement fiable par rapport à notre cerveau.
Pourquoi notre cerveau doit-il subir des revers continus ?

La pensée est un phénomène biologique, l'évolution ayant joué un rôle dans sa formation, comme tout autre aspect de la nature. Imaginez remonter 50 000 ans en arrière et emmener l'un de nos ancêtres avec nous dans le présent - en l'envoyant chez le coiffeur, en lui envoyant des cours de conduite ou en lui apprenant à utiliser un téléphone portable, mais il ne fait aucun doute qu'il s'intégrerait parfaitement ; après tout, l'évolution biologique nous a donné toutes ces capacités en tant que chasseurs-cueilleurs qui portent des costumes Hugo Boss (ou H&M dans certains cas) ! Si nous pouvions faire exactement cela, imaginez remonter 50 000 ans en arrière, retirer un ancêtre et l'amener dans le voyage dans le temps actuel ; alors peut-être, au lieu d'être marginalisé dans la rue, et de l'envoyer désormais dans des vêtements d'aujourd'hui ; l'envoyer se faire couper les cheveux/se coiffer/s'habiller chez un salon de coiffure/chez un coiffeur/les habiller/les/nous pour qu'ils se maquillent avec une robe/des vêtements modernes ? Non; La biologie a réfuté tout doute ; Sur le plan physique y compris cognitif, nous sommes des chasseurs-cueilleurs habillés en Hugo Boss (ou H&M d'ailleurs).

Ce qui a considérablement changé depuis l'Antiquité, c'est notre cadre de vie. À l'époque, les choses étaient simples et stables : les gens vivaient en groupes allant jusqu'à cinquante personnes sans qu'il y ait de progrès technologiques ou sociaux significatifs. Ce n'est qu'au cours des 10 000 dernières années que notre monde a commencé à subir des changements spectaculaires, les cultures, l'élevage, les villages, les villes, le commerce mondial et les marchés financiers devenant tous des forces majeures de son évolution. Depuis l'industrialisation, une grande partie de ce qui était optimal pour le fonctionnement du cerveau humain a disparu. Passez 15 minutes dans n'importe quel centre commercial et vous croiserez plus de gens que nos ancêtres n'en ont vu au cours de leur vie. Quiconque prétend savoir à quoi ressemblera le monde dans 10 ans devient généralement un paria quelques mois après avoir fait de telles prédictions. Depuis 10 000 ans, nous avons créé un monde que nous ne comprenons plus. Tout est devenu plus sophistiqué et pourtant plus étroitement lié. En conséquence, la prospérité économique a explosé, mais aussi les maladies liées au mode de vie (comme le diabète de type 2, le cancer du poumon et la dépression) et les erreurs de pensée ont grimpé en flèche alors que la complexité n'a fait qu'augmenter - ce qui ne fera qu'aggraver leurs erreurs et les amplifier encore davantage.

Chez nous, chasseurs-cueilleurs, l'activité s'avère souvent plus profitable que la réflexion. Des réactions rapides comme l'éclair étaient essentielles, tandis que de longues contemplations se révélaient fatales. Si l'un de vos amis chasseurs-cueilleurs s'enfuyait soudainement, il était logique de lui emboîter le pas ; peu importe si un tigre ou un sanglier vous avait alarmé. Ne pas vous enfuir pourrait vous coûter la vie ; en revanche, si le simple fait de fuir un verrat provoque une erreur, cela peut ne coûter que des calories ; se tromper sur des sujets similaires a porté ses fruits : toute personne câblée différemment est sortie avant même que les rencontres n'aient eu lieu - faisant de nous tous des descendants de ces homines sapientes qui ont tendance à ce que des mesures soient prises rapidement par les premières générations qui ont dirigé. Nous sommes aujourd'hui leurs descendants.
La société moderne favorise la contemplation singulière et l'action indépendante – quiconque s'est laissé prendre au battage médiatique boursier le sait de première main.

La psychologie évolutionniste reste essentiellement une hypothèse, mais elle est très convaincante pour expliquer de nombreux défauts ; mais pas tous. Prenez, par exemple, cette déclaration : « Chaque barre Hershey est livrée dans un emballage marron ; par conséquent, toutes les barres chocolatées partageant cette caractéristique doivent également être des barres Hershey. Même les individus intelligents peuvent être victimes de ce piège – tout comme les tribus indigènes vivant sans être gênés par la civilisation – tout comme nos ancêtres chasseurs-cueilleurs pouvaient encore être confrontés à des erreurs de logique qui n'ont rien à voir avec le changement environnemental.

Pourquoi donc? L'évolution ne crée pas des humains parfaits ; tant que nous avançons au-delà de nos concurrents (c'est-à-dire que nous battons les Néandertaliens), un comportement chargé d'erreurs est toléré par l'évolution. Prenons l'exemple du coucou : pendant des millions d'années, ils ont pondu dans des nids d'oiseaux chanteurs où des oiseaux plus petits ont ensuite incubé et nourri les poussins nés de ces œufs - un acte qui représente une erreur de comportement que l'évolution n'a pas réussi à rectifier parce qu'elle n'était pas le cas. Ce n'est pas considéré comme assez grave par les petits oiseaux.

Une explication supplémentaire de nos erreurs est apparue à la fin des années 1990 : nos cerveaux sont programmés pour la reproduction plutôt que pour la recherche de la vérité ; c'est-à-dire que nous utilisons nos pensées principalement à des fins de persuasion plutôt que de recherche de la vérité ; celui qui parvient à convaincre les autres acquiert du pouvoir et des ressources – des atouts qui constituent un avantage significatif lors de l'accouplement et de l'élevage de la progéniture. Les romans se vendent généralement mieux que les titres de non-fiction malgré leur plus grande franchise.

Enfin, les décisions intuitives – même celles dénuées de logique – peuvent s'avérer bénéfiques dans certaines circonstances. La recherche dite heuristique explore ce phénomène. Comme nous manquons souvent de toutes les informations nécessaires pour prendre des décisions importantes, des raccourcis mentaux ou des règles empiriques (heuristiques) deviennent indispensables. Par exemple, lorsque vous choisissez des partenaires romantiques qui vous attirent, la seule décision rationnelle serait de s'appuyer uniquement sur la logique ; utiliser l'intuition conduit souvent à de meilleurs résultats dans ce cas. De nombreuses décisions doivent également être justifiées ultérieurement par des raisons ou une justification quelconque – ce que la logique ne peut tout simplement pas faire. Les décisions (carrière, partenaire de vie et investissements) se produisent souvent inconsciemment. Nous formulons ensuite des justifications pour avoir l'impression que notre choix était conscient, même si cela ne ressemble souvent pas à des méthodes scientifiques : nous inventons plutôt des raisons pour justifier des conclusions prédéterminées plutôt que des faits objectifs.

Par conséquent, oubliez la dichotomie entre cerveau gauche et cerveau droit décrite dans les livres d'auto-assistance ; la distinction entre pensée intuitive et pensée rationnelle est bien plus significative : les deux ont des utilités valables ; les esprits intuitifs ont tendance à être plus rapides, spontanés et économes en énergie, tandis que la pensée rationnelle nécessite beaucoup plus d'énergie que son homologue intuitive. Daniel Kahneman a expliqué ce phénomène dans Thinking Fast and Slow.

Les gens me demandent souvent comment j'arrive à mener une vie sans erreurs depuis que mes erreurs cognitives ont commencé à s'accumuler, mais la vérité est que ce n'est pas le cas. Et la réponse ? Non; même pas proche. Comme tout le monde, je prends des décisions rapides en consultant non pas mes pensées mais plutôt mes sentiments ; lorsque nous prenons des décisions rapidement, la question « Qu'est-ce que j'en pense ? » » est souvent remplacé par « Qu'est-ce que je ressens à ce sujet ? » Anticiper et éviter les erreurs est une entreprise coûteuse ;

Pour que les choses restent simples et claires, je me suis fixé les règles suivantes pour prendre des décisions dans des situations ayant des conséquences potentielles majeures (c'est-à-dire faire des choix personnels ou professionnels clés), j'essaie de rester aussi raisonnable et rationnel que possible dans mes choix entre les options. . Ma démarche est similaire à celle d'un pilote : je sors ma liste d'erreurs et je les coche une à une, comme le ferait un pilote d'avion. Pour m'aider à prendre des décisions éclairées plus efficacement (c'est-à-dire Pepsi régulier ou diététique, eau gazeuse ou plate ?), j'utilise également un excellent arbre de décision de liste de contrôle. Dans les situations avec des conséquences minimes (c'est-à-dire

eau gazeuse ou eau plate ?), l'arbre de décision est extrêmement utile - par exemple lorsqu'il s'agit de choisir entre un Pepsi ordinaire ou un Pepsi diététique ou de l'eau gazeuse ou plate). Je renonce souvent à l'optimisation rationnelle et laisse plutôt mon intuition me guider. Réfléchir peut être fatiguant ; par conséquent, si le préjudice potentiel est minime, ne vous exercez pas sur des questions insignifiantes ; de telles erreurs n'auront pas de répercussions durables et ce mode de vie peut apporter de meilleures expériences globales. La nature ne semble pas se soucier de savoir si nos décisions sont parfaites ou non ; tout ce qui compte, c'est que nous parvenions à traverser la vie avec succès, à condition que nous soyons prêts à agir de manière rationnelle lorsque les choses deviennent difficiles. De plus, je me fie souvent à mon intuition lorsque j'opère dans mon cercle de compétences. Pratiquez un instrument et vos doigts apprennent à jouer ses notes. Au fil du temps, le bout de vos doigts devient compétent pour manipuler des touches ou des cordes ; des partitions musicales apparaissent et les notes sont jouées d'elles-mêmes presque automatiquement - Warren Buffett utilise des bilans comme les musiciens professionnels le font pour les partitions musicales !
Trouvez votre cercle de compétences - ce domaine dans lequel vous comprenez et excellez intuitivement - et acquérez une solide maîtrise. Indice : il est peut-être plus petit que vous ne le pensez ! Lorsque vous prenez des décisions conséquentes en dehors de ce cercle, appliquez des techniques de pensée rationnelle strictes tandis que pour des décisions moins urgentes, utilisez librement votre intuition.

LA FIN